반드시 성공할 수밖에 없는
스타트업 가이드

SEIKO SURU KIGYOKA HA IBASHO WO ERABU written by Takaaki Umada.
Copyright © 2019 by Takaaki Umada. All rights reserved.
Originally published in Japan by Nikkei Business Publications, Inc.
Korean translation rights arranged with Nikkei Business Publications, Inc. through BC Agency.

이 책의 한국어판 번역권은 BC에이전시를 통해 저작권자와 독점계약을 맺은 엔세임에 있습니다.
저작권법에 의해 한국 내에서 보호를 받는 저작물이므로 무단전재와 복제를 금합니다.

반드시 성공할 수밖에 없는
스타트업 가이드

1판 1쇄 인쇄 2021년 1월 20일
1판 1쇄 발행 2021년 1월 25일

지은이 우마다 다카아키(馬田隆明)
사진(인터뷰 촬영) 다케이 도시하루(竹井俊晴)
옮긴이 박재현

펴낸이 한아름
펴낸곳 (주)엔세임

주소 경기도 파주시 직지길 438 동관 2층
이메일 misterj0407@naver.com

등록번호 제406-2016-000019호

ISBN 978-11-966307-8-2 03320

- 값은 뒤표지에 있습니다.
- 이 책의 내용을 무단전재 및 복제하는 것은 저작권법에 의해 금지되어 있습니다.
- 파본이나 잘못된 책은 구입하신 곳에서 바꾸어 드립니다.

출판을 원하시는 소중한 원고를 이메일(misterj0407@naver.com)로 보내주시면
출간 검토 후, 한 글자 한 글자 정성을 나하여 만들겠습니다.

반드시 성공할 수밖에 없는

스타트업 가이드
START UP GUIDE

우마다 다카아키 지음 | 박재현 옮김

Mr.J

차례

들어가는 글 • 10

환경을 바꾸면 내가 바뀐다 | 아는 건 많은데 왜 실패할까 | '4P'로 만든 최적의 창업 환경 | 리더의 새로운 자질 | 약점 인정은 창업의 첫걸음 | 좋은 일이 생길 운 | 이 책을 읽을 때 주의할 점

|제1부| 그 스타트업은 어디서, 어떻게 성공했을까?
– 창업 환경의 중요성

1장. 왜 환경이 중요한가

스타트업 액셀러레이터의 진짜 역할 • 28
사람은 환경의 영향을 받는다 • 32
다른 사람이 하면 나도 한다 • 34
구글도 도입한 '선택 설계'와 '넛지' • 36
개방형 사무실의 부정적인 면 — 비즈니스와 환경에 관한 편견 • 39
증거에 따른 행동으로 '거인의 어깨'에 오른다 • 43
드롭박스의 성공 비결 — 환경이 창업에 미치는 영향 • 45
'고프로'와 '스냅챗'을 있게 한 안전망 • 49
환경과 아이디어의 관계 — 실리콘밸리의 혁신 비법 • 51
환경을 '4P'로 나누어 살펴본다 • 53

2장. [Place] 창업하기 좋은 장소는 어디인가

속을 뻔한 창업가 이야기 • 56
일하는 장소 — 사무실이 생산성과 창조성에 미치는 영향 • 58
배우는 장소 — 창업과 기숙사의 뜻밖의 관계 • 60
사는 장소 — 와인 산지라는 환경이 만든 활판인쇄 • 63
어정쩡한 장소 — 이노베이션의 산실 '빌딩 20' • 64
'차고 같은 장소'에서 탄생한 스타트업, '윌' • 68

3장. [People] 어떤 인맥이 도움이 되는가

에디슨과 뉴턴을 천재로 만든 팀의 존재 • 72
좋은 아이디어는 다른 사람한테서 얻는다 • 74
창업을 권하는 사회 분위기 • 76
45세에 처음 창업한 사람이 성공하기 쉬운 이유 • 77

4장. [Practice] 훈련으로 빠른 성공이 가능한가

기업가 정신이란 '규율 있는 실천'이다 • 80
'잘 고안된 연습'을 실행하기 위한 여섯 가지 조건 • 84
작은 성공을 여러 번 경험한다 • 86
창업가는 떡잎부터 다르다 • 88

5장. [Process] 창업 프로세스를 어떻게 개선해야 하는가

뛰어난 프로세스는 창업가의 능력을 이끌어낸다 • 92
의사결정의 편견에서 벗어난다 • 94

수학자 해밍의 '위대한 고찰의 시간' · 99
좋은 습관이 좋은 프로세스다 · 100

|제2부| 정답은 없지만 성공 공식은 있다
― 창업하기 좋은 환경

6장. 좋은 선택을 위한 여덟 가지 지혜
목적에 맞는 환경을 선택하는 기준 · 106
누구라도 선택은 늘 어렵다 · 108
1. 선택지를 늘린다 · 110
2. 탐색과 활용 개념을 이해한다 · 114
3. 의식적으로 여유를 만든다 · 116
4. 효과적인 시간 사용법을 '바벨 전략'으로 생각한다 · 120
5. 이 산 저 산 올라가봐야 가장 높은 산 정상에 닿는다 · 123
6. 일이 내게 맞는지 알려면 3년이 필요하다 · 126
7. 만족과 충족을 안다 · 129
8. WRAP 프로세스를 실천한다 · 130

7장. 나에게 맞는 환경을 똑똑하게 선택하는 방법
자신의 강점을 살리는 환경을 선택한다 · 136
[Place] 사는 장소를 바꾸는 것부터 시작한다 · 137
[Place] 다른 창업가를 두루 만날 수 있는 장소 · 139
[Place] 폐쇄되고 역발상할 수 있는 장소 · 141

[Place] 사회적 지원을 받을 수 있는 장소 • 146
[Place] 대리 경험을 할 수 있는 장소 • 147
[Place] 고등학교나 대학 같은 과거의 장소 • 150
[People] 만나는 사람을 바꾼다 • 152
[People] 약한 연결관계의 강점과 약점 • 154
[People] 강한 연결관계의 강점과 약점 • 158
[People] 여러 커뮤니티에 참가한다 • 163
[People] 비전을 높여주는 사람들과 함께한다 • 166
[Practice] 경험에 따른 '학습 4요소'를 사용한다 • 169
[Practice] 먼저 허용 가능한 손실을 정한다 • 171
[Practice] 첫발을 떼어야 결과가 생긴다 • 176
[Process] 사람과 조직에 관한 프로세스를 맨 먼저 익힌다 • 178
[Process] 프로그램의 장단점을 알고 선택한다 • 180
선택도 연습하면 잘할 수 있다 • 185

|제3부| 성공 확률을 높이는 네 가지 조건
– 스스로 만드는 창업 환경

8장. [Place] 성공할 타이밍에 딱 맞는 장소로 키운다

'운'도 환경에 따라 변한다 • 192
선택한 환경을 더 좋게 만드는 방법 • 195
시스템이나 제도로 장소를 키운다 • 196
함께 키울 수 있도록 여백을 남겨둔다 • 200

상생하는 스타트업 생태계를 조성한다 • 201
실리콘밸리에 유니콘 기업이 많은 까닭 • 203
새로운 장소, 새로운 커뮤니티를 만든다 • 204

9장. [People] 모두가 성장해가는 네트워크를 만든다

중간 정도의 연결관계가 가장 효과적이다 • 208
인맥을 늘리는 '삼각관계' • 211
약한 연결관계를 만드는 네트워크 기법 • 214
분산기억 시스템을 만드는 세 가지 과정 • 217
후원해주는 멘토를 찾는다 • 219
멘토 뒤에 있는 멘토 커뮤니티에 주목한다 • 221
멘토 포트폴리오를 구성한다 • 223
창조적인 커뮤니티를 만든다 • 225

10장. [Practice] 실패해도 계속 도전하는 훈련을 한다

가르치면서 배운다 • 230
무슨 일이든 세 번 해본다 • 231
반성의 중요성 • 233
누군가에게 부탁하는 연습을 한다 • 235
습관화로 의욕과 영감을 얻는다 • 237

11장. [Process] 팀의 창조성을 높이는 프로세스를 설계한다

창업가의 의사결정을 지지하는 세 가지 프로세스 • 242

처음부터 완벽한 아이디어는 없다 • 243
아이디어 발산 • 245
시제품을 만들면서 노하우를 쌓는다 • 253
아이디어 수렴 • 256
팀의 잠재력을 끌어내는 프로세스 • 267
시간을 효율적으로 활용하는 프로세스 • 273
팀에 프로세스를 정착시키고 성찰한다 • 276
목표를 설정하고 계획을 세우는 WOOP 기법 • 278

마치는 글 • 281

[인터뷰] 전설의 창업가, 가마다 토미 대표에게 듣는다
'혁신적 환경'을 선택하고 만드는 방법 • 286

참고자료 • 314

| 들어가는 글 |

"이 기사 보셨어요? 어떻게 생각하세요?"

2013년 11월, A는 《테크크런치 재팬(TechCrunch Japan)》에 실린 한 기사를 페이스북 친구들과 공유했다. 크라우드 펀딩으로 인쇄회로기판(PCB, Printed Circuit Board)을 출력할 수 있는 저렴한 3D 프린터 개발 자금을 모으고 있다는 내용의 기사였다.

이 기사를 보고 B는 다음과 같은 댓글을 달았다.

"가정용 잉크젯 프린터로 회로를 인쇄하는 기술이 이미 실용화되었는데, 굳이 전문 하드웨어가 필요할까요?"

그러면서 B는 2013년 11월에 게재된 한 기사를 소개했다. 거기에는 도쿄대학의 가와하라 요시히로 교수가 이끄는 연구팀이 가정용 잉크젯 프린터를 이용한 전자회로 인쇄기술을 개발했다는 내용이 담겨 있었다.

B는 도쿄대학 졸업자로, 가와하라 교수와는 학창 시절부터 친하게

지냈다. 게다가 기사를 공유할 무렵에는 두 사람 모두 미국 보스턴에 머물렀기에 근황까지 알려줄 수 있었다.

> A "가정용은 언제부터 시판될 예정인가요?"
> B "○○회사가 비슷한 제품을 내놓았는데, 판매량이 신통치 않아요."
> A "그래요? 그럼, 가와하라 교수가 개발한 기술을 SXSW(South by Southwest, 매년 3월 미국 텍사스주 오스틴에서 열리는 디지털 테크놀로지 축제)에서 홍보하는 건 어때요?"
> B "좋아요! 가와하라 교수에게 한번 말해볼게요."
> A "부탁해요. 여러 옵션을 고려해서 다시 연락할게요."

그 무렵 도쿄대학은 '도다이 투 텍사스(Todai to Texas)'라는 프로젝트를 시작했다. 이 프로젝트는 도쿄대학과 관련 있는 스타트업(Start-up, 혁신적 기술과 아이디어를 보유한 신생 창업기업)을 SXSW에 데려가는 게 목적이었다. SXSW는 위치기반 소셜네트워크 서비스(SNS)인 포스퀘어(Foursquare)가 처음 소개된 곳으로 유명하다. 지금은 많은 스타트업이 자신의 상품을 알리고 사용자의 반응을 확인하는 곳으로 잘 알려져 있다. A와 B는 '도다이 투 텍사스'에 응모하여 가정용 잉크젯 프린터를 이용한 전자회로 인쇄기술을 발표하기 위해 움직였다.

두 사람이 처음 한 일은 투자가와 상담하는 것이었다. 보스턴에서 일본으로 돌아온 B는 A와 함께 곧장 가마다 토미 씨에게 달려갔다. 가마다 씨는 도쿄대학에 다니면서 '액세스(ACCESS)'를 공동 설립한 선배 창업가로, 휴대전화용 브라우저와 메일 소프트웨어 개발에 성공한 후 지금은 엔젤투자자로 활약하고 있었다. 그래서 두 사람은 가와하라 교수가 발표한 기술 관련 자료와 실제로 전자회로를 인쇄할 수 있는 프린터를 짊어지고 가마다 씨를 찾아간 것이다.

결과는 성공적이었다. 두 사람의 시현을 지켜본 가마다 씨는 그 자리에서 투자를 결정했고, 그 덕에 AgIC 주식회사(지금의 엘리펀테크 주식회사)를 창업할 수 있었다. 그 뒤 두 사람은 무사히 2014 SXSW에 참가하였고, 미국의 대표적인 크라우드 펀딩 플랫폼인 킥스타터(Kick Starter)에서 상품화에 필요한 자금도 조달할 수 있었다.

이 일들은 SNS로 메시지를 주고받은 지 불과 5개월 안에 일어났다. 몇 가지 우연들이 겹쳐진 결과로 창업에 이른 것처럼 보이나, 이게 정말 우연일까? 내 생각은 조금 다르다.

그들이 창업에 성공한 이유 중 하나는 A와 B가 도쿄대학 출신이었다는 점이다. 또 그들은 도쿄대학 근처에 있는 '랩 카페(Lab Cafe)'를 즐겨 찾았다. 그곳은 학생들이 늦은 밤까지 이야기를 나눌 수 있는 장소였다. 처음에는 그저 '에이지 오브 엠파이어 2'라는 게임을 함께 즐기는 친구였을 뿐 '앞으로 함께 창업하자'는 생각 따윈 없었다. 하지만 랩 카페가 이어준 인연은 거기서 끝나지 않고 'OpenPool(증강현실 당구게임)'이라는 프로젝션 맵핑을 사용한 당구대 제작이라는 새로운 소프트웨어와 하드웨어의 개발 프로젝트로 발전했다. 그것을 계기로 '도다이 투 텍사스' 기획이 세워졌고, 나아가 SXSW를 목표로 할 수 있었다.

물론 A와 B가 창업에 이른 것은 그들 자신의 노력이 있었기에 가능했다. 그리고 창업한 뒤에는 그들을 비롯해 함께 일하는 직원들의 노력이 있었다. 또한 가와하라 도쿄대학 교수나 도쿄대학 출신인 가마다 씨의 지원도 빼놓을 수 없다. 이것은 '환경'이 맺어준 인연이다. 게다가 창업 후 엘리펀테크(Elephantech)에서 함께 일하게 된 사람들 중에는 '랩 카페'에서 만난 인연도 있었다.

이 사례에 등장한 A는 스기모토 마사아키 씨로, 랩 카페를 만든 사람이다. 그리고 B는 시미즈 신야 씨로, 가와하라 교수와는 학창 시절부터 교류해왔다. A와 B는 스스로 그런 환경을 만들었고 착실하게 그 환경을 키웠다. 그 결과 그들은 행운을 잡아 단기간에 창업에 이를 수 있었다.

환경을 바꾸면 내가 바뀐다

"나는 나와 나의 환경이다."

이 말은 《대중의 반역(La rebelión de las masas)》으로 유명한 스페인의 철학자 호세 오르테가 이 가세트가 쓴 《돈키호테 성찰(Meditaciones del Quijote)》에 나온다. '나'는 나 자신만 가리키는 말 같지만, 실은 자기 주변이나 환경까지 포함한 말이다.

《기업참모》로 유명한 오마에 겐이치도 이런 말을 했다. "자신을 바꾸려면 무엇을 해야 할까? 예전부터 나는 이 세 가지 방법을 사용해왔다. 시간 분배를 바꾸는 것, 사는 장소를 바꾸는 것, 그리고 사귀는 사람을 바꾸는 것이다."[1] 자주 인용될 정도로 많은 사람들이 공감하는 말이다. 이 세 가지 중에서 뒤의 두 가지를 바꿔 말하면, '자신이 있을 곳을 선택한다'라고 표현할 수 있다. 결국 이 말은 '자신을 바꾸려면 환경을 바꾸는 것이 좋다'는 뜻이다. 오르테가와 오마에 겐이치의 말에서 우리는 '나라는 존재는 환경까지 포함하여 나이기에 환경을 바꾸면 내가 바뀐다'고 이해할 수 있다.

클라우드 기반의 파일저장 서비스 업체인 드롭박스(Dropbox)를 창업한 드류 휴스턴은 2016년 매사추세츠 공과대학(MIT) 졸업식에서 축사를 하며 다음의 말을 인용하였다. "당신의 주변에 있는 친한 동료 다섯 명의 평균이 바로 당신의 모습이다."[2] 이 말을 한 사람은 코카콜라, IBM 등 다수의 글로벌기업에서 컨설턴트로 일한 짐 론인데, 그 역시 '환경'의 중요성을 강조하고 있다.

이들 이야기가 시사하듯, 우리의 행동이나 사고는 암묵적으로 주변 환경의 영향을 받는다. 만일 요즘 당신이 불안하다면, 그것은 불안함을 불러오는 씨앗이 주변에 있기 때문일지도 모른다. 반대로 즐거운 마음으로 지내고 있다면, 유쾌한 친구들에 둘러싸여 있기 때문일지도 모른다.

우리가 중·고등학생, 대학생, 사회인으로 성장하는 동안 주변 환경은 많이 달라진다. 그 과정에서 부모나 옛 친구가 "네가 갑자기 딴 사람이 된 것 같아"라고 말한 적 없는가. 이직으로 다른 일터에서 일하게 되었을 때도 비슷한 상황을 맞는다. 내게도 그런 경험이 있다. 당시를 돌아보면, 환경이 바뀌고 주위 사람들이 기대하는 역할이 달라졌기에 새로운 내가 되는 건 당연했다. 이것은 '나'라고 하는 존재가 바로 '나와 나의 환경'이기 때문이다.

그밖에도 성공한 기업가들을 인터뷰한 기사를 보면 '다른 환경에 뛰어드는 게 좋았다', '여행을 하면서 여러 과제를 깨달았다' 같은 말이 자주 등장한다. 그들도 환경을 바꿈으로써 새로운 자신을 발견했던 것이다.

이 책에서 나는 '창업하기 좋고, 성공을 가져오는 환경으로 바꾸자'

고 제안한다. 자신이 있는 곳을 바꿀 뿐 아니라 목적에 맞춰 환경을 조성함으로써 자기 안에 잠재되어 있는 창조성이나 실행력을 자극할 수도 있다. 그리고 독자 여러분이 창업하여 성공할 가능성이 높아지는, 소위 운을 높이는 방법을 전하려고 한다.

오르테가의 말처럼 '나는 나와 나의 환경'이라면 성공을 위해 오로지 자신의 능력에만 의지할 필요는 없다. 자신이 있는 곳을 바꾸어 주변 도움을 받을 수 있는 환경을 마련한다면 홀로 자기계발에 힘쓰지 않아도, 혼자 공부하지 않아도 자신의 능력은 저절로 커진다.

또한 주변 환경을 정돈하면 같은 환경을 공유하는 다른 사람들에게도 좋은 영향을 줄 수 있다. 다시 말해 주변 사람들이 그 환경으로 말미암아 성공한다면 그것은 곧 자신의 성공이라고 할 수 있을 것이다. 우리는 환경을 개선해나감으로써 '나의 성공'만을 위한 이기적인 행동을 '주변 사람들의 성공'을 돕는 이타적인 행동으로 넓힐 수 있다.

창업 관련 도서나 자기계발서는 자신을 강하게 의식한 나머지 타인은 배제하는 경향이 있다. 그러나 자기 존재의 경계를 조금 넓히고 '주변 환경을 개선함으로써 자신을 향상시킨다'는 생각을 다른 사람들과 공유한다면 함께 환경을 개선해나갈 수 있다. 환경이 좋아지면 주변 사람들도 그 편의를 얻는다. 그 결과로 우리는 크기가 정해진 파이를 서로 차지하기 위해 경쟁하는 것이 아니라 파이의 크기를 좀 더 키울 수 있지 않을까?

'환경'의 범위는 자신이 있는 곳과 주변 사람들, 좀 더 확대하면 사회나 시대까지 포함된다. 오르테가는 "나는 나와 나의 환경이다"라는 말과 더불어 이런 말도 남겼다. "만일 이 환경을 구하지 못한다면 나 역시 구할 수 없다." 이것을 뒤집으면 "자신을 구하려면 환경을 구해야 한다"라는 말이 된다. 이 책은 환경을 구하는 데 필요한 많은 정보를 제공한다. 그 결과 "자신을 향상시키기 위해서라도 이 사회와 그 시스템을 개선해자"라고 생각하는 사람이 많아지길 바란다.

아는 건 많은데 왜 실패할까

내가 창업의 성패와 환경의 인과관계에 주목하고, 스스로 '환경을 디자인하자'는 생각에 이른 것은 지금까지 해온 활동을 통해 가지게 된 어느 의문 때문이었다. 그것은 "창업에 관한 노하우를 그 어느 때보다 많이 얻을 수 있는 시대가 되었는데, 왜 실패하는 사람이 많을까" 하는 의문이었다.

나는 일본 마이크로소프트(MS)에 입사한 뒤 '마이크로소프트 비주얼 스튜디오(Microsoft Visual Studio)'의 개발 담당과 마이크로소프트의 기술 관련 에반젤리스트*로 일한 다음 스타트업을 지원하는 마이크로소프트 벤처스(Microsoft Ventures)**의 일원으로 많은 창업가와 만났다. 그리고 2016년 6월부터 도쿄대학 산학협창추진본부로 자리를 옮겨 재학생 및 졸업생이 창업할 경우 지원하는 업무를 맡고 있다. 활동의 일환으로 대학생들의 사이드 프로젝트를 돕는 비밀기지로서 '도쿄대학 혼고 테크개러지'를 설립하여 지금까지 200개 가까운 기술 프로젝트를 지척에서 보아왔다.

---

* 기술전도사. 최신 IT기술을 시장에 전하고 확산시키는 역할을 한다.
** 나중에 '마이크로소프트 액셀러레이터'로 명칭이 바뀌었다가 지금의 '마이크로소프트 스케일업(Microsoft ScaleUp)'이 되었다.

혼고 테크개러지에는 CAD용·VR용·기계학습용 컴퓨터를 비롯해 하드웨어 시작품을 만드는 데 필요한 레이저 절단기나 CNC, 전자공작을 위한 각종 기재까지 갖춰져 있다. 게다가 봄방학이나 여름방학 동안에는 학생 대상의 기술지원 프로그램도 운영하고 있다. 스프링 창업 프로그램(Spring Founders Program)과 써머 창업 프로그램(Summer Founders Program)이다.* 이 프로그램을 거친 일부 학생과 졸업생은 창업을 시도한다. 이렇듯 그들이 무언가를 시작하는 첫걸음으로써 '환경 만들기'를 하는 가운데 알게 된 사실은 지식을 제공하는 것만으로는 부족하다는 것이다.

와이 콤비네이터 공동창업자인 폴 그레이엄이 창업 프로그램에 참여한 학생들에게 강연하고 있다(Y Combinator Summer 2009 Session).
[출처: ⓒ Kevin Hale(Flickr), CC-BY-SA-2.0]

최근에는 와이 콤비네이터나 500스타트업이라는 실리콘밸리의 유명한 시드 액셀러레이터(Seed Accelerator)**가 보내는 정보나 세계적 실적을 자랑하는 창업가들의 조언이 많이 번역되어 있다. 마음만 있다면 언제든 세계 최신의 창업 노하우를 배울 수 있다. 최신 비즈니스 모델이나 조직 운영에 대한 지식도 서적, 웹 미디어, 개인 블로그, 이벤트를 통해 공개되어 있다. 그럼에도 불구하고 창업을 해도 순조롭지 못한(또는 창업

---

* 2005년, 미국의 와이 콤비네이터(Y Combinator)도 학생을 대상으로 써머 창업 프로그램을 시작했다.
** 창업가나 창업 직후의 기업이 성장하도록 돕는 조직

전에 포기하는) 사람이 끊이지 않는 이유는 지식이나 노하우 이외의 부분에 성공과 실패를 가르는 요소가 있기 때문은 아닐까? 뭐, 이런 생각을 하게 되었다.

정보 공유의 한계와 과제에 대해서는 제1장에서 자세히 설명할 것이다. 여기서는 이 책에서 전하고 싶은 메시지를 다시 한 번 강조한다.

"창업이라는 목표를 가지고 있다면, 그 목표에 가장 적합한 환경으로 한 걸음 더 내딛자."

'4P'로 만든 최적의 창업 환경

그렇다면 창업가로서 최적의 환경이란 무엇일까? 이 질문에 답하기 위해 이 책에서는 환경의 구성요소를 '4P'로 나눠 살펴보려 한다.

- Place: 어디서 시작해야 하는가?
- People: 누구와 관계를 맺어야 하는가?
- Practice: 어떻게 훈련해야 하는가?
- Process: 창업 시스템을 어떻게 개선해야 하는가?

한마디로 정리하면 이렇다. "만일 성공적인 창업을 하고 싶다면, 최적의 장소(Place)와 사람(People)을 선택해 바르게 훈련(Practice)하면서 그 실천 과정(Process)도 정비하자." 이 주장을 보강하기 위해 제1부에서는 '왜 환경이 중요한지', 그 이유를 살펴볼 것이다. 그리고 제2부에서는 '어떻게 환경을 선택하고 바꿔갈 것인지'를 고찰한다. 마지막으로, 제3부에서는 '자신이 선택한 환경을 어떻게 키울 것인지'에 대한 지식을 전한다.

물론 각 내용은 '4P' 중심으로 전개될 것이다.

그리고 또 한 가지, 이 책에서는 '근거(각종 연구를 통해 이끌어낸 학술적·과학적 근거)'를 활용한다. 지금까지는 수많은 스타트업 지원이 직감이나 경험, 요령으로 이루어져 온 것처럼 보인다. 그러나 사회과학 분야에는 엄청난 양의 지식이 있고, 그 일부는 스타트업의 환경 만들기나 액셀러레이터* 설계에 도움을 줄 것이다. 또한 액셀러레이터의 효과에 관한 조사도 세계은행이나 그 밖의 조직에서 이뤄지고 있다.[3, 4] 따라서 이 책에는 과학적 근거나 액셀러레이터의 조사를 활용하여 보다 효과적인 액셀러레이터로서의 환경을 만들기 위해 내가 지금까지 조사하고 실천해 온 것을 정리해 소개했다. 그 지식을 새로운 리더나 매니저가 활용하면 좋을 것이다.

리더의 새로운 자질

지금부터 설명하는 내용은 특히 다음과 같은 사람들에게 유용하다.

- 기존 창업가 또는 장차 창업하려는 사람
- 어떤 일을 하려고 하지만 아직 행동으로 옮기지 못한 사람
- 행동은 하고 있지만 왠지 성과가 오르지 않아 고민하는 사람
- 자사의 기업문화를 바꾸고 싶은 사람

이들은 주변 환경을 개선함으로써 자신은 물론 팀의 성과도 향상

---

* 초기 창업가 발굴과 투자, 교육, 전문 멘토링을 지원하는 보육기관

시킬 수 있다. 경우에 따라서는 환경을 변화시킴으로써 당신의 인생이 극적으로 변화할 수도 있다.

사회심리학의 아버지로 불리고, 집단의 의사결정에 관한 연구나 '장이론(Field Theory)'*이라는 개념을 제창한 쿠르트 레빈은 행동을 바꾸려 할 때는 '해동(Unfreezing) → 이동(Moving) → 재동결(Refreezing)'의 순서를 밟을 것을 권한다. 이들 단계는 그저 행동을 바꾸기 위해 의식만을 높이는 것이 아니라 의사결정을 하는 데 도움이 되는 방법을 생각하고, 새로운 행동을 정착시키기 위한 기법을 전하는 데도 유용하다.

사실, 앞에서 말한 이 책의 구성은 이들 단계를 참고하고 있다. 먼저 '제1부'에서는 환경이 우리의 행동을 얼마나 바꾸고 있는지를 설명하면서 여러분의 생각을 조금씩 '해동'시킨다. '제2부'에서는 여러분이 의사결정을 하기 쉬운 환경을 선택하는 방법을 전하여 '이동'을 재촉한다. 마지막으로 '제3부'에서는 배운 것을 행동으로 옮기고 자기 나름의 새로운 방식을 정착시키는 '재동결'을 위한 환경 디자인 기법을 정리해 소개한다. 창업이나 신규 사업의 설립 등 앞으로 무언가를 시작하려는 사람이 있다면 가장 먼저 환경을 바꿔보라고 말하고 싶다.

이 책은 창업, 그중에서도 스타트업에 관한 내용을 담고 있다. 창조성을 키우기에 적합한 장소 만들기나 서로 다른 업종 간의 인맥 만들기라는 관점에서도 도움이 될 것이다. 덧붙여 이 책에서는 개인을 둘러싼 환경을 바꾸기 위한 수법에 그치는 게 아니라, 조직으로 비즈니스를 낳고 키우기 위한 지식도 소개한다. 그 점에서는 기업 관리자나 리더, 그리고 장차 기

---

* 인간의 행동을 개인의 현재 상황, 다시 말해 장과의 관계로 설명하려는 심리학 이론

업무화를 만들어갈 창업가에게도 유용한 정보가 될 것이다.

　　최근 수십 년간 리더에게 요구되는 능력은 변해왔다. 예전에는 리더를 그저 조직을 '이끌어가는' 사람쯤으로 여겼다. 하지만 최근에는 '직원들을 지지하고 후원하는' 서번트 리더십*을 요구하는 등 리더의 모습도 다채롭게 변화하고 있다. 직원들의 심리적 안정감도 중요하기에 그렇게 될 수 있는 환경 만들기라는 새로운 역할도 리더에게 주어졌다. 이 책에서는 여기에 더하여 '팀 환경을 만드는 사람'이 새로운 리더라는 말도 전하고 싶다. 단순히 직원에게 영향을 미치기만 해서는 안 된다. 또 부하직원에게 일방적으로 전하기만 해서도 안 된다. 일하기 쉬운 환경을 만드는 능력을 갖추고 새로운 리더로 태어나야 한다. 그런 환경은 손쉽게 만들어지는 것이 아니므로 경쟁우위성을 가질 수 있다.

　　하버드대학에서 리더십과 혁신에 관해 연구하는 린다 힐 교수는 "리더가 획기적인 아이디어를 촉진시키기 위해서는 업무 수행만 잘하는 추종자를 키울 것이 아니라, 혁신을 일으키는 커뮤니티를 구축하는 것이 좋다"라고 말한다.5 그럼으로써 '집단 천재성(Collective Genius)'을 이끌어내야 한다는 게 그녀의 주장이다. 커뮤니티는 이제부터 살펴볼 환경의 중요한 일부로, 그런 기능을 가진 커뮤니티를 어떻게 만들어갈지에 대해서도 앞으로 다룰 것이다.

약점 인정은 창업의 첫걸음

'사람은 환경에 의해 좌우된다'고 말하면, 듣기에 따라서는 환경의 영향

---

*　　직원과 목표를 공유하고, 직원의 성장을 도모하며, 리더와 직원 간의 신뢰를 바탕으로 최종적으로는 조직성과를 달성하는 리더십

을 받은 우리의 약점을 인정하는 꼴이 된다. '창업하려면 굳은 의지가 필요하다'고 믿는 사람은 지금부터 말하는 내용에 위화감을 느낄지도 모른다. 그러나 이 책에서는 오히려 그런 인간의 약점이나 나태함을 잘 살려보자고 제안한다. 환경의 영향을 받는 우리의 약점을 인정하는 것에서 출발한다면 앞으로 살펴볼 '4P'를 보다 잘 활용할 수 있을 것이다. 자신의 의사나 능력만으로 무언가를 이루려고 하는 것이 아니라, 자신의 나태함을 인정하고 주변 환경을 만들어 타인과 함께 무언가를 할 수 있는 방법을 제공하고 싶다.

에조에 히로마사가 창업한 일본 리쿠르트의 사훈은 "스스로 기회를 만들고, 그 기회를 통해 자신을 바꾸자"이다. 이 말을 빌려 이 책을 설명하면 "스스로 환경을 만들고, 그 환경을 통해 자신을 변화시키자"가 된다. 또는 "자신이 있는 곳을 만들고, 그곳에 의해 자신을 바꾸자"라고 말할 수도 있다. 이 책을 통해 여러분이 환경을 바꾸고, 자신을 바꾸기 위한 첫걸음을 내딛는 결정적 힌트를 얻을 수 있기를 진심으로 바란다.

좋은 일이 생길 운

또한 이 책은 '운'에 관한 책이기도 하다. 필자는 《퍼스트 스타트업》이라는 책에서 스타트업 성공에 필요한 요소를 와이 콤비네이터의 샘 알트먼의 분류에 따라 '아이디어', '제품', '팀', '실행', '운'으로 구분하여 정리해놓았다. 그중 '운'에 관한 장에는 필자의 독자적인 생각이 다수 담겨 있는데, 그 내용을 좀 더 발전시킨 것이다.

운이 좋아지는 방법은 많다. '호기심을 가져라', '주변 사람들에게 감사하라', '옷차림에 신경 써라', '늘 웃어라' 같은 방법들이다. 이 책에서는 '주변 환경을 바꿔보라'고 제안한다. 환경을 바꾼다고 모든 게 달라지는 것은 아니지만, 환경을 바꾸는 것으로 좋은 운을 부를 수 있다. 다시 말해 어떤 좋은 일이 일어날 확률을 높일 수 있다. 성공적인 창업에는 운도 필요하다.

이 책을 읽을 때 주의할 점

이 책은 내가 지금까지 스타트업을 지원하고 혼고 데크개러지에서 200건 가까이 기술 프로젝트를 관찰해온 경험과 통찰을 근간으로 한다.

또한 내가 일하는 도쿄대학 산학협창추진본부가 2019년부터 시작한 졸업생·현역 학생·연구자를 대상으로 한 새로운 스타트업 창업 프로그램 '도쿄대학 FoundX'를 설계하기 위해 수집한 모든 정보를 이 책에 담았다.

다시 한 번 말하지만, 이 책에서 다루는 '환경'이란 스타트업의 성공이라는 목표에 유효한 환경을 말한다. 스타트업의 목표는 금전적인 이익을 낳는 것만이 아니다. 많은 과제를 해소하기 위한 이노베이션을 창출하고 그 성과를 가능한 한 많은 사람들에게 확산시키는 것이다. 만일 독자 여러분에게 스타트업 말고 다른 인생의 목표가 있다면 이 책의 일부 내용은 도움이 되지 않을지도 모른다. 그래도 '자신의 목표에 다다르기 위한 환경은 무엇인가'에 대하여 생각하는 데 참고가 되어줄 것이다.

마지막으로, 각별한 주의를 기울였지만 일부 인용에서 오류를 발견할지도 모른다. 의문이 생기거나 좀 더 자세한 정보를 얻고 싶다면 책 뒷부분에 정리해놓은 참고자료를 찾아보기 바란다.

START UP

제1부

그 스타트업은 어디서, 어떻게 성공했을까?

– 창업 환경의 중요성

1장

왜 환경이 중요한가

스타트업 액셀러레이터의 진짜 역할

2010년 즈음부터 스타트업의 가속화를 지원하는 조직이 많아졌다. 바로 '액셀러레이터'라고 부르는 조직인데, 스타트업을 대상으로 다양한 프로그램을 제공하는 일 외에도 정보와 멘토링 등을 제공하고 있다. 일본에서도 최근 몇 년간 액셀러레이터가 증가하는 추세이며, 대기업 주도로 창업 액셀러레이터라는 새로운 시도도 이뤄졌다.

　나 역시 일본 마이크로소프트사에서 스타트업을 지원하는 업무를 담당하면서 창업 액셀러레이터의 일종인 마이크로소프트 액셀러레이터(현 마이크로소프트 스케일업) 팀과 일했었다. 그러면서 생생한 경험담과 액셀러레이터 수강자의 체험담, 해외 액셀러레이터 근황 등을 정리해 블로그에 올리기도 했었다.

　하지만 어느 순간 정보를 제공하는 데 한계를 느꼈다. 내가 공개한 정보가 많은 사람들에게 닿는지도 의문이었다. 설령 누군가에게 전해졌다고 해도 내 의도가 제대로 전달되었는지, 미처 글에 담지 못한 내용은 없었는지 궁금했다. 물론 내 의도를 올바르게 전할 수 있다고 해도 상대가 배울 준비가 되어 있지 않으면 의미가 없다. 상대에 맞는 적절한 문맥이나 환경을 설정하지 않으면 일방적으로 이뤄지는 정보 제공이나 강의는 무의미하다.

이것은 비단 정보 제공이나 교육 현장에서만 일어나는 문제가 아니다. 생명이 왔다 갔다 하는 절박한 의료 분야에서도 때때로 볼 수 있다. 한 의학 논문에 따르면, 꽤 많은 환자들이 의료 관계자의 조언을 듣지 않고 처방받은 약의 절반만 복용하고 있다고 한다.[1] 생명과 관련된 건강 문제도 이러한데, 비즈니스나 창업 관련 조언이라면 오죽할까? 관련 정보를 접한 대다수 사람들이 그냥 무시해버리지는 않을까? 실제로 건강 행동 분야에서 과거 40년간의 흡연 예방 관련 연구를 메타분석*했더니, 정보(지식) 제공만으로는 흡연 시작을 막기 어렵다는 결과를 얻었다고 한다.[2] 물론 개중에는 정보가 도움이 된 사례도 있을 것이다. 분명 좀 더 효율적으로 정보를 제공하는 방법이 있을 텐데, 과연 그게 뭘까?

이렇듯 정보 제공에 한계를 느끼고 고민하던 중 한 가지 사실을 깨달았다. 도쿄대생들의 프로젝트를 지원하는 시설인 '혼고 테크개러지'를 운영하면서 나는 학생들끼리 서로 가르치고 배우는 모습을 많이 봤다.

---

* 메타분석이란 동일하거나 유사한 주제로 연구되어진 많은 연구물들의 결과를 객관적·계량적으로 종합하여 고찰하는 연구 방법을 말한다. 즉 메타분석은 문헌연구가 갖는 제한적인 여러 가지 한계를 넘어서 개별 연구 결과들을 통계적으로 통합 또는 비교하여 포괄적이고 거시적인 연구 결론을 이끌어낼 수 있는 연구 방법이다.

각자의 인맥을 적극 활용하여 선배한테 배우거나 처지가 비슷한 학생들이 서로 정보를 교환하는 모습이었다. 그러면서 내가 직접 가르치지 않아도 학생들이 정보를 공유할 수 있는 환경을 만들어주면 빨리 그리고 깊게 배운다는 사실을 알았다. 나는 그들의 등을 살짝 밀어주기만 하면 되었다. 그런 상황을 경험하고 각종 교육서를 읽으며 내 생각은 조금씩 바뀌었다.

더글러스 피셔와 낸시 프레이가 쓴 《구조화된 학습을 통한 더 나은 교육(Better Learning Through Structured Teaching)》에 따르면, 학습에 대한 책임은 교사나 학생에게만 있지 않다. 상황에 따라 그 책임은 교사와 학생 사이를 계속 오간다. 교사가 가르치는 것도 있고, 학생이 스스로 배우는 것도 있고, 학생들이 그룹으로 배우는 것도 있다. 교사 혼자서 교육에 대한 책임을 짊어지지 않아도 되는 것이다. 최근에는 액티브 러닝이나 그룹 학습이 주목받고 있는데, 적절한 교수법을 통해 그룹으로 배우면 학습 효과가 더 높아진다.

그렇다면 학생들이 서로 가르쳐주고 배우는 환경을 만들면 어떨까? 오늘날 대학들은 개방형 온라인 강좌인 무크(MOOCs, Massively Open Online Courses)를 통해 강의를 공개하고 있다. 이 경우 대학이 제공하는 것은 학생들이 거기로 모여 함께 공부하면서 인맥을 만드는 것이 아닐까?

와이 콤비네이터의 공동창업자인 폴 그레이엄은 와이 콤비네이터를 운용하는 데 있어 가장 중요했던 것은 의외로 일괄 처리로 스타트업에 투자한 것이라고 말한다. 본래 그는 투자 업무를 배우기 위해 시험 삼아 많은 투자를 해보자며 시작했던 것이 일괄 처리 방식인데, 그것이

스타트업끼리 학교처럼 교류하게 되어 예기치 않은 이노베이션을 낳는 토대가 만들어졌다. 액셀러레이터를 일종의 '비즈니스 스쿨'이라고 말할 수 있는 이유는 프로그램이 진행되는 동안 창업가들이 단숨에 모이고 그곳에서의 상호작용이 배움을 촉진하는, 이른바 학교 같은 역할을 하기 때문인지도 모른다.

나는 '스타트업 액셀러레이터의 본래 존재가치는 제공하는 지원 프로그램이 아니라, 스타트업이 성장하기 쉬운 환경 만들기가 아닐까?' 하는 가설을 세웠다. 실제로 실리콘밸리처럼 스타트업 에코시스템이 활발한 지역에서는 각각의 스타트업이 액셀러레이터에 참가하지 않아도 적극적으로 정보교환이 이뤄진다. 린 스타트업(Lean Startup)이나 그로스 핵(Growth Hack) 같은 '스타트업 경영 방법'을 잘 모르는 사람들도 이내 그 방법들을 배운다. 그 배경으로는 높은 인재 유동성으로 직원 간 정보교환이 많음을 들 수도 있다. 건강행동 분야에서도 행동변용은 정보제공뿐 아니라 환경을 포함한 다차원에서의 개입이 가장 효과적이라고 한다.[3]

《구조화된 학습을 통한 더 나은 교육》이 지적하듯이, 처음엔 대개 교사가 학생들의 교육을 책임진다. 그러다가 교육의 책임이 학생들에게로 옮겨간다. 혼자(또는 친구끼리) 배우거나 학생들이 그룹을 만들어 배움으로써 한층 배움의 속도를 가속화시키는 게 본래 역할일지 모른다.

좋은 액셀러레이터에 들어가면 창업 초기에 적합한 환경이 제공된다. 특히 처음 창업하는 사람들은 선배 창업가들의 실패를 답습하지 않도록 이곳에서 훈련할 수 있다. 온갖 실패를 혼자 겪는 것이 아니다. 물론 액셀러레이터가 제공하는 환경의 일부는 개인이라도 획득·구축할 수 있으며, 자신이 있는 장소나 만나는 사람들, 사내 환경을 최적화하는 것은 특정 목적을 향해 가속화해가는 수단이 된다.

창업가는 끊임없이 공부해야만 하는 직업이다. 기술이 특기인 사람은 금융을 공부해야 하고, 금융이 특기인 사람은 조직 규모에 따른 경영관리를 공부해야 한다. 완벽하게 준비된 단계에서 창업하는 것도 아니고, 창업한 뒤 새로운 난관에 맞닥뜨릴 때마다 모르는 걸 배우고 해결해야 하는 게 창업가다. 따라서 좋은 환경을 선택하고, 제 손으로 적합한 환경을 구축하도록 돕는다면 의사결정이나 사업에 긍정적인 작용을 할 것이다. 그리고 창업가의 배움에 속도를 높여주는 프로그램에 참가한 이후에도 계속 이어갈 수 있지 않을까?

1장에서는 환경이 왜 중요한지, 그리고 좋은 환경이란 어떤 것인지에 대해 알아본다.

사람은 환경의 영향을 받는다

이 책에는 '자기 자신을 위한 액셀러레이터 만들기'와 관련된 힌트가 들어 있다. 그전에 다음 몇 가지 사례를 들어 '사람은 어떻게 환경의 영향을 받는가?'에 대해 설명한다.

맨 처음은 출생의 문제다. 우리 삶은 어떤 가정에서 태어났느냐에 따라 크게 달라진다. 어떤 학교에 가는가? 어떤 회사에 취직하는가? 어떠한 인생을 살아가는가? 이것은 자신이 태어난 가정, 다시 말해 부모의 영향을 어느 정도 받을 수밖에 없다.

그다음은 여러분이 무의식적으로 환경을 이용하고 있다는 이야기를 하고 싶다. 예를 들어 '몇 월 며칠 몇 시까지'라고 어떤 일에 마감을 설정함으로써 의도적으로 행동을 촉구하는 사람이 많다. 이제까지와는 다른 상황을 강제적으로 만듦으로써 행동을 바꾼다는 의미에서는 '환경을 정비하여 활용했다'고 말할 수 있다. 또는 친구와 마감 시기를 공유하여 더 강력한 강제력을 작동시키는 경우도 있다. 이것도 타인이라는 사회적 환경을 사용하여 스스로 사회적 참여를 부여했다고 볼 수 있다.

이번에는 아이디어를 기록한 수첩에 대하여 생각해보자. '아이디어 맨'이라고 불리는 사람들은 늘 수첩을 갖고 다니면서 어떤 생각이 떠오를 때마다 적는다. 최근엔 나도 컴퓨터와 스마트폰 간의 동기화가 가능한 메모장 애플리케이션(앱)을 사용하여 순간적으로 떠오른 생각들을 메모하고 있다. 수첩이나 필기도구가 없어도 메모장 애플리케이션만 스마트폰에 깔면 언제 어디서든 가볍게 메모를 남길 수 있어 여간 편리한 게 아니다.

이처럼 도구라는 '외부 환경'을 획득하면 인간의 능력은 높아진다. 그야말로 '나는 나와 나의 환경'인 것이다. 여러분은 두 자리 수를 서로 곱할 수 있는가? 세 자리 수와 세 자리 수의 곱셈은 어떤가? 아마 대부분의 사람들은 자신 있게 '곱할 수 있다'고 답할 것이다. 그런데 그들 중 상당수는 암산이 아닌 종이에 적어 계산할 것이다. 이 말은 '종이'라는 외부 환경을 감안하여 '곱할 수 있다'고 확신한다는 뜻이다.

〈확장된 마음(The Extended Mind)〉(1998)이라는 철학 논문에도 비슷한 내용이 들어 있다. '지리 정보를 잘 기억하지 못하지만 지도를 가진 사람'과 '지도를 갖고 있지 않지만 머릿속에 지리 정보를 간직한 사람'이 있다고 하자. 이 두 사람이 "나 혼자 박물관을 찾아갈 수 있어"라고 주장한다면 어떨까? 한 사람은 지도, 또 한 사람은 자신의 기억에 의지해 자신만만하다. 결론적으로 두 사람의 주장이 다 맞다. 앞의 사람은 지도라는 외부 환경, 즉 환경까지 확장된 마음을 가지고 있는 것이다.

다른 사람이 하면 나도 한다

여기서는 사람의 사고와 환경의 인과관계에 대한 재미있는 근거에 대하여 소개한다.

비만은 전염된다

《행복은 전염된다》의 저자 니컬러스 크리스태키스가 32년간 사회적 네트워크를 조사한 연구를 보면, 어떤 사람이 살이 찌면 그의 친구가 살찔 가능성은 57%나 높다고 한다. 또 형제자매 중 한 명이 살이 찌면 다른 형제자매가 살찔 가능성은 40% 정도 높고, 지인의 지인의 지인이 살이 찌면 자신이 그의 영향을 받아 살찔 가능성은 10%가량 높다고 한다. 그 이유는 인간은 의식적으로든 무의식적으로든 타인과 자신을 비교하며 살아가기 때문이다. 가까이에 있는 사람이 살이 찌면 자신의 용모에도 영향을 미쳐 "살 좀 쪄도 돼"라는 생각을 은연중에 갖게 된다.

그다음은 나카무로 마키코가 쓴 《데이터가 뒤집은 공부의 진실》에 소개된 연구를 살펴보자. 미국 노스웨스턴대학 교수들이 기숙사 룸메이트가 추첨으로 배당되는 자연실험적 환경을 사용하여 룸메이트로부터 어떤 영향을 받는지 조사했다. 그 결과, 성적과 관련해서는 룸메이트의 영향을 그다지 받지 않았지만 행동에 대한 인과관계는 증명되었다. 특히 음주는 영향을 많이 미쳤다. 고등학교 시절에 술을 마셔본 학생은 음주를 하는 룸메이트를 만났을 때 술고래가 되는 경향이 있었다. 회사도 마찬가지다. 다른 직원이 야근을 하면 자신도 야근을 하고, 다른 직원이 음주와 흡연을 하면 자신도 그렇게 하는 경우가 많다. 환경의 영향을 받아서인데, 이런 상황이 너무도 자연스러워서 아무도 의문을 제기하지 않는다.

신선한 공기가 두뇌 활동을 촉진한다

평소 생활하는 '공간'의 경우, 이산화타소 농도가 1,000ppm을 넘으면 전반적인 사고력이 저하되고 잠이 많아진다고 한다. 또한 2019년 하버드대학교는 일반적인 사무실 환경과 공기가 잘 통하는 사무실 환경을 만들어 실험을 진행했다.[4] 그리고 같은 사람들이 각각의 장소에서 고차원적 인지 업무를 수행한 결과를 비교해보았다.

일반적인 사무실은 이산화탄소 농도가 1,000ppm 정도인 데다 휘발성 유기화합물 농도가 높은 상태였다. 한편, 공기가 잘 통하는 사무실은 이산화탄소와 휘발성 유기화합물 농도가 낮았다. 그 결과, 환기가 잘 되는 사무실 환경에서 이뤄진 아홉 개의 인지 업무 점수가 평균 101% 높았다.

특히 차이가 컸던 부분은 위기 대응, 정보 이용, 전략과 관련된 업무의 점수였다. 업무 환경을 조금만 바꿔도 '머리가 좋아지는' 것이다. 밀폐된 회의실에 장시간 갇혀 있는 사람들도 생산성이 현저히 떨어지므로 회의를 오래할 때는 주의가 필요하다. 일본의 건축물위생법을 보면 이산화탄소의 환경위생 관리기준은 1,000ppm이다. 그 이유는 1,000ppm을 넘으면 권태감, 두통, 이명, 답답함 등의 증상을 호소하는 사람들이 증가하기 때문이다. 정기적으로 환기해주면 사무실 안의 이산화탄소 농도가 낮춰져 졸음을 쫓을 수 있다. 고작 그 방법이 먹히겠냐고 말할지도 모르지만, 생각보다 효과가 크다.

그래서 나는 혼고 테크개러지의 공기 상태를 수시로 점검한다. 이산화탄소 농도가 1,000ppm을 넘으면 스마트폰 알람이 울리도록 설정해놓고 환기하고 있다. 여러분의 사무실에서도 시도해보면 좋을 것이다.

구글도 도입한 '선택 설계'와 '넛지'

구글은 이런 과학 지식을 사내 환경 조성에 적극 활용하는 것으로 유명하다. 구글의 직원식당에서는 복리후생의 일환으로 점심식사와 저녁식사가 뷔페로 제공되어 얼마든지 먹을 수 있다. 구글은 행동과학 지식을 사용하여 직원들이 건강에 안 좋은 음식을 과식하지 않는(또한 건강에 좋은 음식을 보다 많이 섭취할 수 있는) 시스템을 고안했다.

그 하나가 접시 크기를 줄이는 것이다. 지름 31cm인 접시를 약 23cm 크기의 접시로 바꿨다. 그 이유는 사람이 한 번 먹을 수 있는 양은 접시 크기에 따라 달라지기 때문이다. 그리고 여러 개의 접시를 놓아 다양한 선택지도 제공했다. 이렇게 함으로써 약 21%의 사람들이 작은 접시를 선택하여 먹는 양을 줄였다.[5]

또한 뷔페로 차려진 음식의 순서를 (직원이 봤을 때) 샐러드가 맨 처음에 오도록 바꾸었다. '채소를 많이 섭취하는' 행동을 직원들이 자연스럽게 선택하도록 한 것이다. 구글은 직원들이 과자 같은 간식을 마음껏 먹을 수 있도록 하는 한편, 과자를 두는 장소에 신경을 썼다. 가져다먹기 쉬운 곳에는 건강에 좋은 간식을, 가져다먹기 어려운 안쪽 자리나 맨 아래 선반에는 건강에 좋지 않은 간식을 두었다.

사람의 선택에 관한 이야기를 한 가지 더 소개한다. 뇌사 판정 후 장기기증 여부에 대한 의사를 표시하는 장기공여자카드(Donor Card)가 있다. '제공한다'를 기본 선택지로 둔 스페인은 장기이식률이 세계에서 가장 높다. 반면 '제공하지 않는다'를 기본 선택지로 둔 나라는 장기기증 비율이 매우 떨어진다. 어느 연구에 따르면, 장기기증에 관한 명시적 동의(옵트인)를 추정적 동의(옵트아웃)*로 변경한 경우 그 나라의 장기기증률이 약 16%나 상승했다.[6]

행동경제학 분야에는 '선택 설계(Choice Architecture)', '넛지(Nudge)'**라는 말이 있다.[6] 개인의 의사를 존중하면서도 사회가 원하는 행동을 하도록 부드럽게 유도할 때 쓰이는 수법이다. 영국은 2010년 '넛지 유닛'으로 불리는 행동조사팀(Behavioural Insights Team)을 설립했고, 일본은 2017년 '일본판 넛지 유닛'으로 불리는 행동과학팀(Behaviral Sciences Team)을 환경성 안에 만들었다. 인간의 행동에 대한 통찰이나 과학을 이용하면서 사람들이 자유롭게 선택할 여지를 남겨두고 환경을 위해 행동하도록 촉구하는 자유주의적 개입주의(Libertarian Paternalism)가 각종 정책에 활용되기 시작하였다.

---

* 옵트아웃(Opt-out)은 개인이 별도 절차를 통해 장기기증에 대한 명시적 거부의사를 밝히지 않으면 잠정적 동의자로 추정해 사망 후 장기 적출이 가능하도록 하는 제도다. 옵트인(Opt-in)은 사망 이전에 별도로 장기기증 동의의사를 밝힌 사람만 기증 동의자로 본다.

** 넛지란 팔꿈치로 쿡쿡 찌른다는 뜻으로, 일종의 자유주의적 개입 또는 간섭을 말한다.

'직원들의 행동을 바꾼 비밀'이 숨겨진 구글 식당
구글은 직원들이 건강에 좋은 음식을 먹을 수 있도록 시스템을 구축했다. (출처: Google Press Corner)

물론 이것이 다 옳지는 않다. 그러나 선택지를 제공하는 방식으로 사람의 행동을 바꿀 수 있다면, 우리도 자신의 발전을 위해 그 수법을 이용할 수 있지 않을까? 의식적으로 그런 환경을 만든다면 의지나 갈등 없이 자신이 원하는 방향으로 자연스럽게 행동할 수 있을 것이다.

실제로 의지에 기대지 않고 저절로 원하는 행동을 촉구하는 방법은 얼마든지 있다. 다음은 흔히 볼 수 있는 사례다. 돈을 모으기 위해 적금을 들 경우, 매달 급료를 받아 일정 금액을 불입하는 데는 의지가 필요하다. 그런데 월급통장에서 자동으로 빠져나가는 방식이라면 어떨까? 저축을 잘하는 사람들 중엔 이런 자동이체 시스템을 활용하는 경우가 많다. 기부 역시 마찬가지다. 매번 기부액을 송금하는 게 아니라 급료의 몇 퍼센트가 자동으로 이체되도록 설정해두면 지속적으로 기부할 수 있다(효과적인 기부를 위해 '기브웰'*이 제공하는 자선단체 평가를 활용한다). 이렇듯 환경을 정비한다면 저절로 좋은 선택을 할 수 있다.

개방형 사무실의 부정적인 면
— 비즈니스와 환경에 관한 편견

구글 사례와 반대로 비즈니스 상황에서 과학 지식을 무시한('모른다'는 표현이 더 정확할 듯) 접근이 마치 옳은 것인 양 널리 퍼져 있는 경우도 많다. 스타트업 세계도 별반 다르지 않다.

과거엔 스타트업 관련 정보를 입수하는 일이 매우 어려웠다. 하지만 최근엔 정보발신자가 늘어나고, 블로그나 SNS라는 전달수단의 진화로 스타트업 운영에 힘이 되는 정보가 증가하였다. 다만, 개인의 경험이나 주관을 표현한 것이므로 그 내용이 진짜 유효한지는 알 수 없다. 물론 그들의 가설을 전부 부정해서는 안 된다. 어느 정도는 도움이 될지도 모른다. 개중에는 적절한 검증 없이 맹목적으로 믿는 것도 있다. 유명한 사람이 이상한 치료법을 제시하며 "이렇게 하면 병이 낫는다"라고 말하면 그냥 믿어버리는 사람이 등장하는 것처럼 말이다.

실제로 좋은 결과가 예측되는 대책도 부분적으로 나쁜 결과를 불러오는 경우가 흔하다. 몇 가지 예를 들어보자.

---

*　　기브웰(GiveWell)은 자선단체의 활동을 투명성, 효율성 측면에서 평가하고 홍보하는 기관이다. 기부처를 선택할 때 유용하다.

개방형 사무실에 관한 연구

최근 들어 직원 간 커뮤니케이션을 활성화시키기 위해 업무 공간을 개방형으로 만드는 기업이 늘고 있다. '직원 간 커뮤니케이션은 개방된 공간에서 더 원활하다'라는 가설이 확산되면서 그러한 움직임이 증가한 듯하다.

사실, 개방형 사무실은 대화를 저해한다는 연구결과가 있다.[7] 그 이유는 이어폰을 귀에 꽂은 채 일할 경우 외부 소리가 차단되어 바로 옆에서 하는 말도 들리지 않는 환경이 조성되기 때문이다. 또한 개방형 사무실에서는 자신들의 대화를 주위 사람들이 들을 수 있기에 가급적 짧고 가벼운 대화만 이루어진다. 문자 서비스를 이용하는 경우는 증가했지만 그것이 감소한 대화의 양을 충분히 보완할지는 의문이다.

게다가 어떤 음악이든 뭔가를 듣고 있는 것만으로도 인지적 작업의 생산성이나 창조성이 떨어진다는 조사결과도 있다.[8, 9, 10] 배경음악을 틀어놓으면 인지작업의 성과가 높아진다고 생각할 수도 있으나, 사실 지적 작업에는 적합하지 않다. 따라서 개방형 사무실로 만든 뒤 직원들이 이어폰을 꽂고 음악을 듣는 사람이 많아진다면 결과적으로 개인의 생산성이나 창조성을 떨어뜨리게 될 가능성도 있다.

비즈니스 툴에 관한 연구

최근에는 비즈니스모델 캔버스(BMC)처럼 사업 아이디어를 검토할 때 사용하는 편리한 툴들이 많아졌다. '디자인 사고'의 실천을 돕는 툴도 많은 현장에서 사용되고 있다. 그러나 무작위 대조군 임상시험(RCT, 비교적 질 좋은 근거를 제공하는 연구방법)을 이용한 조사에 따르면, 다음 두

그룹을 비교했을 때 B그룹이 고객으로부터 두 배가 넘는 문의를 받았다.[11]

A그룹   비즈니스모델 캔버스 같은 툴이나 린 스타트업(Lean Startup)* 에서 자주 말하는 컨시어지형 프로토타이핑 방법을 수강하는 그룹

B그룹   거기에 더하여 과학 실험을 통해 가설검증의 과정을 체험한 그룹

그 이유는 여러 가지 비즈니스 툴의 사용법을 배워도 가설검증을 철저히 하지 않는 사람들은 깊이 생각지 않고 사업방침을 바꾸거나 다른 사업으로 전환하는 일을 반복하는 등 애매하게 행동하기 때문일지도 모른다. 한편, 과학자처럼 실험하면서 가설검증을 하는 '비즈니스 과학실험자'들은 툴의 도움에 힘입어 착실히 성과를 올린다. '디자인 사고나 스타트업적 사고 툴을 사용하면 사업이 잘될 것'이라고 맹신하는 것은 결코 과학적인 태도라고 말할 수 없다. 따라서 우리는 과학적으로 접근하거나 과학의 증거에 근거한 수법도 배우지 않으면 안 된다.

멘토링 프로그램에 관한 조사

그렇다면 스타트업 액셀러레이터에서 흔히 있는 멘토링은 어떨까? 대개

---

*   아이디어를 빠르게 최소요건제품(시제품)으로 제조한 뒤 시장의 반응을 통해 다음 제품 개선에 반영하는 전략. 린 스타트업의 골자는 '제조-측정-학습'의 과정을 반복하면서 꾸준히 혁신해나가는 것이다.

의 액셀러레이터는 멘토링 프로그램을 중점적으로 다룬다. 그러나 '이것도 효과가 그다지 없는 게 아닐까?' 하는 의문을 제기하는 보고가 있다.[12] 이 조사에서는 높은 성과를 내는 액셀러레이터와 성과가 낮은 액셀러레이터를 비교한 결과, 둘의 멘토링 프로그램이나 그 효과에 유의미한 차이를 발견할 수 없었다. 여기서 말하는 성과란 액셀러레이터가 배출한 스타트업의 자금조달이나 매출 등의 종합적인 점수다.

예상치 못한 결과를 접한 사람들 중에는 '아마 멘토가 바빠서 멘토링에 많은 시간을 할애하지 못했기 때문'이라고 생각하는 이들도 있을 것이다. 실제로 어느 기사[13]에 따르면, 액셀러레이터 프로그램에 참여하는 멘토는 평균 70명이다. 그중 '일주일에 3시간 이상 액셀러레이터 사무실에서 시간을 보내는 사람'은 불과 16명밖에 되지 않는다고 한다. 그러나 높은 성과를 올린 액셀러레이터와 낮은 성과에 그친 액셀러레이터에서 멘토가 보낸 시간에는 큰 차이가 없었다. 그리고 멘토의 수에도 별 차이가 없었다.

이 보고서를 작성한 사람은 훗날 출판한 책[14]에서 멘토의 인맥에 따라 프로그램의 성과가 조금씩 다르다고 했다. 높은 성과를 올리는 액셀러레이터는 그렇지 않은 곳에 비해 투자가, 실무가, 창업가 멘토가 많았다. 반대로, 성과가 낮은 액셀러레이터는 멘토 중에 대학교수가 많았다. 게다가 액셀러레이터를 조사한 세계은행 보고서에 따르면,[15] 경험이 풍부한 창업가의 멘토링은 자금조달이라는 측면에서 효과가 있었다.

또 다른 분야의 연구도 살펴보자. 커리어 형성에 관한 멘토링을 메타분석한 결과 멘토링에는 바람직한 효과가 있었지만, 개인에 미치는 영향은 비교적 적었다.[16] 대신 큰 효과가 있을지도 모르는 것은 대상자의 커리어를 실질적으로 지원해주는 '스폰서십'이다. 이것에 대해서는 뒤에서 자세히 다루겠지만, 창업가로서 실질적으로 지원해주는 사람, 결국 경험 있는 사람의 지원이 중요하다. 액셀러레이터의 멘토링 프로그램을 성공적으로 이끄는 비결이 뭐냐고 물으면 한마디로 답하기 어렵다. 다만, 이런 정보를 활용함으로써 액셀러레이터 운영자는 직감에만 의존하지 않고 멘토링 프로그램의 구성을 개선할 수 있으며, 참가하는 창업가는 어떤 프로그램이 좋은지 알 것이다.

증거에 따른 행동으로 '거인의 어깨'에 오른다

한편, 증거에 근거하여 행동을 바꿈으로써 보다 큰 결과를 얻기도 한다. 이것의 유명한 예로는 매사추세츠 공과대학교(MIT)의 교육정책분석이 있다.

개발도상국 아이들의 취학률을 높이려면 다양한 장학금 제도를 마련해야 한다. 이것은 직관적인 정책이다. 장학금 제도는 비용이 많이 든다. 교과서 배포나 무료 급식, 교복 지급이라는 방법도 실행했지만 비용 대비 효과가 가장 좋은 것 중 하나는 기생충 구제를 지원하는 정책이었다. 사실, 개발도상국 아이들이 학교에 다니지 않았던 이유는 아이들이나 부모의 판단이 아닌 건강 때문이었다. 이 분석에 따라 케냐에서는 구충구제 프로그램이 실시되었고, 그 결과 아이들의 학교 결석률은 약 25%나 낮아졌다. 그 프로그램에 필요한 비용은 일인당 연간 0.6달러 미만이었다.[17]

또한 저명한 교육학자인 존 해티는 메타분석을 이용하여 '무엇이 아이의 성적에 영향을 미치는가?', '어떤 교수법이 효과적인가?'에 대해 연구하였다. 그 결과, 학습 효과가 높은 교수법이 밝혀졌다. 그의 저서 《교사들을 위한 가시적 학습: 학습 효과를 극대화할 수 있는 방법(Visible Learning for Teachers: Maximizing Impact on Learning)》과 그 책의 2017년판 개정판[18]에 따르면, 효과적인 방법 중 하나는 그룹으로 나눠진 학생들이 각기 다른 분야를 공부한 다음 서로에게 가르쳐주는 '직소법'이라고 한다. 또한 개념의 관계성을 선을 그으면서 그림으로 정리해보는 '콘셉트맵(Concept Map)'이나 '상호교수법' 등도 평균에 비해 효과가 높았다.

반대로, 일반적인 인식과 달리 학습 효과가 그다지 없었던 것은 숙제였다(이 말은 '숙제의 학습 효과가 없다'는 의미가 아니라, 같은 시간을 들여 공부할 거라면 다른 수법이 좀 더 낫다는 의미다). 이 결과를 미국의 공립초등학교가 받아들여 숙제 양을 줄이기 시작했다. 일본도 '주입식 교육'을 지양하고, 수업시간을 줄이는 등 '여유 있는 교육'을 실시하고 있다. 주목할 점은 이러한 변화가 증거에 기반하여 일어났다는 것이다.

비즈니스에서는 자주 전제조건이 바뀌므로 모든 의사결정이 증거를 근거하여 이뤄지지는 않는다. 이노베이션이라는, 지금까지 없던 것을 만들어가는 활동에서는 더 말할 것도 없다. 그래도 증거를 활용하면 어느 정도의 불확실성은 제거할 수 있고, 무엇보다 불확실한 것에 대한 의사결정에 집중할 수 있을 것이다.

물론 이 책에서 소개하는 수많은 증거는 특정 상황이나 전제조건을 토대로 한 연구결과다. 적절히 설계된 개방된 공간은 직원 간 커뮤니케이션을 촉진시키는 효과를 발휘할 것이고, 활동을 기반으로 한 작업(Activity-Based Working)처럼 활동 내용에 따라 장소를 달리할 수 있다면 앞서 말한 폐해를 줄일 수 있을 것이다. 요컨대, 인간의 경험칙만 믿고 무언가를 하는 것보다는 증거를 참고하면서 일을 진행시키는 것이 더 높은 효과를 기대할 수 있다. 그리고 그것이 인류 전체가 축적해온 '거인의 어깨'에 올라앉는 행위다.

드롭박스의 성공 비결
— 환경이 창업에 미치는 영향

지금까지는 인간의 행동이나 선택에 환경이 어떤 영향을 미치는지를 중심으로 설명하였다. 그렇다면 창업과 환경 사이에는 어떤 인과관계가 있는 것일까? 구체적인 사례를 들어 생각해보자.

창업가 가족 중에는 창업가가 많다

먼저 '창업가 주변에는 창업가가 많다', '창업가의 친척도 창업가(개인사업가)가 많다'는 얘기를 하고 싶다. '유유상종(類類相從)'이라는 말도 있듯이, 실제로 많은 창업가 주변에는 선배 창업가가 있다는 얘기를 자주 듣는다. 얼핏 들으면 '창업 리스크를 짊어지는 데 주저하지 않는 유전인자를 가진 가계'라는 가설이 성립될 수 있을 것 같다. 그러나 좀 더 추상적으로 보면 '주변 사람들이 창업하면 자신도 창업할 가능성이 높다'고 말할 수 있다.

얼마 전에 도쿄대학교 테니스동호회 출신의 창업가가 많다는 기사를 봤다. 또 일본이든 해외든 특정 회사가 많은 창업가를 배출하고 있다는 사실도 있다. 내 주변에도 "창업한 친구가 잘나가고 있어서 창업에

드롭박스 창업자, 드류 휴스턴
친구의 도전과 성공이 그를 변화시켰다. (출처: Dropbox Press Kit)

관심이 생긴다"라고 말하는 학생들이 있다. 창업가에게 둘러싸인 환경은 창업가가 될 확률을 높여주는 것 같다.

친구 따라 실리콘밸리로 간, 드류 휴스턴

드롭박스 창업자인 드류 휴스턴은 앞서 소개한 MIT의 졸업 연설에서 '아담 스미스'라는 친구의 이름을 언급했다. 아담 스미스는 샌프란시스코의 스타트업 '조브니(Xobni)'의 창업자로, 휴스턴과 함께 MIT에서 공부했다. 조브니는 받은편지함, 즉 인박스(Inbox)의 스펠링을 거꾸로 한 것이다. 이 이름에서 알 수 있듯이 그는 메일 소프트웨어의 받은편지함을 확장하기 위한 프로그램을 개발했다. 2006년 창업하여 와이 콤비네이터에 채용된 뒤, 2013년에 약 3,000만~4,000만 달러를 받고 미국 야후

(Yahoo!)에 매각되었다.

사실, 휴스턴은 조브니가 설립되기 전부터 자신의 회사를 운영하고 있었다. 그런데 스미스가 와이 콤비네이터로 활동 거점을 옮긴 뒤 실리콘밸리의 거물 투자가로부터 자금을 조달받아 급성장하고 있다는 이야기를 듣고는 '자신을 바꾸지 않으면 안 된다'고 생각했다. 초조해진 휴스턴은 와이 콤비네이터에 응모하기로 결정한다. 결국 친구가 그를 바꿔놓은 것이다. 그 뒤 휴스턴은 와이 콤비네이터에 들어가 실리콘밸리로 이사했다. 이 일로 드롭박스도, 휴스턴 자신도 큰 전기를 맞이했다.

스타트업에서 아르바이트하는 의미

앞에서 '비만은 전염된다'고 했다. 그 이유는 비만을 촉진시키는 행동이 전염되기 때문이다. 펜실베이니아대학교의 데이먼 센톨라 박사에 따르면, 시뮬레이션을 이용한 연구에서 사람들의 행동이 크게 바뀌는 역치, 소위 사회적인 티핑포인트는 대략 25%라고 한다.[19] 예를 들어, 어느 회사에서 성희롱을 없애기 위해 싸우는 사람의 비율이 25%를 웃돌면 그 회사는 티핑포인트를 넘어 크게 변화할 가능성이 높아진다. 과거에는 평균을 깨기 위해서는 10~41% 또는 51% 이상의 변화가 필요하다고 생각했는데, 이론적·실험적으로 사회적인 변화는 51%보다 작은 약 25%가 역치였다.

현재 창업하려는 사람의 비율은 사회인의 25%에는 미치지 않을 것이다. 그러나 최근 학생들의 아르바이트 얘기를 들어보면 근무지로 스타트업이 증가하고 있다는 사실에 놀랐다. 과거 도쿄대학 학생들의 아르바이트라고 하면 식당 서빙이나 과외교사가 대부분이었는데, 요즘 학생들은 스타트업에서 엔지니어로 일하고 있다. 이런 움직임은 스타트업과 학생들 사이의 거리를 좁히고, 더 많은 학생이 창업에 관심을 가지게 되는 계기가 될 것이다.

그 한 가지 요인으로서 스타트업 자체가 증가했다는 점도 있다. 학생 인턴을 구하는 스타트업이 많아진 것이다. 또 대학 주변에 스타트업이 증가하고 있다는 것도 한 요인이다. 학생들은 보통 자신이 있는 곳 근처에서 아르바이트 일자리를 찾는다. 대학 주변에 스타트업이 증가하고, 그곳에서 일하는 사람들이 증가함으로써 더욱 빠르게 상황이 변화했을지도 모른다.

연구를 봐도 작은 기업에서 일하는 사람일수록 이후에 창업할 확률이 높았다. 미국 국립과학재단의 데이터를 이용하여 엔지니어나 과학자의 창업 실태를 조사했더니, 조사대상이 된 창업가의 약 50%가 창업하기 직전에 작은 기업(직원 수가 100명 이하인 기업)에서 일했다고 한다. 게다가 직원 수가 25명 이하인 기업에서 일한 경우는 5,000명 이상인 기업에서 일하는 사람들보다 창업하는 비율이 약 6배나 높았다.[20] 여러 논문을 살펴봐도 출신기업의 규모와 창업하는 비율은 음의 상관관계에 있다(출신기업의 규모가 작을수록 창업 비율이 높다)고 하는데, 일본에서도 그런 경향을 확인할 수 있다.[21] 원래 위험을 무릅쓰는 사람일수록 작은 기업에 취직하는 경향이 있는 것인지도 모른다. 직접적인 인과관계를 이끌어내기는 어려우나, 스타트업의 직장환경을 경험한 사람들이 다음 선택지로서 창업을 쉽게 선택하는 것은 충분히 있을 수 있다.

'고프로'와 '스냅챗'을 있게 한 안전망

자금이나 커리어에 있어 안전망의 유무는 창업 행동에 큰 영향을 미친다. 창업가에게 경영학 석사학위(MBA)가 있다면 '한 차례 실패해도 괜찮은 경력'을 가지고 있는 셈이다. 커리어를 쌓아왔기에 실패했을 때의 안전망이 있는 것이고, 다시 도전할 수 있는 토대가 마련된 셈이다.

일본 후생노동성의 전 관료이면서 내각관방 내각심의관으로서 '사회보장과 세(稅)의 개혁'을 담당한 가토리 데루유키는 《교양으로서의 사회보장(教養としての社会保障)》이라는 책에서 '안전망의 진짜 의미'에 대해 설명하였다. 요약하면, 안전망을 갖추었기에 떨어져도 다치지 않고, 다치지 않기에 다시 도전할 수 있으며, 나아가 마음껏 승부를 볼 수 있다는 것이다. 그런 까닭에 안전망은 새로운 도전을 촉구하고, 자신의 능력이나 가능성을 최대한으로 발휘하여 자기실현을 할 수 있게 하는 기능이기도 하다.

이것은 스타트업에서도 마찬가지다. 실제로 캐나다가 실시한 연구에서는 '여성의 출산 휴가 기간을 늘린다'고 법을 개정한 뒤에 아이를 낳은 여성의 창업률이 높아졌다고 한다.[22] 일자리를 보장해주면서 새롭게 도전할 수 있는 기간을 안전망으로 마련해줌으로써 창업을 촉진한 것이다. 프랑스에서도 이와 같은 결과를 볼 수 있다.[23] 이 외에도 식품권 지급 방식이 창업을 촉진한다는 지적도 있다.[24] 이처럼 안전망이 있으면 위험을 무릅쓰고라도 창업에 도전할 마음이 생긴다. 이러한 모습은 여러 연구에서 볼 수 있다.[25]

오늘날 구글이 행하는 '효과적인 팀에 대한 연구'[26]가 화제가 되고 있는데, 그중에서 '심리적 안전성'이 주목받고 있다. 심리적 안전성이 높은 조직에서는 팀원이 위험을 감당하는 것을 꺼리지 않고 실패도 공유하기 쉬워서 팀의 학습행동을 촉진시킨다. 비단 기업조직뿐 아니라 사회에도 적용되는 이야기다. 안전망으로 심리적 안전성을 담보할 수 있으면 사회 구성원들은 보다 많은 도전과 실패의 경험을 쌓을뿐더러 그 내용을 사회에 환원할 것이다.

앞에서 '창업가 친척 중에는 창업가가 많다'고 했는데, 부모나 친척이 부자인 것도 안전망 중 하나다. 웨어러블 카메라 제조업체인 고프로(GoPro)를 창업한 사람은 부모의 지원으로 한동안 사업을 이어갈 수 있었다. 사진공유 SNS로 유명한 스냅챗(Snapchat) 창업자 역시 부모가 부자였다. 빌 게이츠의 부모도 변호사로, 집안이 부유했다. 부유한 가정에서 성장한다면 창업을 향해 첫걸음을 내딛기 쉬운 것 같다. 최저한의 안전망이 보장되어 있기 때문이다.

한 번 성공한 창업가가 두 번째, 세 번째 창업에서 사업 규모를 키우는 일이 많은 것도 '개인적으로 모아놓은 돈'이라는 안전망이 있기 때문이다. 설령 실패하더라도 믿는 구석이 있기에 위험을 무릅쓰고 몇 번이고 도전할 수 있다. '창업가는 위험을 무릅쓴다'고 말했지만, 사실은 '안전망이 있기에 위험을 무릅쓸 수 있다'는 말이 더 정확할지도 모른다. 따라서 창업 전에 안전망을 만들어두면 창업할 때 큰 도전을 할 수 있다.

하지만 부모나 돈은 내 마음대로 선택할 수 있는 게 아니므로 여기서는 가장 손쉽게 획득할 수 있는 안전망에 대해 알아보자. 그것은 인맥이다. 내 지인 중에는 와이 콤비네이터에 채택되어 스타트업을 시작했다가 사업이 잘되지 않아서 폐업한 사람이 있다. 창업에 실패했으니 그 사람은 틀림없이 빚이 많은 백수가 되었을 거라고 생각할 수도 있다. 그러나 나의 지인은 그 뒤 나쁘지 않은 선택지를 얻었다. 와이 콤비네이터에 함께 있었던 다른 스타트업에 채용된 것이다. 창업가 같은 인재를 원하는 것은 어느 회사든 마찬가지여서 실패하더라도 이내 취직할 수 있다.

비슷한 이야기는 많다. 소셜 뉴스 웹사이트의 선구자로 알려진 미국 기업 레딧(Reddit)의 전 공동경영자이자 천재 프로그래머인 애론 스와르츠도 그중 한 명이다. 그는 자신이 설립하는 회사에 공동창업자가 필요하다는 생각에 와이 콤비네이터에서 함께 일했던 레딧과 합병하는 형태로 회사를 만들었다. 그 외에도 액셀러레이터 프로그램에 참가했던 기업(이미 졸업한 선배들의 스타트업)이 자기 사업을 정리한 후배 창업가를 채용하기도 한다. 내 주위에도 사업 실패 후 다른 스타트업에 참여하거나 글로벌 기업으로 전직하는 사람들이 많았다. 여러분도 액셀러레이터 프로그램을 선택할 때 이 점을 기억하자. '위험을 무릅쓰라'며 용기를 북돋는 프로그램보다는 '동료에 의한 안전망을 준비하는' 프로그램이 더 좋지 않을까?

환경과 아이디어의 관계
— 실리콘밸리의 혁신 비법

다시 말해, 환경은 창업가의 행동이나 정신을 든든히 받쳐줄 뿐 아니라 사업 아이디어의 우열까지도 좌우한다.

도쿄대학에는 유학생이 많다. 한번은 실리콘밸리가 있는 캘리포니아주에서 온 유학생이 창업 상담을 하러 온 적도 있다. 일부 예외는 있지만, 그들이 가져오는 창업 아이디어는 일본 학생들이 제안하는 아이디어와 수준이 비슷하다. 물론 샘플 수가 적어서 단정적으로 말할 수는 없지만, '아이디어를 생각한다'는 점에서 개인차는 거의 없는 것 같다.

그렇다면 왜 캘리포니아에서는 많은 학생들이 멋진 아이디어를 생각해내는(또는 그런 것처럼 보이는) 것일까? 그 답은 환경의 차이에 있다.

실리콘밸리는 스타트업의 구체적인 사례로 가득하고, 아이디어를 냈을 때도 '그러고 보니 한 친구가 이런 아이디어로 사업을 시작해 성공했다'는 정보가 곧장 들어온다. 물론 인터넷을 사용하면 해외에 있어도 간단히 그런 정보를 입수할 수 있지만, 의외로 예비 창업가들은 유사한 아이디어에 대해 검색하지 않는다. 비슷한 아이디어가 있는지 검색해보라고 권해도 실제로 해보는 사람은 그리 많지 않다.

그런데 실리콘밸리에 있으면 비록 그 사람이 수동적이라고 해도 스타트업에 관한 여러 정보가 속속 들어온다. 그곳에서는 카페에서 창업가와 투자가가 만나 이야기를 나누는 모습을 흔히 볼 수 있다. 일상생활 중에 자연스럽게 새 정보를 입수할 수 있는 환경이 조성돼 있다. 스타트업에서 일하는 친구로부터 경쟁업체의 정보를 얻기도 한다.

그런 환경이라면 아이디어가 떠올랐을 때 바로 누군가의 의견을 들을 수 있다. 물론 그 '누군가'도 실리콘밸리에서 일하고 있어서 스타트업 정보를 많이 알고 있다. 따라서 자신의 아이디어가 좋은지, 나쁜지에 대해 질 좋은 피드백을 받을 가능성이 크다. 그렇게 무의식적으로 반복하여 '연습'하는 가운데 참신한 아이디어를 창조하는 힘이 키워지는 것일지도 모른다.

게다가 실리콘밸리에는 새로운 아이디어를 받아들이는 심리적 안

정성이 있다. 새 제품을 즉시 사용해보고 피드백해주는 것 이상으로, 실패에 너그러워 다시 도전하는 사람을 응원하는 분위기 역시 좋은 아이디어를 내놓을 수 있게 해주는 것 같다.

환경을 '4P'로 나누어 살펴본다

이번 장에서는 '환경'이라고 뭉뚱그려서 설명했지만, 이제부터는 앞에서 예고했던 내용대로 다음 네 가지로 나눠서 살펴보기로 한다.

- Place: 어디서 시작해야 하는가?
- People: 누구와 관계를 맺어야 하는가?
- Practice: 어떻게 훈련해야 하는가?
- Process: 창업 시스템을 어떻게 개선해야 하는가?

Place(플레이스)는 장소, People(피플)은 인간관계, Practice(프랙티스)는 실제로 어떤 훈련이 가능한 환경, Process(프로세스)는 행동 및 사고하는 데 적합한 시스템이다. 이제 각각에 대하여 자세히 알아보자.

2장

[Place]
창업하기 좋은 장소는 어디인가

속을 뻔한 창업가 이야기

며칠 전, 창업을 꿈꾸는 젊은이가 상담하러 왔다. 그는 어느 엔젤투자자와 벤처사업 투자자로부터 '당신에게 투자하겠다'는 말을 들었다면서, 그렇게 해도 될지 고민이라고 말했다. 그는 도쿄대학 졸업생이었다. 그래서 도쿄대학에서 스타트업을 지원하고 있는 나를 찾아온 것이다(도쿄대학 산학협창추진본부에서는 재학생과 연구자뿐 아니라 졸업생의 스타트업도 지원하고 있다. 대학이라는 다소 중립적인 입장에서 창업가에게 조언할 수 있다).

이야기를 들어보니, 그는 과거에 나의 강연을 듣고서 창업에 흥미를 느껴 스타트업 행사에 참가했다고 한다. 그 뒤 친목회에서 자신을 엔젤투자자로 소개하는 인물을 만났고, 그 엔젤투자자의 안내로 다른 벤처사업 투자자도 만났다고 한다. 그런데 그들과 창업 아이디어에 대하여 충분히 논의하기도 전에 급작스럽게 투자 이야기로 발전했다. "회사는 언제 설립하나요?" "같이 창업할 동료는 있나요?" 끊임없이 쏟아지는 질문에 덜컥 겁이 났던 그는 일단 생각해보겠다고 말하고는 나를 찾아왔다.

그는 왜 겁이 났을까? 투자해준다는데 한 발 뒤로 물러난 이유는 뭘까? 사실 그는 먼저 창업한 친구가 투자한다는 얘기에 속은 적이 있었다. 또한 '계약관계는 복잡미묘하니 반드시 잘 아는 사람에게 상담하라'고 했던 내 말이 떠올랐단다.

최근 일본에서는 스타트업에 대한 투자 열기가 뜨거워서 창업가들이 자금을 조달하기 쉬워졌다. 이렇게 스타트업 투자자가 증가한 만큼 질 나쁜 투자자도 늘었다. 개중에는 창업가에게 불리한 조건을 내밀며 "빨리 결정하지 않으면 투자하지 않겠다"라고 결단을 재촉하는 사람도 있다. 이번 경우도 그런 의심이 들어 나는 그에게 투자 제안을 거절하라고 조언했다.

책 앞부분에서 이 사례를 소개하는 까닭은 '투자받을 때 주의하라'고 말하고 싶었던 것만은 아니다. 창업자에게 '장소(Place)'와 '사람(People)'이 매우 중요하다는 사실을 귀띔해주기 위해서다.

내가 그의 고민 상담에 응한 것은 그가 도쿄대학 출신이라는 인연 때문이다. 만일 그가 다른 대학 출신이었다면 '지금은 업무로 바쁘다'며 거절했을지도 모른다. '도쿄대학'이라는 환경이 그와 나를 연결해준 것이다.

지금부터는 창업가에게 '장소'와 '사람'이 얼마나 중요한지 살펴보기로 한다.

일하는 장소 — 사무실이 생산성과 창조성에 미치는 영향

장소의 중요성은 다들 잘 알고 있을 것이다. 예를 들어, 기업 경영자가 사무실 선택이나 공간설계에 역점을 두는 이유는 단순히 보기 좋게 만들고 싶어서가 아니다. 적절히 설계하면 직원의 창조성을 이끌어내고 커뮤니케이션을 활성화하는 등 생산성이 높아지기 때문이다. 우리는 먼저 '일하는 장소'에 대해 생각해보자.

스티브 잡스는 픽사(Pixar Animation Studios) 사옥을 지을 때 동선에 특히 신경을 썼다. 직원들이 자연스럽게 교류할 수 있도록 중앙에 '아트리움'을 만들고, 사무실에 유일하게 있는 화장실도 아트리움에 배치해 다른 팀원들과 만날 수 있도록 설계했다.

아트리움 같은 장소는 대개 천정이 높다. 론 프리드먼이 쓴 《공간의 재발견: 나는 언제 최고의 능력을 발휘하는가》에는 2007년에 했던 실험이 나온다. 그 실험에 따르면, 천정 높이가 3미터인 방과 2.4미터인 방에서 학생들이 추상적인 사고를 했을 때 천정 높이가 3미터인 방에 있던 학생이 서로 관련 없는 것들의 관계성을 발견하는 창조성을 발휘했다[1]고 한다.

또 '자연광'은 최고의 복리후생이다. 햇빛이 많이 들어오는 환경은 직원들의 창조성을 높이고, 창밖이 보이면 직장에서의 작업효율이 개선되었다.[2] 2011년 연구 사례도 눈여겨보자. 실내에 식물이 있는 방에 무작위로 배치된 사람들과 식물이 없는 방에 배치된 사람들을 비교한 결과, 식물이 있는 공간에 있는 직원이 지속적인 주의력과 집중력이 요구되는 업무에서 더 좋은 성과를 올렸다.[3] 이 연구 결과를 참고한 것인지, 미국과 유럽의 사무실에는 식물이 놓여 있는 경우가 많다.

픽사의 아트리움
스티브 잡스가 '넓고 개방적인 공간'에 집착한 이유는? (출처: 픽사 사이트 캡처)

업무에 영향을 주는 것은 공간만이 아니다. 책상이나 의자 같은 사무실 집기의 배치도 우리의 말과 행동에 영향을 미친다. 캐나다의 앨버타대학과 브리티시 컬럼비아대학의 연구자가 2013년 발표한 실험 결과에 따르면, 의자가 둥글게 배치된 방에 있는 사람들은 집단에 대한 귀속 의식이 높고, 회의실처럼 네모나게 배치된 방에 있는 사람들은 독자성을 나타내려고 노력했다.[1] 만일 회의실 의자 배치를 네모 모양에서 둥근 모양으로 바꾸면 회의 안건에 동조하는 사람들이 늘어날지도 모른다.

또 시장조사 업체인 닐슨은 개선이 아닌 혁신을 목표로 하는 이노베이션 팀을 사외에 둔 기업과 사내에 둔 기업을 비교한 뒤 결과를 발표했다. 신제품으로 얻은 이익은 이노베이션 팀을 외부에 둔 기업이 두 배나 많았다.[4]

이런 근거를 참고로 사무실을 선택하고 공간을 설계하면 생산성이나 창조성을 향상시키는 데 일조할 것이다.

배우는 장소 — 창업과 기숙사의 뜻밖의 관계

이번에는 '배우는 장소'로서의 환경에 대해 알아보자. 이 분야에 관해서는 교육 관련 연구 결과가 다수 있으므로 참고하면 된다.

가장 먼저 꼽을 수 있는 것은 학습 환경에서 들리는 소음 크기로 학력이 달라진다는 내용이다. 어느 초등학교에서 소음이 성적에 미치는 영향을 측정해보았다. 어떤 교실은 한 면이 선로에 접해 있어서 소음이 심했고, 반대쪽에 있는 교실은 상대적으로 조용했다. 이 차이에 착안하여 학생들의 학력을 조사했더니, 선로에 접한 교실에서 공부하는 6학년

생은 조용한 교실에서 공부한 6학년생에 비하여 1년 정도 학습 이해도가 떨어졌다.[5] 장소를 초등학교에서 비즈니스 현장으로 바꿔도 결과는 크게 다르지 않을 것이다. 학습하거나 창조적인 작업이 이뤄지는 장소가 소음에 노출되어 있다면 집중력이 흐트러지고 생산성이 저해되는 것은 분명한 사실이다.

다음은 학교에서 자주 이뤄지는 팀워크에 대한 내용이다. 1장에서 소개한 존 해티 연구팀은 학습에 무엇이 효과적인지를 밝히기 위해 8만 건이 넘는 논문을 포함해 수천의 메타분석 논문을 조사했다. 그리고 각각의 요인을 점수화하고, 점수가 0.4 이상 나온 학습법을 효과가 있는 방법으로서 분류했다. 그중에서도 '직소법'*이라고 불리는 그룹학습은 1.20의 효과가 있었다.[6] 이 점수는 학습법 중에서는 꽤나 높은 것이다. 그 외에도 동료에게 도움 요청하기가 0.83, 토론이 0.82였다. 그룹으로 이뤄지는 학습이 대개 0.4 이상의 점수를 받았다. 동료로부터의 영향은 0.53이고 또래지도 역시 0.53의 효과가 있었다. 대체로 여럿이 하는 학습법은 효과가 좋았다. 단지 봉사로 이뤄지는 또래지도는 0.26으로, 또래지도를 하는 사람에 따라 효과가 달랐다.

학교 교육에 대한 연구를 소개하는 김에 학교와 창업 사이에는 간과할 수 없는 관계가 있다는 점도 말해두고 싶다. 특히 대학은 창업 동료나 동지를 찾는 장소로서 매우 중요하다. 1장에서 다룬 '드롭박스' 창업자 드류 휴스턴과 '조브니' 창업자 아담 스미스는 MIT에서 '프래터니티(Fraternity)'라 불리는 사교모임에 참가했다. 학생 창업(또는 졸업 후 창업

---

*　학생들이 협력하여 서로 가르쳐주며 학습을 진행하는 액티브러닝 중 하나

하는 사람)이 많은 미국에서는 대학생활로 얻은 인적 네트워크가 이후의 활동에 적지 않은 영향을 주고 있다. 그중에서도 자주 들을 수 있는 이야기는 '대학 기숙사'의 중요성이다.

하버드대학에 다니는 1, 2학년생은 반드시 기숙사에서 생활해야 한다. 기숙사에서는 밤늦도록 토론이 벌어지고, 그러면서 훗날 공동창업자가 되는 친구가 생기기 쉽다. 예를 들어 마크 저커버그는 하버드대학 기숙사 룸메이트였던 더스틴 모스코비츠, 크리스 휴즈와 함께 페이스북을 설립했다. 빌 게이츠의 뒤를 이어 마이크로소프트(MS)를 이끌었던 스티브 발머 역시 하버드대학 기숙사에서 빌 게이츠를 만났다. 또한 마이크로소프트를 공동창업한 폴 앨런은 빌 게이츠와 같은 고등학교 동아리에서 활동했다. 학교는 배움의 장소인 동시에 뜻이 통하는 동료를 만나는 장소이기도 하다.

친구를 만드는 '200시간' 이론

학교의 좋은 점은 같은 흥미를 가진 친구와 만날 수 있다는 것뿐 아니라 자신과 다른 재능, 다른 장점을 가진 사람들과도 자연스럽게 관계를 가질 수 있다는 점이다. 미국 캔자스대학의 제프리 홀 교수는 2018년 발표한 연구에서, 타인이 '친구'로 불리는 깊은 관계가 되려면 200시간을 함께 보내야 한다고 말한다.[7] 학교라는 장소는 이 조건을 손쉽게 충족시킬 수 있다. 학교에서 만난 친구끼리 공동창업한 경우가 많은 것은 이 때문이다.

이공계 학생의 경우 연구실에서 보내는 시간이 길어 인간관계가 그리 넓지 않다는 고민을 하는데, 다른 장소를 잘 활용하면 다양한 관계를 만들 수 있다. 대학 주변에는 보통 여러 유형의 카페들이 있고, 학생들은 스터디카페 같은 장소에서 밤낮을 가리지 않고 토론을 벌이기도 한다. 일본의 대학가에도 학생들이 자주 모이는 장소가 많다. 앞에서 소개한 엘리펀테크도 도쿄대학 부근에 있는 '랩 카페'에서 인연을 맺어 탄생한 스타트업이다.

사는 장소 — 와인 산지라는 환경이 만든 활판인쇄

창업뿐 아니라 일로 성과를 올리기 위해서는 '사는 장소'도 중요하다. 미국의 경제학자 엔리코 모레티는 《직업의 지리학》에서, 연봉은 '사는 곳'으로 결정된다고 주장했다. 어디에 사는지에 따라 달라지는 것은 연수입만이 아니다. 행동도 크게 달라진다. 일례로 한 유명 작가는 집을 도쿄의 번화가인 시부야로 옮긴 뒤 작가모임에 자주 초대를 받았다고 회고한다.

또한 사는 장소는 이노베이션을 낳는 토대가 되기도 한다. 1장에서 실리콘밸리가 현대 이노베이션의 발신원이 되는 이유를 설명했는데, 중세시대의 중요한 발명품 중 하나로 꼽히는 활판인쇄도 요하네스 구텐베르크가 거주했던 지역과 관련이 깊다. 그는 독일 라인강 유역에 위치한 마인츠라는 마을에서 살았다. 그곳은 와인 산지여서 주변에 포도 압착기가 많았다. 금속가공 기술이 있던 구텐베르크는 자신이 만든 문자 금형을 나열하고 잉크를 묻힌 뒤 포도 압착기로 종이를 눌러주었다. 이 방식으로 탄생한 것이 초기 활판인쇄기였다.

통근시간과 행복감의 관계

의외로 사람들은 '사는 장소'가 자신의 행동이나 건강에 얼마만큼의 영향을 미치는지 잘 모른다. 영국의 한 조사 결과를 봤더니 통근시간이 20분 증가할 때마다 업무 만족도는 수입이 19% 감소하는 것만큼 떨어졌다.[8] 또한 1장에서 소개한 니컬러스 크리스태키스의 《행복은 전염된다》에는 '지리적으로 가까운 사람이 아니면 행복은 전염되지 않는다'는 연구 결과가 등장한다. 사는 장소나 통근시간은 사람의 만족감은 물론 행복감에도 영향을 미친다는 것이다. 창업가는 스트레스 받을 일이 많다. 그런데 사는 장소나 통근시간을 개선하기만 하면 스트레스를 확 줄일 수 있다니, 얼마나 솔깃한 이야기인가. 행복해지고 싶다면 지금 행복하다고 느끼는 사람 주변에 사는 것도 한 가지 방법일지 모른다.

통근시간과 수입과 관련된 연구 결과 중에는 이런 내용도 있다. 사람들은 더 많은 수입을 얻을 수 있다면 통근의 악영향을 가볍게 본다고 한다. 여기 두 선택지가 있다. 첫 번째 일은 '연봉 6만 7,000달러, 통근시간 50분'이고, 두 번째 일은 '연봉 6만 4,000달러, 통근시간 20분'이다. 이때 답변자의 84%가 첫 번째 일(연봉은 높지만 통근시간이 긴 쪽)을 선택했다.[9] 이 조사 결과를 바탕으로 우리는 사람의 판단이 얼마나 비합리적이고 애매한지를 알 수 있다.

어정쩡한 장소 — 이노베이션의 산실 '빌딩 20'

지금까지 일하는 장소, 배우는 장소, 사는 장소 등 역할이 명확한 장소에 대하여 살펴보았다. 그럼, 역할이 명확하지 않은 '어정쩡한 장소'는 어

MIT의 '빌딩 20'과 '스타타 센터'
'빌딩 20'은 1948년에 임시로 지어진 3층짜리 목조건물(왼쪽 사진)로, 다수의 노벨상 수상자와 글로벌 기업 CEO들이 이곳에서 열정을 불태웠다. 1998년 철거되었고, 그 자리에는 프랭크 게리가 설계한 '스타타 센터 (Stata Center)'가 지어졌다. (출처: 위키피디아)

떨까? 답부터 말하면 창조성을 낳는 데 중요하다.

미국 매사추세츠 공과대학에는 '빌딩 20(Building 20)'이라고 불리는 유명한 장소가 있었다. 이 목조건물은 제2차 세계대전 당시 임시로 지어져 5년 뒤에 해체될 운명이었다. 정식 연구공간이 아니어서 실내는 늘 혼잡하고 너저분했다. 그래서 '합판 궁전'이라고 불렸다. 이 이름만 듣고도 허름했을 그곳의 분위기가 머릿속에 그려진다.

'빌딩 20' 내부는 늘 연구자들로 넘쳐났다. 실험용 기자재나 공작기계 같은 기기들이 놓여 있어서 언제든 시제품을 만들 수 있었기 때문이다. 결과적으로 이 건물은 '어정쩡한 장소'가 되어 새로운 실험적인 연구를 낳은 부화기로서의 역할을 하게 되었다. 미국 작가 스튜어트 브랜드는 《건물에서 어떻게 배우는가(How Buildings Learn)》라는 책에서 '빌딩 20'을 소개했다. 내용을 보면, '빌딩 20'에서 노암 촘스키의 언어 연구가 이뤄졌고, 1970~80년대를 대표하는 컴퓨터 회사인 덱(DEC)*이나 음향 기기 회사인 보스(BOSE)가 설립되는 계기도 만들어졌다고 한다.

2019년 첫선을 보인 창업지원시설인 '도쿄대학 FoundX'는 '빌딩 20'의 사례에서 힌트를 얻어 공간이나 프로그램을 설계했다. 예를 들어, 일부 프로그램에 채용되는 팀은 다소 불편하더라도 다른 팀들과 함께 장소를 사용해야 한다.

이노베이션을 가속시키는 제3의 장소

18세기 영국에서 '카페'는 금융 정보가 오가는 장소였다. 이렇듯 어정쩡한 장소가 산업 발전에 기여하는 공동체를 낳았다는 사실은 많은 문헌에서 찾아볼 수 있다. 예전 실리콘밸리에는 해커가 모이는 '홈브루 컴퓨터 클럽(Homebrew Computer Club)'이 있어, IT산업이 발전하는 과정에서 중요한 장소가 되었다. 이곳 회원 중에는 애플을 창업한 스티브 잡스와 스티브 워즈니악도 있었다. 또한 정신과 의사인 지그문트 프로이트는 오스트리아 빈 베르크가세 19번지에 위치한 자신의 집에서 매주 수요일마다 모임을 가졌다. 정신분석학을 공부하려는 젊은 의사들이 대거 참여한 이 수요일 모임은 나중에 국제정신분석학회의 토대가 되었다. 이처럼 '제3의 장소'라고 불리는 곳에서 이뤄지는 교류는 새로운 아이디어를 낳는다.

스탠포드대학의 마틴 루에프 교수의 연구에 따르면, 창조성을 가진 사람일수록 다양한 전문 분야의 사람들과 폭넓은 네트워크를 구축하

---

*   미국의 대표적인 컴퓨터 회사로, 1998년 컴팩에 인수합병되었다. 이후 2002년에는 컴팩 또한 HP에 인수합병되었다.

고, 그 같은 다양한 네트워크는 이노베이션을 낳는 비율을 세 배로 높인다.[10] 그런 사람들과 관계하는 장소로서 자주 찾는 제3의 장소를 가지는 것은 창업 아이디어를 발견하기 위해서라도 중요하지 않을까? 어정쩡한 장소에서는 아이디어를 발견한 뒤에도 건설적인 비판 속에서 일을 진행시킬 수 있다. 전문가가 아닌 사람의 눈에 보이는 과제가 있기 때문이다.

'차고 창업'의 부차적 효과

실리콘밸리의 창업 일화를 언급할 때 자주 등장하는 어정쩡한 장소가 있다. 바로 '차고'다. 미국의 휴렛팩커드(Hewlett-Packard)를 비롯하여 애플이나 구글도 차고에서 탄생한 스타트업이다. 차고는 무료(또는 싼값)로 빌릴 수 있어서 경제적으로 여유가 없는 스타트업 창업가가 임시 사무실로 사용하기 좋다. 또한 용도가 불명확해 사람의 출입이 자유롭고 물건이나 기재가 어질러 있어도 태연하다는 측면도 있다. 그 때문에 실험에 적합한 어정쩡한 장소가 되기 쉬워서 많은 발명이 있었다고 할 수 있다.

구글을 설립한 래리 페이지와 세르게이 브린
구글은 스탠포드대학의 기숙사 방과 차고에서 시작되었다. (출처: 구글 사이트)

이 같은 장소가 가지는 효과는 예술이라는 맥락에서도 볼 수 있다. '몰입 이론(Flow Theory)'으로 유명한 미하이 칙센트미하이는 미술대의 커리어를 추적하여 성공에 이른 학생들의 패턴을 찾았다. 그것은 공장이나 창고를 거주용으로 개조한 공간에서 예술가로서의 커리어를 시작했다는 점이다. 그들은 이 공간을 '로프트(Loft)'라고 부르고, 큰 성공에 이른 사람들은 졸업하기 전부터 로프트를 빌려 예술품을 제작했다.[11]

로프트는 예술가에게 작업과 작품 보관을 위한 공간으로서 유효했을 뿐만 아니라 넓은 장소는 교류의 공간으로도 이용되었다. 그곳을 찾은 사람들은 예술가가 완성한 작품이나 현재 제작 중인 작품을 보고 매료되었다. 이런 어정쩡한 공간에서 재능이 발휘된 사례는 우리 주위에도 있지 않을까?

'차고 같은 장소'에서 탄생한 스타트업, '윌'

일본에도 이런 '차고 같은 장소'가 스타트업을 낳은 사례가 있다. 차세대 전동 휠체어 개발로 시작해 지금은 일인용 개인 이동수단인 마스(MaaS, Mobility as a Service) 사업에도 뛰어든 윌(Whill)이라는 회사다. 2019년 현재 윌이 만든 전동 휠체어는 미국 식품의약국(FDA)의 승인을 받아 보험 적용 상품으로 판매되고 있다.

윌의 공동창업자들은 처음부터 전동 휠체어를 만들기 위해 모인 것은 아니었다. 소니, 올림푸스에 근무했던 나고야대학원 동급생들이 회사 업무에서 벗어나 자유롭게 연구개발하기 위해 공동으로 아파트를 빌려 '써니 사이드 개러지(Sunny Side Garage)'라는 사외연구실을 만든 것이

월의 시작이었다. 대학원 시절에 함께 모여 제품 제작에 관해 공부했던 그들은 졸업 후 다시 평일 밤이나 휴일에 써니 사이드 개러지에 모여 자유롭게 아이디어를 내고 제품을 만들었다. 그리고 그 과정에서 만들어진 차세대 전동 휠체어로 스타트업을 시작했다.

창업에 관심 있다면 '써니 사이드 개러지'나 '빌딩 20' 같은 공간에 주목하자. 차고 같은 장소나 랩 카페처럼 다양한 사람이 모이는 장소를 스스로 만드는 것도 창업에 한 발 가까이 다가가는 방법일 것이다. 그럼으로써 자신이나 주위 사람들의 재능을 끌어낼 수 있다면, 이 얼마나 멋진 일인가.

3장

[People]
어떤 인맥이 도움이 되는가

에디슨과 뉴턴을 천재로 만든 팀의 존재

3장에서는 '사람(People)'이 창업에 미치는 영향에 대하여 살펴본다.

우리는 주위 사람들에게 영향을 받기만 하는 게 아니라 함께 무언가를 함으로써 보다 큰일을 해낼 수 있다. 성공한 창업가는 영웅처럼 보이나, 자세히 들여다보면 홀로 그 멋진 일을 이뤄낸 것은 아니다.

예를 들어 희대의 발명가이자 GE 창업가로 유명한 토마스 에디슨은 천여 건이 넘는 특허기술을 가지고 오늘날까지 회자되는 수많은 실적을 남겼다. 그러나 사실은 '머커스(Muckers)'라고 불리는 10여 명의 공동연구자와 함께 연구하여 내놓은 성과를 '토마스 에디슨'의 이름으로 발표한 것이다. 머커스 팀은 에디슨의 유명세를 이용해 자금을 지원받아 많은 연구를 했고, 거기서 얻은 지식을 다른 연구에 활용했다. 연구에 필요한 기자재도 공동으로 사용했으며, 매일 서로의 아이디어를 교환하며 새로운 발명품을 끊임없이 만들어냈다. 오랫동안 에디슨의 조수로 일했던 프랜시스 젤은 "사실상 '에디슨'은 집합명사였다"라고 말했다.[1]

물리학의 시조로 칭송받는 아이작 뉴턴에게도 비슷한 일화가 있다. 뉴턴이 발견한 만유인력의 법칙도 그가 단독으로 얻어낸 것이 아니라는 얘기다. 일반적으로 사람들은 뉴턴의 머리 위로 사과가 떨어진 것을 계기로 만유인력의 법칙을 생각하게 되었다고 안다. 그러나 실제로는 뉴턴이 친구인 의사, 윌리엄 스터클리와 식사 후 함께 차를 마실 때 사과나무에서 열매가 떨어졌다. 그 모습을 보고 두 사람은 인력에 대해 이야기를 나누었다. 뉴턴이 만유인력의 가설을 세우는 데 스터클리와 나누었던 이야기가 도움이 되지 않았을까?

이직도 팀 전체로 하는 게 좋다?

최근 연구에서도 혼자보다 집단이 큰 성과를 내놓는다는 결과가 나왔다. 주식·채권 애널리스트가 이직한 뒤를 추적한 조사연구에 따르면, 홀로 이직하는 경우보다 '팀 전체'가 이직하는 경우가 성과를 유지하기 쉬웠다.

애널리스트는 금융 정보를 수집해 분석하는 전문가라 회사를 옮기기 쉬운 직업이라고 생각했다. 그래서 1,052명의 주식·채권 애널리스트를 대상으로, 80개 부문에서 상위 3위 안에 드는 전문가가 이직한 뒤의 성과를 조사해보았다. 그 결과 다른 회사로 옮긴 뒤 5년 동안은 이직 전보다 성적이 낮았다. 그러나 팀 전체가 이직한 경우는 실적이 떨어지지 않았다. 숫자로 보면 더 확실히 알 수 있다. 홀로 이직한 사람이 1위에 오를 확률은 5%인 반면, 팀 전체가 이직한 경우는 10%였다. 이직하지 않은 애널리스트와 같았다. 또한 애널리스트는 유능한 동료와 팀으로 일할 경우에 우수한 성과를 유지하기 쉽다는 사실도 알았다.[2]

이처럼 업무 성과는 집단에 좌우된다. 특히 오늘날은 문제가 복잡한 학술논문에 과거보다 많은 저자가 관여하는 경향이 짙다.[3] 에디슨이나 뉴턴의 사례에서도 봤듯이, 획기적인 아이디어는 혼자가 아닌 여러 사람의 지혜가 모여 탄생했다고 말할 수도 있다.

덧붙이면, 시대성도 사람의 발상이나 아이디어의 구현을 지원한다. 백열전구를 발명한 사람은 에디슨이라는 것이 통설이지만, 같은 시기에 전구를 연구했던 사람은 여럿이었다. 그중에서 에디슨이 먼저 특허를 내고 실용화하여 백열전구를 세상에 널리 퍼뜨린 것이다. 물론 이것은 에디슨의 능력이었다. 하지만 이 발명이 에디슨 한 사람의 공적이라고 단언할 수 있을까? 여기에는 동시대성 같은 것이 분명히 작용하고 있었다. 거의 비슷한 시기에 진화론을 주장한 찰스 다윈과 앨프리드 러셀 월리스의 사례 역시 마찬가지다. 어쩌면 인간은 어느 조건이 갖춰졌을 때 무엇인가를 창조하는 것인지도 모른다. 그리고 이 '조건'에는 지금껏 인류가 쌓아올린 것, 어떤 환경이 포함돼 있는지도 모른다.

좋은 아이디어는 다른 사람한테서 얻는다

미국 메릴랜드대학교 칼리지파크 캠퍼스의 케빈 던바 연구팀은 미생물학자 연구실 네 곳에 카메라를 설치한 다음, 연구가 막다른 곳에서 벗어나는 기발한 발상을 떠올리는 순간을 조사했다. 그 결과 실험이 한창 진행되고 있을 때보다 연구실 안에서 정례회의나 다른 사람의 연구 성과에 대하여 이야기를 나눌 때 '새로운 국면으로 나아가는' 생각을 해내는 경우가 많았다. 즉 연구자들은 다른 사람의 실패 경험담이나 그 실패를 극복한 방법에 대한 이야기를 들을 때 유익한 발상을 떠올렸다.[4] 그중에서도 가장 많은 아이디어가 떠오른 때는 회의시간이었다. 그런데 실험에 참가한 연구자들은 그 사실을 깨닫지 못했다. "그 같은 발상을 어디서 얻었나요?"라고 물어도 대부분은 모르는 눈치였다. 심지어는 기발한 발상을 어떻게 떠올렸는지에 대해 거짓으로 말하는 사람도 있었다.

여럿이 모여 이야기하다보면 좋은 아이디어가 떠오른다. 물론 무턱대고 회의를 하고 막연하게 이야기를 나눈다고 아이디어가 나오는 것은 아니다. 실리콘밸리의 스타트업에서는 '업무에 집중해야 하는 엔지니어를 불필요한 회의에 수차례 불러내는 관리자는 무능하다'는 말까지 있다. 그래도 새로운 아이디어가 필요할 때는 다함께 모여서 회의하는 방법이 분명 효과적이다.

'벽 때리기'를 할 수 있는 좋은 상대란

창업가와 이야기를 나눠보면 창업 전후에 공동창업자나 투자가, 선배 창업가를 상대로 소위 '벽 때리기'라고 하는 행동을 몇 번이고 반복한다는 얘기를 자주 듣는다. 벽 때리기란 벽(상담자)에게 공(고민)을 던지는 행동을 말한다. 다시 말해 누군가에게 자신의 고민을 말하면서 스스로 답을 찾는 작업이다. 누군가와 대화를 나누는 과정에서 자신의 생각이 정리되고, 상대의 말 속에서 뜻밖의 실마리를 찾기도 한다.

벽 때리기가 잘되려면 일단 자기 이야기를 귀담아들어주는 상대가 있어야 한다. 사실, 적절한 상대를 찾는 게 가장 어려운 일일지도 모른다. 정말로 귀중한 지식과 생각을 가진 사람이라면 대개 바쁘기 마련이다. 게다가 적절한 타이밍이라는 것도 있다. 따라서 좋은 멘토나 동료와는 비록 정기적이지 않더라도 지속적으로 의견을 주고받는 것이 중요하다. 혹은 벽 때리기의 상대가 되어줄 사람들이 많은 곳에 살거나 그런 프로그램에 가입하는 것도 한 가지 방법일 수 있다.

창업을 권하는 사회 분위기

캐나다의 심리학자 앨버트 반두라가 '사회학습이론'에서 지적하듯이, 우리는 사회적 규범의 영향을 많이 받는다. 그 규범은 명시될 때도 있지만 암묵적인 범주일 때도 있다. 우리가 '불문율'이라고 부르는 것이다.

예를 들어, 처음 취직한 회사에서 직원들이 밤늦도록 일한다면 당신도 늦은 시간까지 일하는 게 당연하다고 생각할 것이다. 또한 학창 시절에 스포츠 동아리에서 활동했던 사람이라면 '우리는 누가 시키지 않아도 이른 아침에 모여 연습해야 했다'며 다른 동아리와 달랐던 규범을 떠올리지 않을까?

어떤 사회에 몸담을 것인가? 이 말은 곧 '어떤 사람들과 어울려 살 것인가' 하는 물음이기도 하다. 창업도 그렇다. 만일 주변에 '창업하면 생활이 불안정해진다'고 생각하는 사람이 많다면 어떨까? 아마 암묵적인 규범의 영향을 받아 창업하는 사람도 줄어들 것이다. 반대로 실리콘밸리처럼, '최고는 창업한다'는 생각을 공유하는 사회에 속해 있다면 창업을 꿈꾸는 사람이 늘어날 것이다. 실리콘밸리만큼 스타트업 생태계가 성숙되지 않은 사회에서는 주변에 존재하는 창업가(또는 창업을 추천하고 장려하거나 고려하는 사람들) 수가 창업 여부를 결정짓는 중요한 변수가 된다.

45세에 처음 창업한 사람이 성공하기 쉬운 이유

2018년, 미국 노스웨스턴대학교의 켈로그 경영대학원에서 '기업가 정신(Entrepreneurship)'에 대해 연구하는 벤자민 F. 존스는 '과거 10년간 급성장한 기술기업의 창업가'에 대한 연구를 발표했다.[5] 이 연구에 따르면, 그러한 창업가가 처음 회사를 세울 때의 나이는 평균 45세였다. 이 조사를 소개하는 켈로그 사이트[6]에서는 나이를 대화식으로 입력하여 두 종류 연령의 창업가를 비교할 수 있다. 그것을 보면 30세 창업가는 20세 창업가에 비해 8.9배만큼 성공하기 쉽다. 또한 30세와 40세 창업가를 비교하면 40세가 1.6배 성공하기 쉽다는 결과가 나온다. 결국 나이가 많을수록 성공률이 높아진다.

비교적 새로운 비즈니스 영역에서 급성장을 목표로 하는 기술 스타트업이 아니라, 성숙산업에서 고만고만한 성공을 목표로 하는 창업이라면 풍부한 경험을 가진 연장자가 유리할지 모른다. 그러나 이 조사에서 45세 창업가는 20세 창업가에 비해 급성장하는 0.1% 스타트업을 창업하는 비율이 18배나 높다는 결과가 나왔다. 게다가 '유니콘'이라 불리는 '기업 평가액 10억 달러 이상의 비상장 스타트업'을 조사했더니, 창업 당시 CEO의 나이가 35세 이상인 경우가 절반이었다.[7] 특히 헬스케어 분야에서는 창업가의 나이가 많았고, 일찍이 업계에 몸담았던 유경험자의 비율이 높았다. 덧붙여 이전에 창업해본 경험이 있는 사람(이후 '연속 창업가'라고 한다)의 경우에도 60%로 높았다.

'사람'과의 관계에 대해 이야기하는 장에서 왜 이 같은 데이터를 소개하는 걸까? 그 이유는 풍부한 비즈니스 경험과 인맥 구축이 창업의 성공과 실패를 좌우하는 요소임을 강조하고 싶었기 때문이다. 나이 든 창업가는 어느 정도의 경험을 축적하여 업계 동향이나 사업에서 어떤 부분이 중요한지를 충분히 이해하고 있을 뿐 아니라 사업에 도움이 되는 넓은 인맥도 가지고 있다. 그만큼 창업 후 성공 확률이 높다. 또는 이미 여러 번 창업한 결과 성공에 다다른 것인지도 모른다.

그런데 요즘에는 성공한 창업가의 나이가 젊어졌다. 왜 그럴까? 인터넷과 스마트폰이 세상에 널리 보급되면서 관련 시장은 그야말로 폭발적으로 성장했다. 이와 맞물려 젊은 창업가들이 대거 등장했다. 아무도 손댄 적 없는 공백지대였기에 참신한 아이디어와 추진력만 있다면 누구나 시장을 개척할 수 있었기 때문이다. 언론매체는 젊은 창업가의 활동에 주목해 기사를 내보냈다. 페이스북 창업자 마크 저크버그도 기사의 주인공 중 한 명이었다. 그러면서 '젊어야 성공한다'는 생각이 사람들 머릿속에 자리를 잡았다.

젊은 창업가가 늘어나는 현상은 박수칠 만하다. 그러나 젊은 창업가가 성공하려면 철저한 준비가 필요하다. 젊다고 성공하는 건 아니기 때문이다. 앞에서 소개한 데이터를 기억하자. 창업 후 성공할 확률을 높이려면 지식과 인맥을 축적하는 과정이 반드시 필요하다. 나이가 어리고 비즈니스 경험이 적다면 더더욱 그렇다. 바르게 배우고, 배운 내용을 꾸준히 실천하는 것만이 성공으로 이끈다.

자, 다음 장에서는 어떻게 실행해야 하는지에 대해 설명한다.

4장

[Practice]
훈련으로 빠른 성공이 가능한가

기업가 정신이란 '규율 있는 실천'이다

"기업가 정신은 과학도, 예술도 아니다. 그것은 실천이다."

경영학의 대가, 피터 드러커가 한 말이다. 그는 《미래사회를 이끌어가는 기업가 정신》에서 다음과 같이 설명했다. "기업가 정신은 마법도, 신비로운 것도, 유전적인 것도 아닌 규율(Discipline)이다. 그리고 어떤 규율도 그렇듯 배울 수 있다." 그는 창업가로 성장하여 대성하기 위해서는 재능이나 지식이 아닌 '규율 있는 실천'이 필요하다고 말한다.

뱁슨대학의 기업가 정신을 익히는 다섯 가지 연습

드러커가 말한 '규율 있는 실천'이란 구체적으로 무엇일까? 그 답은 미국의 뱁슨대학교에서 찾을 수 있다. 기업가 정신 교육 커리큘럼과 전문 교수진으로 각광받는 뱁슨대학교는 〈US 뉴스 & 월드 리포트〉가 선정한 대학 및 대학원 랭킹 순위에도 단골로 등장하는 이름이다. 대학원의 경우 기업가 정신 교육 분야에서 24년간 연속 1위에 올랐고, 대학 학부도 18년 연속 1위다.

최근 뱁슨대학교는 기업가 정신을 '방법'(Method)'으로서 가르치고 있다.[1] 여기서 말하는 '방법'이란 기업가적 의사결정법을 체계화한 것으로, 어떻게 실천하는지를 나타내는 방법론이다. 최근 일본의 기업가 정신 연구에서도 화제가 되고 있는 '효과화(우수한 연속 창업가들이 공통으로 가진 의사결정 방법을 추출하여 체계화한 것)'도 방법을 중시한 이론이다.

예전에는 창업가 자질을 순전히 개인의 성향으로 봤다. 하지만 최근에는 지식과 경험을 쌓아가는 과정에서 창업가가 육성된다는 결론을 얻었다. 이런 기업가 정신에 대한 새로운 연구를 뱁슨대학교는 누구든 훈련하면 익힐 수 있는 '방법'으로 승화시켰다.

기업가 정신 교육의 중심축이 '과정(Process)'을 가르치는 것에서 '방법'을 제공하는 것으로 옮겨간 이유는 과정을 추구하는 행위에서 어떤 한계를 느꼈기 때문이다. 과정이라는 말에는 '기존 지식을 인풋(Input)하면 기존 지식이 아웃풋(Output)된다'는 의미가 포함된다.

일례로 제조업의 생산공정을 떠올려보자. 계획적이고 정해진 절차가 있어서 선형적으로 예측 가능한 것이 '과정'이다. '방법'이란 미지의 영역에서 실행을 반복하면서 새로운 것을 배우고 타인과 협력하여 진행하는 것이라고 해석할 수 있다. 과정도, 방법도 기업 경영에는 없어서는 안 되는 것이지만 창업에 좀 더 힘이 되어주는 것은 '방법'이 아닐까?

그 방법을 익히기 위해서는 훈련이나 실천이 필요하다고 생각한 뱁슨대학교는 학생들에게 다섯 가지 프로그램을 제공하고 있다. 그 내용은 다음과 같다.

- 놀이 훈련: 자유롭고 창조적인 사고에 관하여 이노베이션과 기회를 발견한다.
- 공감 훈련: 심리학, 신경과학, 디자인 사고 등을 이용하여 타인의 욕구나 감정을 이해한다.
- 창조 훈련: 예상하는 것이 아니라 만들기 위한 사고를 익힌다.
- 실험 훈련: 실제 상황 아래서 실험 결과를 보고, 거기서 배우고 다시 시도하는 것을 통해 기회의 창조나 자원 획득, 리더십에 관한 개념이나 테크닉, 지식을 얻는다.
- 반성(숙고) 훈련: 학습체험을 체계화하고 모든 훈련을 통합한다.

여기서 '훈련(Practice)'이라는 말이 나온다. 앞서 드러커의 말에도 있지만, 기업가 정신은 규율이자 실천이다. 뱁슨대학교는 다양한 학문 분야의 지식이나 이론을 근거로 각각의 훈련을 새롭게 조합하여 강의실에서도 훈련을 통해 쉽게 연습할 수 있도록 정리하였다.

구체적인 사례를 들어보자. '놀이 훈련'에서는 마시멜로로 탑을 쌓거나 비즈니스 시뮬레이션 게임을 한 뒤 그 결과에 대하여 함께 의견을 나눈다. 또 '공감 훈련'에서는 동료 코칭(Peer Coaching)을 하거나 창업가를 인터뷰하고, '창조 훈련'에서는 자원 획득 게임이나 네트워킹을 한다. '실험 훈련'에서는 아이디어 가능성을 판단하는 연습을 하거나 실패에 대한 서로의 생각을 나누고, 5달러·50달러·500달러로 각기 어떤 실험을 할 수 있을지 생각한다. 마지막으로 '반성(숙고) 훈련'에서는 어떤 목

기업가 정신 교육으로 유명한 뱁슨대학교
많은 경영자들이 뱁슨대학에서 기업가 정신을 배운다. (출처: 뱁슨대학 웹사이트)

표나 수단으로 반성할지 연습하거나 사내 문화나 자신의 가치관을 돌아보는 경험을 쌓는다. 이들 훈련은 기존 워크숍에서 했던 것들과 다를 바 없어 보이지만, 이론적 배경이나 논문을 참조한다는 특징이 있다.

뱁슨대학교가 교육의 축을 '과정'에서 '방법'의 제공으로 방향을 다시 잡은 이유는 사업 운영이나 관리에 대하여 아무리 우수한 이론을 배웠어도 그것을 실행하지 못하면 기업가 정신을 익혔다고 말할 수 없기 때문이다.

나아가 뱁슨대학교는 필수과목으로, 학부 1학년 때 팀을 조직해 실제 창업해보는 교육 과정을 마련했다. 학생들은 1년 동안 창업 단계부터 회사 운영까지 직접 경험해볼 수 있다. 사실, 하버드대학교도 MBA 과정의 1학년 필수과목으로 '실천을 통한 리더십 개발 프로그램(FIELD)'을 제공한다. 2011년 이후 기존 프로그램에 추가된 '실천을 통한 리더십 개발 프로그램'은 '필드 프로젝트'를 도입해 1학년 학생들 모두가 창업 현장을 몸소 겪어보게 한다. 각 팀은 사업자금으로 최대 5,000달러를 받아 창업에 도전한다.

뱁슨이나 하버드대학교 학생이 아니더라도 기업가 정신은 훈련할 수 있다. 만일 창업에 뜻이 있다면, 기업가 정신을 훈련하는 환경을 스스로 만들어보기 바란다.

'잘 고안된 연습'을 실행하기 위한 여섯 가지 조건

미국의 저널리스트 말콤 글래드웰이 쓴《아웃라이어: 성공의 기회를 발견한 사람들》에 나오는 개념으로, '1만 시간의 법칙'이라는 것이 있다. 여러 분야에서 천재라고 불리는 상위 1%의 사람들은 1만 시간이라는 긴 시간을 연습에 투자한다는 내용이다.

이 법칙의 토대가 된 것은 30년 이상 각 분야의 전문가를 조사해 온, 세계적인 심리학자 안데르스 에릭슨의 연구다. 에릭슨의 눈에는 글래드웰의 책에서 어떤 중요한 포인트가 빠져 있는 듯 보였다. 그것은 에릭슨의 저서 《1만 시간의 재발견》에 나오는 '의식적 연습(Deliberate Practice)'이라는 훈련 방법이다. 여기서는 오카다 다케시 교수의 논문 〈심리학이 창조적이기 위해: 창조적 영역에 있어 숙련자의 육성〉(2005년)에 따라 '잘 고안된 연습'이라고 말하고 싶다.

원래 에릭슨은 장기간 꾸준히 연습하는 것만으로 일류가 될 수 있다고 말하지 않는다. 초일류라 불리는 수준에 이르기 위해서는 규율 있는 숙련된 연습을 이어가지 않으면 안 된다고 지적하고 있다. 그것이 바로 '잘 고안된 연습'이다. 이를 위해 다음의 여섯 가지 조건이 필요하다.

① 교사나 코치
② 컴포트존(안전지대)을 벗어난, 조금 어려운 연습과제
③ 구체적인 목표
④ 피드백
⑤ 심적 이미지와의 상호 영향
⑥ 꾸준한 개선

에릭슨은 이들 조건을 충족한 '잘 고안된 연습'은 특히 축구나 골프, 음악 등의 분야에서 효과가 좋다고 말한다. 비즈니스나 매니지먼트

의 경우에는 딱히 정해진 목표가 없어서 이 법칙이 그대로 성립된다고 말할 수 없다. 하지만 그저 1만 시간을 무턱대고 일하기보다 이 여섯 가지 조건을 의식하고 훈련에 도입할 때 성과도 쉽게 얻을 수 있지 않을까?

작은 성공을 여러 번 경험한다

또 한 가지 알아둬야 할 사실은 이곳저곳에서 작은 성공체험을 얻어야 한다는 것이다. 예를 들어 갓 창업한 사람이 '경영자도 프로그래밍을 이해하는 게 좋다'는 생각에서 스스로 웹사이트를 만든다는 목표를 세우고 세미나를 들으며 공부를 시작한다. 그러나 자금조달 등 사장으로서 처리해야 하는 일상적인 업무로 바빠 프로그래밍 언어를 배우는 시간이 한정적인 데다 혼자서는 도저히 이해하지 못하는 부분에서 막히는 등 좀처럼 진도가 나가지 않는다. 처음부터 너무 높은 목표를 세우면 꾸준히 해나갈 의욕을 잃는다. 이 경우 일단 온라인 강좌를 듣고 프로그래밍을 해보는 기초 습득을 목표로 삼는다. 그리고 워드프레스(WordPress)* 사용법을 배운다. 이런 식으로 목표를 작게 자르는 것이 나름의 성취감을 얻을 수 있어서 공부를 이어갈 의욕도 높아진다.

이처럼 적절한 훈련을 이어가면 자기효능감(Self-efficacy)을 높일 수 있다. 자기효능감이란 심리학자 앨버트 반두라가 주창한 개념으로, 어떤 상황이나 과제에 직면했을 때 '나는 잘 대처할 수 있다'고 믿는 기대감을 의미한다. 자존감(Self-esteem)과 혼동하는 사람이 많은데, 자기효능

---

* 블로그나 사이트를 만들 수 있는 오픈소스의 소프트웨어

감은 자기 자신에 대한 신뢰라기보다 '목표 달성'이나 '과제 해결'에 대한 신념이라는 점에서 자존감과 다르다. 한마디로 자신의 능력에 대한 믿음이다. 반두라는 자기효능감을 높이는 기본 요소로, 다음의 네 가지를 꼽는다.[2]

① 성취 경험: 스스로 무언가를 달성하거나 성공해본 과거의 경험
② 대리 경험: 다른 사람, 특히 영향력이 강한 오피니언 리더나 롤모델이 무언가를 달성하거나 성공하는 모습을 관찰하고 학습한다.
③ 언어적 설득: 자신의 능력을 언어적으로 설명할 수 있다. 언어적·사회적 격려
④ 감정 환기: 술이나 약물, 그 외 다른 요인으로 기분이 고양된다.

앞서 설명한 프로그래밍 학습에 관한 이야기는 가장 중요한 '성취 경험을 어떻게 얻을까?'의 참고가 될 것이다. 자기효능감을 높이고 새로운 것을 배우려는 의욕을 유지하기 위해서는 최종 목표에 다다르기까지 여러 개의 작은 목표를 설정하고 이른 시기에 성공 체험을 얻는 것이 중요하다. 또한 테레사 에머빌과 스티븐 크레이머가 쓴 《전진의 법칙: 리더는 무엇을 해야만 하는가》에서는 리더의 중요한 역할로 '팀원이 보람을 느끼는 일이 진척될 수 있도록 지원하는 것'을 든다. 그럼으로써 팀원의 생산성과 창조성이 높아진다는 조사결과도 있다. 우리는 무언가를 실천하는 가운데 성취 경험이 쌓이고 자기효능력이 높아지면 더 어려운 일(생산성을 높이기 위한 작업 개선이나 혁신을 낳는 창조적인 대응)에 도전하려고 한다.

또한 반두라는 자기효능감과 학습 효과를 높이기 위해 세 가지를 의식해야 한다고 지적한다. 첫째는 자신의 성과를 스스로 관찰하고 모니터링한다. 둘째는 자신이 설정한 목표나 참고하는 성과 모델, 성과의 결정요인에 근거하여 스스로를 평가한다. 셋째는 잘못을 스스로 바로잡는 등 감정적이고 눈에 보이는 형태로 자기평가를 한다. 이 조언은 에릭슨이 말하는 '의식적 연습'을 꾸준히 해나가는 데 지침이 된다.

창업가는 떡잎부터 다르다

미국에서는 아이들이 스스로 용돈을 벌기 위해 레모네이드를 파는 일이 흔하다. 어떤 의미에서 이 일은 어려서부터 기업가 정신을 배우는 것이다. 아이들은 스스로 가격 설정이나 판매법을 생각하면서 '약간의 창업 연습'을 한다. 빌 게이츠도 고등학교 시절에 트래프-오-데이터(Traf-O-Data)라는 회사를 설립하고, 교통량(트래픽)을 기록 및 분석하는 소프트웨어를 판매했다. 하지만 이 회사는 약 3,500달러의 손실을 내고 문을 닫았다. 실패라고 한다면 실패일지도 모른다. 그러나 빌 게이츠가 그 뒤에 얻은 부의 크기를 생각하면 소액으로 창업을 연습할 기회를 얻었다고 볼 수 있다. 그는 스스로 기업가 정신을 키웠다.

일본 기업가들 중에도 학창 시절에 이처럼 '작게 창업을 연습'한 사람이 꽤 있다. 어떤 기업가는 재미있는 동영상 애니메이션 GIF를 게재하는 웹 사이트를 만들어 광고수익을 얻었다고 했다. 직접 만든 물건을 벼룩시장에서 팔거나, 시험대비 인쇄물을 만들어 친구들에게 파는 등 자신의 지식과 아이디어로 돈을 번 기업가들은 많았다. 놀라운 점은 그

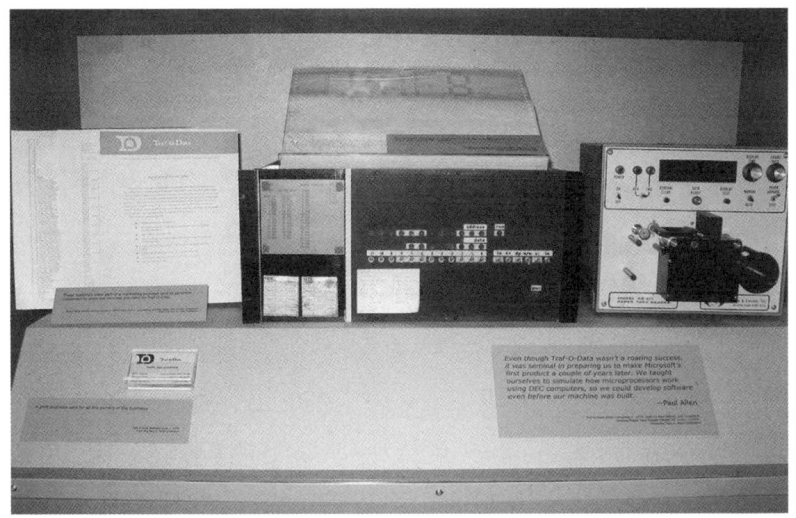

빌 게이츠가 고등학교 시절에 창업한 회사 '트래프-오-데이터'의 제품
학창 시절의 '창업 연습'이 이후의 성공으로 이어졌다. (출처: 위키피디아 'Traf-O-Data' ※public domain)

고등학교 시절의 빌 게이츠 (출처: 빌 게이츠 페이스북)

같은 경험을 중·고등학교 시절에 했다는 사실이다. 그들에게는 그저 취미의 연장선이었을지 몰라도 그 과정에서 얻은 '성취 경험'은 자기효능감을 높여주었을 것이다. 그것이 창업에 대한 장벽을 낮춰주었다.

이 이야기를 듣고 '내게는 그런 경험이 없는데…' 하며 한탄하는 창업 지망가가 있을지도 모른다. 하지만 아직 실망하기는 이르다. 학창 시절에 약간의 창업 연습을 했던 사람이 실제로 창업가가 되었다는 이야기는 창업에 필요한 자질은 훈련으로 얼마든지 익힐 수 있다는 말이기도 하다. '인격은 젊은 시절의 교육으로 결정된다'는 것이 통설이지만, 사회인이 된 이후에 받은 교육으로 180도 바뀌는 사람도 전혀 없는 것은 아니다. 게다가 이번 장에서 소개한 이론이나 앞으로 들려줄 사고방식에 근거하여 몇 번이고 연습하는 가운데 보다 빠르고 효과적으로 필요한 재능을 익힐 수 있을 것이다.

〈들어가는 글〉에서도 소개한 리더십 연구가 린다 힐은 일반 사원에서 시작하여 매니저로 옮겨가는 것을 가리켜 '아이덴티티의 전환'이라고 말한다.[3] 일반 사원일 때부터 맹활약을 펼친 사람이라도 '초보 매니저'로서 학습하고 재정비하지 않으면 안 된다. 결국 매니저는 학습을 통해 매니저가 되어간다. 창업가도 그와 다르지 않다. 처음부터 창업가였던 사람은 세상에 없으며, 누구나 학습과 연습이라는 훈련을 통해 '창업가가 되는' 것이다.

5장

[Process]
창업 프로세스를 어떻게 개선해야 하는가

뛰어난 프로세스는 창업가의 능력을 이끌어낸다

4장에서 다룬 뱁슨대학교의 기업가 정신 교육에서는 '과정'보다 '방법'을 중시하는 쪽으로 생각이 옮겨가고 있다고 말했다. 다시 설명하면, 여기서 말하는 '과정'은 어느 정도 예측 가능한 사항을 통솔되는 공정에서 이행해가는 방법론이다. 또한 '방법'은 실천을 통해 배우면서 과제를 해결해가는 것이다.

경영의 불확실성이 높아지는 가운데 방법이 한층 중요해졌다는 생각에는 나도 동의한다. 그러나 기업을 키울 때는 정해진 과정을 확실히 수행하는 것도 똑같이 중요하다. 주식상장을 목표로 하는 경우에는 사내의 업무 프로세스를 정비해야 하고, 각각의 업무를 담당하는 사원이 바뀌더라도 재현 가능하도록 하는 것이 경영자의 일이다. 부정이 일어나지 않도록 관리체계를 갖추고, 명령을 순서대로 준수할 수 있는 체제를

The Design Sprint

The sprint is a five-day process for answering critical business questions through design, prototyping, and testing ideas with customers. Developed at GV, it's a "greatest hits" of business strategy, innovation, behavior science, design thinking, and more —packaged into a battle-tested process that any team can use.

Working together in a sprint, you can shortcut the endless-debate cycle and compress months of time into a single week. Instead of waiting to launch a minimal product to understand if an idea is any good, you'll get clear data from a realistic prototype. The sprint gives you a superpower: You can fast-forward into the future to see your finished product and customer reactions, before making any expensive commitments.

This page is a DIY guide for running your own sprint. On Monday, you'll map out the problem and pick an important place to focus. On Tuesday, you'll sketch competing

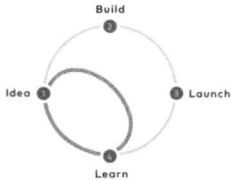

The sprint gives teams a shortcut to learning without building and launching.

GV가 회사 안팎에 계몽하고 있는 '디자인 스프린트'
(출처: https://www.gv.com/sprint/)

만들 때도 프로세스를 책정하고 실행할 필요가 있다.

 게다가 좋은 프로세스는 직원이나 창업가 자신의 능력을 이끌어내는 데 한몫한다. 예를 들어 GV(전 Google Ventures)가 회사 안팎으로 알린 '디자인 스프린트(Design Sprint)'라는 상품 개선 기법은 디자인 사고의 수법을 체계적으로 설립하여 프로세스화한 것이다. 또한 픽사 애니메이션 스튜디오(Pixar Animation Studios)에서는 자신의 작품에 대하여 전 직원이 의견을 나누는 '두뇌위원회'라는 제도가 있다. 이들 대처법은 창조적인 업무에 좋은 프로세스를 도입함으로써 집단의 창조성을 일정 이상으로 끌어올리는 것을 목표로 한다.

 직원의 의욕을 이끌어낼 때도 절차나 과정이 중요하다. 《블루오션 전략》을 쓴 김위찬과 르네 마보안은 '공정한 절차'라는 개념을 제창한다. 사람들은 결과에 집착하기 마련이나, 거기에 이르는 과정에도 집착하기에 절차에 공정성이 결여되면 의욕을 잃는다. 반대로, 절차가 공정하고 납득할 수 있다면 비록 결과가 좋지 않더라도 용인한다. 그런 까닭에 의사결정이 공정하게 이루어지고 업무 과정이 평등하다고 느낀다면 사원들은 서로 협력하고 팀 전체의 동기를 높일 수 있다고 한다.

왜 '게으름'이 프로그래머의 미덕이 될까

가장 본질적인 부분에서 좋은 프로세스는 인간의 게으름을 경감시켜준다. 프로그래밍 언어 '펄(Perl)'을 만든 래리 월은 프로그래머의 3대 미덕으로 '게으름(Laziness)', '조바심(Impatience)', '자만심(Hubris)'을 꼽는다. 왜 '게으름'이 프로그래머의 미덕일까? 그것은 습관적으로 수행하는 정형적인 업무를 귀찮아하는 마음이 소프트웨어에서 자동화·효율화하는 아이디어를 낳고, 그 결과로 많은 사람들이 꺼리는 업무를 줄여주기 때문이다. 게으름이 업무 프로세스를 개선하도록 부추기고, 그렇게 탄생한 새로운 프로세스가 보다 많은 사람들의 게으름을 줄여준다.

이렇듯 업무 프로세스가 정비되면 지금껏 정형화된 프로세스를 수행하며 보냈던 시간을 다른 일에 할애할 수 있다. 4장에서 다뤘던 창조적인 훈련을 꾸준히 하는 시간도 만들 수 있다. 훈련과 절차를 적절히 사용함으로서 최대한의 효과를 발휘할 수 있다.

의사결정의 편견에서 벗어난다

뛰어난 프로세스에 따라 일할 때 얻을 수 있는 또 다른 이점이 있다. 바로 고정관념이나 선입견 같은 편견에서 벗어날 수 있다는 것이다. 창업가에게 의사결정은 중요하고도 어려운 일이기에 이 같은 이점을 활용하지 않을 수 없다.

스타트업은 불확실성이 높은 상황 아래서 사업을 설립하고 성장해 가야만 한다. 따라서 실패에 직면하거나 어떤 안 좋은 조짐이 나타난 시점에서 신속하게 수습할 필요가 있다. 그런 상황에서 만일 당신이 어떤 고정관념이나 선입견에 사로잡혀 있다면 그릇된 의사결정을 하거나, 임시방편으로 대응할 우려가 생긴다. 게다가 문제는 편견이 뭔지 알고, 편견을 가져서는 안 된다는 말을 들어도 우리는 편견에 빠진다는 점이다.

그런데 전략 수립이나 업무 수행에 대한 프로세스에서 이 같은 편견을 자동적으로 걸러낼 수 있게 한다면 어떻게 될까? 프로세스 자체가 명확하게 정해져 있으면 잘못된 의사결정을 가려낼 수 있다. 프로세스가 제대로 기능하지 못하면 의사결정이 잘못되었다는 의미이기에 사람들은 개선 방법을 찾으려 할 것이다. 그 결과 다음엔 보다 나은 의사결정을 할 수 있게 된다. 예를 들어 '현장의 목소리를 들어야 했다'는 반성의 목소리가 있었다고 하자. 이 경우 '현장에서 일하는 몇 명 이상의 의견을 듣고 판단하는' 절차를 추가하면 똑같은 실수가 되풀이되는 것을 막을 수 있다.

세계 의료 현장을 바꾼 '가완디의 체크리스트'

프로세스를 명확히 하는 가장 손쉬운 방법 중 하나로 체크리스트 활용이 있다. 트위터와 스퀘어(Square)를 창업한 잭 도시는 아툴 가완디가 쓴 《체크! 체크리스트: 완벽한 사람은 마지막 2분이 다르다》를 스퀘어의 전 직원들에게 나눠주었다. 미국 정부의 의료정책 수립에도 관여한, 아툴 가완디 하버드 의과대학 교수는 체크리스트를 사용하여 의료 현장의 위생을 대폭 개선했다.

그는 수술팀이 확인해야 할 19개 항목의 체크리스트를 만들었다. 먼저 환자를 마취하기 전에 일곱 가지를 확인한다. 그 항목은 ① 환자의 신분과 수술 동의 여부 확인, ② 수술 부위를 표시했는지 확인, ③ 산소포화도 측정기(혈중효소농도를 측정하는 기기)가 장착되어 잘 작동하고 있는지 확인, ④ 사용하는 약물과 알레르기 증상이 있는지 확인 등이다. 또한 수술 부위를 절개하기 전에 확인해야 할 일곱 가지 항목은 다음과 같다. ① 팀원 전원이 자신의 이름과 역할을 말했는가, ② 환자의 이름과 무슨 수술을 어디에 할지에 대해 전원이 파악하고 있는가, ③ 항생물질은 적절한 타이밍에 주사했는가 등이다. 마지막으로 수술 후 환자를 옮기기 전에도 다섯 가지 체크리스트를 확인한다. ① 바늘, 거즈, 기구가 모두 있는가, ② 팀원들이 환자의 수술 후 치료계획과 우려에 대해 이야기를 주고받았는가 등이다. 2분 정도면 이 체크리스트를 전부 확인할 수 있다.

가완디는 이 체크리스트를 전 세계 여덟 개 병원에서 활용하게 했다. 어떤 상황에서도 체크리스트가 효과적인지 확인하기 위해 소득 수준이 높은 나라의 의료기관 네 곳(미국 시애틀, 영국 런던, 캐나다 토론토, 뉴질랜드 오클랜드 병원)과 소득 수준이 중간이거나 낮은 나라의 의료기관 네 곳(필리핀 마닐라, 요르단 암만, 인도 뉴델리, 탄자니아 병원)이 선정되었다. 그리고 도입처를 확대하여 그 효과를 살펴보았다. 결과는 명백했다. 도입한 뒤 모든 병원에서 합병증 발생률이 39%나 낮아졌다. 사망률은 47%가 줄었다. 이것은 투약보다 큰 성과가 있었다.

인간의 주의력은 산만한데다 깜박깜박 잘 잊어버린다. 그래서 체크리스트가 필요하다. 체크리스트를 준비해 확인하는 습관을 키우면 인간의 단점을 보완할 수 있다. 게다가 이들 체크리스트는 아주 단순하다.

케네디 대통령의 결단을 지지한 의사결정 프로세스

미국 대통령 존 F. 케네디는 의사결정 프로세스를 개선함으로써 여러 집무에 도움을 받았다. 그러나 그 프로세스에 이르기 전에 한 차례 호된 실패를 맛봐야 했다. 그 실패가 무엇인지 알아보자.[1]

1961년 4월, 케네디 대통령은 쿠바 망명자들이 피그만을 침공할 때 미국이 지원하기로 결단했다. 당시 쿠바 대통령이던 피델 카스트로 정권이 뒤엎어지기를 바랐기 때문이다. 피그만 침공은 대실패였다. 침공한 지 3일 만에 쿠바 망명자 대다수는 카스트로 군대에게 붙잡히거나 살해되었고, 세계 각국이 케네디 대통령의 행위를 비난했다. '지원한다'는 의사결정이 큰 실패로 끝난 케네디 대통령은 "그 패거리에게 인가를 해주다니, 나도 참 멍청한 짓을 했어"라고 말했다고 한다.

이 같은 의사결정을 하게 된 배경은 무엇일까? 물론 대통령이나 주위 참모들이 멍청했던 것은 아니다. 단지 결정에 이르는 프로세스가 좋지 않았다. 예를 들어 CIA의 고위 관료들이 대통령에게 제출한 상황분석 보고서나 지원계획서에는 어떤 필터가 존재했다. 게다가 계획에 어떤 약점이 있고 위험이 뒤따르는지가 명확히 드러내는 것을 두려워하여 중간 간부를 논의에서 제외했다. 케네디 대통령 옆에는 고위 관료들만 있었고, 그들을 전문가로 여긴 까닭에 상황을 제대로 보지 못하고 잘못된 의사결정을 하고 말았다.

그 뒤 케네디 대통령은 외교정책에 관한 의사결정 프로세스를 다시 검토했다. 1962년 10월, 소련(현재 러시아)이 쿠바에 핵미사일을 배치했다는 사실을 알았을 때 케네디 대통령은 개선된 프로세스에 따라 의사결정을 내렸다.

새로운 프로세스 내용은 이러했다. '회의 중에는 통상적인 절차나 규칙, 서열을 잊는다.' '각 조언가는 자신이 담당하는 부문의 대변자로서 토론에 참가하는 것이 아니라 회의적인 제너럴리스트의 역할을 맡는다.' '때때로 중견 사원이나 외부 전문가를 초대하여 새로운 시점과 정보 등을 얻는다.' '그룹원을 소그룹으로 나누어 두 개의 안을 작성하게 한 뒤 토론을 벌인다.' '심복인 두 사람이 악마의 대변자 역할을 맡아 제안의 약점과 위험을 남김없이 끄집어낸다.' '제안을 하나로 정리하는 것이 아니라 그룹마다 제출하게 한다.' '대통령이 일부러 회의에 몇 번 불참하여 출석자들이 기탄없이 의견을 나눌 수 있게 한다.' 이렇게 함으로써 거듭되는 쿠바 위기에 대하여 편견 없이 적절한 의사결정을 할 수 있었다. 좋은 의사결정을 위한 프로세스가 세계의 명운을 구한 사례라고 말할 수 있다.

비즈니스 현장의 사례도 소개해보자. 자유 면접보다 구조화 면접이 더 효과적이다.[2] 왜냐하면 우리에게는 확증편향*이 있어 첫인상을 증명할 증거를 찾는 경향이 있기 때문이다. 또한 위기의 순간에 내리는 판단은 편견이나 신념에 강한 영향을 받는다는 사실도 잘 알려져 있다. 그럼에도 우리는 '나는 면접에 자신 있다'고 생각한다.[3] 따라서 우리는 편견을 최대한 없애기 위한 프로세스, 여기서는 구조화 면접이라는 절차를

---

* 자신의 선입관을 뒷받침하는 정보만 받아들이고 그 외 정보는 무시하는 것. 즉 자기가 보고 싶은 것만 보고, 믿고 싶은 것만 믿는 현상

채용함으로써 올바른 사람을 채용할 수 있다. 이런 프로세스를 수립하고 실행하는 것은 분명 성가시고 어려운 일이지만, 그럴 가치는 충분히 있다.

수학자 해밍의 '위대한 고찰의 시간'

프로세스는 의사결정에만 도움이 되는 것은 아니다. 시간도 한층 효과적으로 사용하게 만든다. 여기서는 특히 '생각하는 시간'에 초점을 맞춰 생각해보자.

1960~1980년대에 활약한 수학자 리처드 해밍은 컴퓨터 사이언스 분야에서는 대가로 불린다. 그의 이름이 붙은 '해밍 부호', '해밍창(Hamming Window)', '해밍 거리' 등의 이론은 근대 컴퓨터·통신 분야의 발전에 크게 기여하였다.

연구든, 스타트업이든 아무도 내딛지 않은 미지의 영역을 개척한다는 점에서는 같기에 그의 이론은 스타트업에도 큰 힘이 된다. 해밍은 어떻게 수많은 공적을 남길 수 있었을까? 그 힌트는 1986년에 그가 했던 '당신과 당신의 연구(You and Your Research)'라는 강연에서 찾을 수 있다. 사실, 해밍은 오랫동안 매주 금요일 오후 반나절을 '위대한 고찰의 시간'으로 보냈다. 그 시간에는 아무 일도 하지 않고 오직 세상의 큰 문제를 이해하려고 노력하거나, 당시 컴퓨터 사이언스에서 가장 중요한 과제는 무엇인지에 대해서만 생각했다. 해밍은 '중요한 과제를 해결하지 않으면 중요한 결과를 얻을 수 없다'고 믿었기 때문이다. 게다가 그는 점심시간에도 가급적이면 '컴퓨터의 역할은 무엇인가?', '컴퓨터는 과학을 어떻게

바꾸는가?' 등을 주제로 동료와 토론하기를 즐겼다.[4]

스타트업 종사자, 특히 급성장하는 회사에서 일하는 사람들(방대한 업무량을 끌어안고 있는 사람들)은 금요일 오후 시간을 온통 생각하는 일에만 할애하는 게 힘들지도 모른다. 그러나 일주일에 5일간 일하고 하루를 오전과 오후로 나누면, 일주일에 열 번의 시간대가 생긴다. 그중 하나를 '생각하는 일'을 하며 보낸다고 해도 10%에 불과하다.

하지만 이 같은 시간 사용법을 실제로 유지하기는 꽤 어렵다. 잘 실천하다가도 어느 사이에 생각하는 시간이 없어지고 그냥 일이 진행된다. 이때 만일 일의 방향이 잘못되었다면 모든 노력이 헛수고로 끝나버린다. 따라서 생각하는 시간을 확보하는 것은 무엇보다 중요하고, 그러기 위한 프로세스를 정하는 것은 경쟁에서 우위성을 가지게 된다.

좋은 습관이 좋은 프로세스다

인간은 '습관의 동물'이다. 하루 종일 사람들이 어떤 행동을 하는지 살펴봤더니, 거의 대부분 습관에 따라 행동했다는 이야기도 있다. 2002년, 미국 듀크대학교의 조사에 따르면 사람들 행동의 약 40%는 '거의 매일 반복되는 것'이라고 한다.[5] 17세기에 활동한 영국의 시인이자 극작가인 존 드라이든도 '처음에는 사람이 습관을 만들지만, 그 뒤에는 습관이 사람을 만든다'는 명언을 남겼다.

어떤 의미에서 습관은 프로세스다. 우리가 매일 의사결정을 하지 않아도 되게, 또는 주위의 자극에 과민하게 반응하지 않게, 익숙하게 적절한 행동을 취할 수 있게 한다.

'좋은 습관'이라는 프로세스를 만들면 우리는 보다 효과적인 나날을 보낼 수 있다. 예를 들어 아침에 한 시간씩 공부하는 습관이 있는 사람은 공부를 전혀 하지 않는 사람보다 더 발전할 수 있다. 영어로 말하는 습관을 가지면 영어 능력을 키울 수 있다.

반대로, 과식이나 흡연 등의 나쁜 습관을 가지면 생활도 나쁜 방향으로 흐른다. 다시 말해 나쁜 환경이 만들어지는 것이다.

습관의 중요성은 굳이 강조하지 않아도 다들 공감할 것이다. 6장에서는 습관이라는 프로세스를 만드는 법에 대해 알아본다.

제1부가 끝났다. 지금까지 '환경'이 얼마나 중요한지 설명했고, 제2부에서는 어떤 환경을 선택해야 좋을지 살펴보자.

START
UP

제2부

정답은 없지만
성공 공식은 있다

- 창업하기 좋은 환경

6장

좋은 선택을 위한
여덟 가지 지혜

목적에 맞는 환경을 선택하는 기준

제1부에서는 몇 가지 사례와 연구 결과를 근거로 환경이 사람이나 조직에 어떤 영향을 미치는지 설명했다. 지금까지 살펴본 내용으로 우리는 창업에서 환경의 중요성을 깨달았다. 제2부에서는 창업가가 자신에게 맞는 환경을 선택하는 방법에 대해 설명하려고 한다.

내용을 따라가다 보면 '환경은 창업가의 목적에 따라 결정된다'는 결론을 얻을 것이다. 모두에게 좋은 환경이란 없을 테니 말이다.

예를 들어 '실리콘밸리'라는 장소에는 우수한 스타트업이 모여 있고, 스타트업을 육성하는 프로그램도 매우 잘 갖춰져 있다. 미국에서 오래 생활했고, 스탠퍼드대학교를 졸업했으며, 대학에서 인연을 맺은 친구나 투자가가 있다면 지금 당장이라도 실리콘밸리로 날아가 창업하는 게 유리할지도 모른다. 소프트웨어 관련 비즈니스에서 실리콘밸리는 시가 총액이 수천만 달러에 이르는 스타트업을 단시간에 탄생시킬 수 있는 최고의 환경을 가졌다. 물론 일본에서 성장하고 소프트웨어 개발 외의 사업으로 지금 당장 창업하려는 사람에게는 실리콘밸리가 최고의 환경이라고 말하기 어렵다.

창업하기 좋은 환경은 사람마다 다르다. '이런 환경이 최고!'라고 조언해봤자 어떤 사람에게는 아무 의미가 없을 수도 있다. 따라서 제2부에서는 사고방식, 즉 어떤 판단기준을 가지고 자신의 목적에 적합한 환경을 선택할 수 있는지에 대해 조언할 계획이다. 구체적으로 크게 두 가지 주제를 다룰 것이다.

- 6장: 좋은 선택을 위한 여덟 가지 지혜
- 7장: 나에게 맞는 환경을 똑똑하게 선택하는 방법

먼저 6장에서는 어떤 선택을 할 때 창업가가 알아야 할 이론을 몇 가지 소개할 것이다. 누구든 선택할 때는 생각이 많아진다. 평소에는 전혀 의식하지 않던 '환경'을 선택해야 한다면 더더욱 머릿속이 복잡할 것이다. 가급적 좋은 선택을 할 수 있는 사고방식, 전략을 여덟 가지 정도 소개한다.

이어서 7장에서는 창업가의 역량을 키워주는 환경을 선택하는 방법을 구체적으로 알려준다. 모든 창업가에게 맞는 최고의 환경은 없다고 하지만, 일반적으로 좋은 환경은 분명 있다. 적어도 나쁜 환경과 좋은 환경을 구분함으로써 더 나은 선택을 할 수 있을 것이다.

덧붙여 7장에서는 적절한 타이밍에 행동하고, 계속 해나가는 데 필요한 지침도 설명한다. 새해의 포부처럼 뜻을 세우고 의지를 다지지만, 좀처럼 행동으로 옮기지 못하는 사람이 의외로 많다. 이것은 그 사람이 의지가 약해서라기보다 그저 행동이라는 '실행'에 익숙하지 않기 때문이다. 따라서 의사결정 후 실행할 수 있는 노하우도 알려준다.

누구라도 선택은 늘 어렵다

창업을 꿈꾸거나 창업 관련 고민이 있을 때 흔히들 하는 행동은 무엇일까? 내가 보고 들은 경험에 따르면, 이때 대부분은 주변에 있는 창업가를 찾아가 상담을 한다. 과연 이 행동은 잘한 선택일까?

불안을 부추길 생각은 눈곱만큼도 없지만, 자금조달 단계에서 만난 투자가가 나쁜 사람이라면 그 스타트업은 희생양으로 전락할지 모른다. 예를 들어, 회사를 설립할 때 투자가로부터 '회사 설립에 필요한 100만 엔 중 내가 90만 엔을 낼 테니 10만 엔은 당신이 내라. 나와 당신의 주식 배분은 9 대 1. 일반적으로 이렇게 한다. 그럼, 앞으로 잘해보자'라는 말을 들었다고 가정해보자. 아무것도 모르는 창업가는 '큰돈을 투자했으니 그럴 수도 있지' 하며 그 조건을 덥석 받아들일 가능성이 크다. 창업에 대한 지식이 거의 없었던 과거의 나였다면 아마 그 제안을 곧이곧대로 이해했을 것이다.

알을 깨고 나온 병아리는 맨 처음 본 것을 어미라 생각하고 따른다. 마찬가지로 창업이 처음인 사람들은 맨 먼저 자신의 손을 잡아준 사람을 전폭적으로 신뢰하기 마련이다. 그가 어떤 사람인지, 그리고 그 사람의 의견을 받아들일지 말지로 창업 이후의 상황이 크게 달라진다.

도움이나 조언이 필요한 시점에 딱 맞춰 나타난 사람을 과연 믿어야 할까? 이 경우 좀 더 심사숙고해서 선택하는 게 좋지 않을까? 이번 장에서는 이런 상황에서 도움이 될 만한 사고법을 알려준다.

전문가 한 사람과 상담하고 만족해서는 안 된다
왜 사람은 환경을 선택할 때 실수를 할까? 그 이유는 '인간은 원래 선택이나 의사결정이 서툴다'는 가설에서 찾을 수 있다. 하버드대학 로스쿨의 캐스 R. 선스타인 교수는 《와이저: 똑똑한 조직은 어떻게 움직이는가》에서 미래예측 전문가인 J. 스콧 암스트롱의 말을 소개한다.

"조직은 종종 중요한 예측이 필요할 때 최고 전문가 한 사람의 의견만 들으려 한다. 이런 관행에서 벗어나 여러 전문가의 의견을 수렴해 종합적으로 판단하는 것이 좋다."

당신이 창업가나 투자가를 찾아가 상담할 때도 마찬가지다. 만일 빠른 시간에 대성공을 거둔 유명 창업가나 실적이 뛰어난 투자가를 만나 이야기를 나눴다면, 당신은 그 한 사람의 의견을 곧이곧대로 받아들여 '아주 귀한 조언을 얻었다'며 만족할 것이다.

하지만 보다 바람직한 결론에 이르기 위해서는 여러 사람의 의견을 들은 뒤 심사숙고하는 자세가 필요하다. 5장에서 소개한 케네디 대통령의 사례를 떠올려보자. 그는 의사결정에 적절한 프로세스를 도입해 성공을 견인했다. 고위 공직자뿐 아니라 현장을 잘 아는 중간 간부나 외부인의 의견에도 귀를 기울였던 게 그의 성공 비결이었다.

이런 사실을 알면서도 사람들은 실수를 되풀이한다. 나 역시 '단 한 명의 전문가 의견을 듣고 만족해버린' 함정에 빠져 호된 실수를 저지른 적이 있다. 논문을 쓸 때였다. 내 전문 분야가 아닌 것을 조사할 일이 생겨 해당 분야의 전문가에게 의견을 구했는데, 그는 아무 문제없으니 내 계획대로 조사를 진행하라고 했다. 하지만 조사를 진행하는 중에 중대한 실수가 발견되었다. 결국 그 조사 결과는 논문에 실리지 못했고, 몇 개월 뒤 다시 조사를 해야 했다.

한 번만 더 생각했더라면 막을 수 있는 실수였다. 원숭이도 나무에서 떨어진다고 전문가도 문제점을 놓칠 수 있다. 그런데 나는 '전문가가 확인했으니 문제없어!'라며, 한 사람 의견만 듣고 안심했던 것이다. 암스트롱의 조언대로 여러 전문가에게 물었더라면 다른 결과를 얻지 않았을까?

내 실수는 젊은 창업가에게 교훈이 될 것이다. 특히 첫 창업 때는 모르는 것투성이다. 학교에서는 어떻게 창업하는지 가르쳐주지 않고, 설령 가르쳐주더라도 꼭 알아야 할 부분만 짚어주기에 모르는 게 당연히 많다. 그러나 첫 선택이 창업의 성패를 가른다면 우리는 그 '선택 방법'이라는 프로세스에서 좀 더 주의를 기울여야 하지 않을까? 여기서는 '좋은 선택을 위한 전략'에 대해 살펴본다.

1. 선택지를 늘린다

기본적으로 더 나은 선택을 위해 필요한 것은 '많은 선택지를 가지는 것'이다. 1985년, 독일 베를린 공과대학의 한스 G. 게문덴 교수는 기업 간부를 대상으로 조사한 결과를 발표했다.[1] 조사 내용은 '할 것인지, 말 것인지(Yes or No)'라는 두 가지 선택지가 주어진 경우와 여러 선택지가 주어진 경우에 결과가 어떻게 달라지는가이다. 조사 결과, 보다 많은 선택지가 있는 쪽이 좋은 결과를 얻기 쉬웠다.

예를 들어 스카우트 제의를 받았을 때 선택지가 두 개뿐이라면 어떨까? 'A사로 이직한다', '이직하지 않는다' 이 둘 중에서 선택해야 한다면 말이다. 이것만 봐서는 무엇을 근거로 이직 여부를 판단해야 할지 알 수 없다. 그러나 'A사와 B사와 C사 중에서 어디가 좋을까?'라는 식으로 접근하면 A사의 장점이나 단점을 보다 객관적으로 검토할 수 있다. 한 걸음 물러나 생각하면 눈앞에 놓인 선택지가 다르게 보인다.

다만, 선택지가 너무 많으면 생각할 것도 많아지고, 이는 또 다른 영향을 낳는다. 콜롬비아대학 비즈니스스쿨 교수인 심리학자 쉬나 아이엔가가 쓴 《나는 후회하는 삶을 그만두기로 했다: 내 뜻대로 인생을 이끄는 선택의 심리학》을 보면 다음과 같은 조사 결과가 나온다.

어느 식료품 가게에서 '24종류의 잼을 판매하는 코너'와 '6종류의 잼을 판매하는 코너'를 마련한 뒤 고객 반응을 살폈다. 그랬더니 '24종류의 잼을 판매하는 코너'에서 맛을 보는 고객이 더 많았다. 하지만 실제로 구매하는 고객 비율은 '6종류의 잼을 판매하는 코너'가 더 높았다. 관찰 결과 24종류의 잼을 판매하는 코너를 찾은 고객은 뭘 고를지 생각하거나 동행한 사람에게 어떤 맛이 좋은지 물어보며 10분 이상을 고민했다. 반면 6종류의 잼을 판매하는 코너를 찾은 고객은 뭘 선택해야 할지 분명히 알고 있기라도 한 듯 1분 내외로 잼을 선택해 계산대로 향했다. 결과적으로 6종류의 잼을 판매하는 코너를 방문한 고객은 24종류의 잼을 판매하는 코너를 방문한 고객보다 구매율이 여섯 배가량 높았다. 사람들은 선택지가 너무 많으면 주저하는 경향이 있는 것 같다.

선택지를 재구성한다

어떤 식으로 선택지를 제시하는가에 따라 받아들이는 느낌이 크게 달라진다. 대니얼 카너먼이 쓴 《생각에 관한 생각》에 이런 내용이 있다.

"수술 1개월 후 사망률이 10%인데, 이 수술을 받으시겠습니까?"
"수술 1개월 후 생존율이 90%인데, 이 수술을 받으시겠습니까?"

만일 병원에서 위의 선택지를 제시했을 경우, 대다수 사람들은 순간적으로 후자를 더 좋게 느낀다. 사실, 이 둘은 똑같은 내용을 말하고 있다. 그래도 후자를 선택하는 사람이 더 많은 이유는 이익보다 손실에 민감한 '손실회피' 성향 때문이다. 사람들은 얻은 것보다 잃은 것을 더 크게 느낀다.

실제로 어떤 식으로 제시하는가에 따라 사람의 행동이 달라진다는 실험 결과도 있다. 예를 들어, 원하는 것을 사기 위해 아르바이트로 돈을 모으는 사람이 어느 날 정말 갖고 싶은 비디오를 발견했다. 게다가 특별할인 가격인 1만 9,900원에 팔고 있다. 당신이라면 어떻게 할 것인가?

- 비디오를 산다.
- 비디오를 사지 않는다.

이 경우 75%의 사람이 '비디오를 산다' 쪽을 선택했고, '사지 않는다'고 말한 사람은 25%에 불과했다. 그렇다면 다음과 같은 선택지를 제시행을 때 결과는 어떻게 변했을까?

- 비디오를 산다.
- 비디오를 사지 않고, 1만 9,900원으로 다른 물건을 산다.

기회비용을 언급했을 뿐 앞서 제시한 조건과 크게 다르지 않다. 비디오 말고 다른 물건을 살 수 있다는 사실은 굳이 말하지 않아도 알 것이다. 그러나 이 문장을 보여줬더니 45%의 사람들이 비디오를 사지 않는다는 선택지를 골랐다. 처음과 다른 선택을 한 사람들이 무려 두 배나 되었다. 이 내용은 〈기회비용의 무시(Opportunity Cost Neglect)〉라는 논문에 소개돼 있다.[2]

《자신 있게 결정하라: 불확실함에 맞서는 생각의 프로세스》라는 책에도 이 결과가 인용된다.

- 회사를 인수한다.
- 회사를 인수하지 않고, 그 돈으로 다른 사업을 한다.

기업을 인수합병(M&A)할 때, 이처럼 기회비용을 명시하면 보다 정확한 기준으로 판단을 할 수 있다. 스타트업이 마케팅 비용을 지출할 때 이 내용을 고려해볼 수 있을 것이다.

동일한 정보라도 제시 방법(틀)에 따라 반응이 달라질 수 있다. 이것을 '프레이밍(Flaming) 효과'라고 한다. 선택지 문장을 조금 바꾸면 다른 시점을 얻을 수 있고, 의사결정이 더 좋아질 가능성도 숨어 있다. 이

재구성이란?

것을 '리프레이밍(Reframing)', 즉 '재구성'이라고 한다. 어떤 중요한 의사결정을 할 때, 조금 다르게 말하는 방법으로 지금의 과제나 선택지를 재구성해보자.

2. 탐색과 활용 개념을 이해한다

그렇다면 보다 좋은 선택을 위해 '선택지를 많이 갖는' 방법은 무엇일까? 답은 '탐색'에 있다.

　미국 스탠퍼드대학교 경영대학원 교수이자 사회학자인 제임스 마치는 1991년, 조직학습 이론이 담긴 논문[3]을 발표했다. 거기에 지식의 '탐색(Exploration)'과 '활용(Exploitation)'이라는 개념이 나온다. 조직이 배워가는 과정에서는 새로운 지식을 탐색하는 작업과 지식을 활용하는 작업 모두가 중요하다는 내용이다. 당연한 말처럼 들리겠으나, 대다수 조직은 '탐색'보다 '활용'에 치중한다. 그 이유는 결과를 쉽게 내놓을 수 있기 때문이다. 단기적으로는 문제없으나, 장기적으로는 조직을 그릇된 방향으로 이끌어갈 우려가 있다고 그는 지적한다.

'탐색'은 조직에 새로운 가능성이나 선택지를 가져온다는 점에서 매우 중요한 대처다. 다만, '활용'보다 효율성이 떨어져 시간이나 노력이라는 자원을 많이 투여해도 아무것도 발견하지 못할 때도 있다. 그러면 마치 자원을 낭비한 것처럼 보여 인사고과에서 낮은 등급을 받을 수 있다. 이런데도 솔선하여 '탐색'에 힘을 쏟는 직원이 있을까?

'탐색'은 결과는 물론 그 과정도 평가하기 어려워 대다수 기업에서는 규칙적으로 실천할 수 없다. 비슷한 과제로 창조성과 효율성이 있다. 그럼, 조직으로서 '창조성과 효율성' 또는 '창조성과 생산성' 중 어느 것을 우선해야 할까? 정해진 프로세스를 반복함으로써 성장할 수 있는 상황이라면 당연히 효율성을 추구해야 한다. 그러나 조직의 효율성만을 추구하면 '활용' 방식을 근본적으로 바꾸기 어렵다. 그냥 적당히 해결하다가 업계 전체가 변화하거나 사업을 전환해야 할 때 미처 대응하지 못하게 된다.

경영학자 이리야마 아키에가 쓴 《비즈니스스쿨에서 배울 수 없는 세계 최첨단 경영학》에 나와 있듯이, 탐색과 활용을 능수능란하게 구사하는 기업은 혁신적인 제품을 만들어내기 쉽다. 로봇과 관련된 124개사의 특허 데이터를 참고하여 회사의 '탐색'과 '활용'을 계측한 결과에서도 이와 같은 사실을 확인할 수 있었다.[4]

또한 《리드 앤드 디스럽트(Lead and Disrupt)》를 쓴 찰스 오레일리 스탠퍼드대학 교수와 마이클 터슈먼 하버드대학 교수는 탐색과 활용을 각각 '조직의 관점에서, 활용을 매니지먼트의 문제라고 한다면 탐색은 기본적으로 리더십의 문제'라고 정리한다. 각기 추구하는 바가 다른 것이다.

탐색과 활용이라는 두 마리 토끼를 모두 잡는 기업의 노력이 직원들의 커리어 개발에도 필요하지 않을까? 우리는 보통 자신의 전문성에 깊이를 더하기 위해 '활용'에 관심을 가진다. 담당 업무에 대한 전문 지식이나 기능을 단련함으로써 지금보다 나은 결과를 창출할 수 있기(또는 업무 효율을 높이기) 때문이다. 그러나 여기까지 읽은 독자라면 지금 하는 일이 사라지거나 다른 업무를 맡을 경우 대처하기 어렵다는 사실을 알 것이다. 오레일리와 터슈먼 교수의 말로 바꾸면, 자신의 커리어를 잘 '매니지먼트'해도 커리어에 대한 '리더십'은 발휘하지 못한 것일지도 모른다.

창업가의 일이란 게 늘 정해져 있는 것이 아니어서 창조성이 무엇보다 필요하며, 어떤 변화를 추구할 때는 그 누구보다 빠르게 움직여야 한다. '이때다!' 할 때 가급적 많은 선택지를 가질 수 있도록 평소에 '탐색'을 해두어야 한다.

3. 의식적으로 여유를 만든다

스타트업은 정신없이 돌아갈뿐더러 단기간에 결과를 내놓지 않으면 도산이나 팀원 이탈 같은 위험에 늘 노출되어 있다. 투자가의 조언도 때로는 창업가의 마음을 조급하게 만드는 요인이 되기도 한다. 그런 상황에서 '탐색'을 꾸준히 하려면 어떻게 해야 좋을까?

일단 탐색할 수 있는 여유를 가져야 한다. 생각만 있으면 우리는 계획적으로 여유를 만들 수 있다. 그 방법은 나중에 소개하기로 하고, 먼저 사례를 통해 '여유를 만드는 것이 중요하다'는 내용을 살펴보자.

자, 지금 당신은 매일 일에 쫓겨서 자유로운 시간을 가질 수 없다. 이런 상황에서 '다음 주에 스타트업 행사가 있으니 강연을 해달라'는 제안을 받았다면 어떨까? 강연 주제는 당신의 전문 분야이고, 시간은 45분가량으로 비교적 짧다. 강연을 준비하는 데 시간이 좀 필요하긴 하나, 자사 제품을 외부에 알릴 기회다. 그리고 강연 뒤에는 다른 강연자나 청중과 교류하면서 '탐색'할 수 있는 절호의 기회이기도 하다. 어떤 의미에서는 지금껏 자신이 받은 도움을 다른 창업가에게 돌려줄 수 있는 일이기도 한데, 자신의 지식과 의견을 제공함으로써 스타트업 생태계에 기여할 수 있기 때문이다.

그러나 당신에게 여유가 없다면 이 제안을 거절할 수밖에 없을 것이다. 아니면 제안을 받아들인 뒤 업무 스케줄을 조정하기 위해 동분서주할지도 모른다. 본래 예정되어 있던 회의를 연기하고 참석자들에게 일일이 연락하느라 정신이 없을 것이다. 어쩌면 예정된 일정이 줄줄이 변경되어 스케줄이 엉망진창이 되어버릴지도 모른다.

애초에 조금의 여유가 있었다면 흔쾌히 그 제안을 수락했을 것이다. 이렇듯 불확실성을 가지고 찾아오는 기회를 적극적으로 이용하기 위해서는 여유를 가져야 한다. 기회를 놓치고 후회하지 않으려면 말이다. 물론 창업가 입장에서는 '여유를 가지고 싶어도 현실적으로 불가능하다'고 말할지도 모른다. 그래도 나는 포기하지 않고 사례를 들어 여러분을 설득해보려 한다.

병원의 '수술실 부족'을 해소한 의외의 아이디어

경제학자 센딜 멀레이너선과 심리학자 엘다 샤퍼가 쓴 《결핍의 경제학》에 다음과 같은 사례가 등장한다. 미국 미주리주에 위치한 세인트존스 지역의료센터는 수술실 부족이라는 문제를 안고 있었다. 32개의 수술실은 늘 풀가동되어 외과수술 일정을 잡기 어려웠다. 그중 20%는 응급환자용이어서 응급환자가 생길 때마다 수술 일정을 변경하는 일이 잦았다. 그 때문에 2시간짜리 수술을 하려고 의사 등 수술실 스태프가 밤늦게까지 기다려야 하는 일도 자주 있었다.

이 병원은 상황에 유연히 대처하지 못했고, 그런 까닭에 스케줄 변경을 해야만 하는 악순환에 빠졌다. 의사의 건강도 나빠졌고, 전체적인 병원 효율성도 떨어졌다. 이 경우 수술실 수를 늘리면 문제가 해결될까? 아니면 수술실 이용 상황을 실시간으로 보여주는 어떤 소프트웨어를 도입해야 할까? 이런저런 대응책을 생각한 결과 그들은 매우 간단한 해결책을 찾았다.

"수술실 한 곳을 항상 비워두고, 응급수술을 할 때만 사용한다."

수술실이 31개밖에 없다고 생각하며 수술 일정을 잡은 결과, 전체 수술 건수가 5.1% 증가했다. 게다가 그 뒤 2년 동안 병원에서 이뤄진 수술 건수는 연간 7~11%나 증가했다.

금융계에는 '위기는 피하는 것이 아니라 제어하는 것'이라는 말이 있다. 시간에 관해서도 불확실성을 제어할 수 있는 방법을 찾으면 된다. 세인트존스 지역의료센터는 수술실이 늘 100% 가동되어 '위기'가 찾아왔고, 이를 빈 수술실이라는 여유공간으로 '제어'했다. 다시 말해 여유 만들기로 응급 상황을 간단히 해결한 것이다.

'슬랙'의 중요성

이 방법은 여러 비즈니스 상황에서도 응용할 수 있다. 소프트웨어 공학자이자 프로젝트 매니지먼트에 정통한 톰 드마르코는 《슬랙: 변화와 재창조를 이끄는 힘》에서 단순히 효율성만을 추구하는 것이 아니라 여유를 가지는 것이 전체적으로 좋다고 말한다.

사람은 '효율성'이라는 목표를 향해 작업 일정을 꽉꽉 채우기 마련이다. 그러다보면 시간 부족 상태에 쉽게 빠지고, 어떤 긴급한 일이 발생했을 때 연쇄적으로 일정을 변경해야 하는 일이 생긴다. 돈이나 시간에 다소 여유를 가지면 뜻밖의 일로부터 우리의 일상을 지킬 수 있다.

이것을 기업의 조직운영에 응용한 사람이 미국 텍사스주립대학 오스틴 칼리지의 아트 마크먼 교수다. 그는 기업이 창조성을 갖기 위해 필요한 인원보다 약 10~20% 많은 인원을 고용하면 조직 전체에 좋은 영향을 가져올 가능성이 높다고 말한다.[5] 조직이 여유를 가짐으로써 예상하지 못했던 상황에 대응할 수 있을 뿐 아니라 창조적인 작업을 수행할 여유가 생긴다는 것이다.

나는 여유를 갖기 위해 의식적으로 '일정을 잡지 않는 날'을 만들거나, 일정상 여유가 있어도 미팅이나 외부 행사를 거절하기도 한다. 그리고 정말로 아무 일도 일어나지 않아 시간이 남으면 인풋이나 아웃풋, 새로운 도전이라는 창조적인 활동을 하며 보낸다. 이렇듯 스스로 해야 할 일을 선택한다는 감각은 의욕을 부추기는 효과가 있다.

우리 주위에는 '대체 내가 뭘 하고 싶은지 모르겠다'고 말하는 사람이 많다. '창업하고 싶지만 괜찮은 아이디어가 없다'는 얘기도 자주 듣는다. 대부분은 뭔가를 찾으려는 시도조차 안 해본 것 같다. 지금 하는 일들이 너무 많아서 찾아볼 여유가 없어 보인다. 그렇게 될 수밖에 없는 이유는 생활의 효율성만을 추구하고, 여유의 유효성에 대해서는 오인해서다. 또는 효율적이지 않은 자신에 대한 불안감 때문일지도 모른다. 만일 그렇다면 일부러라도 여유를 만들어 탐색해보길 바란다.

4. 효과적인 시간 사용법을 '바벨 전략'으로 생각한다

'탐색'과 '활용'을 현명하게 양립하기 위해서는 어떻게 행동해야 할까? 구체적으로는 시간 사용법이 무엇보다 중요하다. 이것을 시간이라는 '자원'의 배분으로 생각한다면, 경영학이나 투자에서 이용하는 전략을 참고하는 것도 한 가지 방법일 수 있다.

여기서 소개하고 싶은 내용은 '바벨 전략(Barbell Maturity)'이다. 보통 주식이나 채권투자를 할 때 사용하는 전략으로, 옵션거래에서 포트폴리오를 구성할 때 이용한다. 특징적인 것은 중간 정도의 위험성은 배제한다는 점이다. 그 대신 자산운용에 맡긴 돈의 90%는 매우 안전한 금융상품에 투자하고, 나머지 10%는 고위험 고수익 상품에 투자한다. 결국 저위험 저수익 투자와 고위험 고수익 투자를 적절히 조합함으로써 전체적으로 강건한 투자를 위해 전략을 세운다. 그 결과 바벨처럼 양쪽에 무게가 실리고, 중간은 거의 없는 투자액 배분이 되기에 바벨 전략이라고 불린다.

바벨 전략을 탐색과 활용을 수행할 때의 시간 배분에 적용해보자. 결과라는 대가를 얻기 쉬운 활용에 90%의 시간을 들이고, 나머지 10% 시간은 탐색에 배분한다. 즉 '아무것도 얻지 못할 위험도 있지만 큰 수익을 얻을지도 모르는' 탐색에 적은 시간을 사용하는 것이다.

아마 여러분 주위에도 눈앞에 놓인 일에 열중한 나머지 취미활동이나 자기계발 시간이 거의 없는 사람이 있을 것이다. 물론 살면서 '이때다!'라는 시점에 오로지 일만 하는 것도 나쁘진 않다. 다만, 늘 그런 식으로 시간을 쓰면 긴 인생으로 봤을 때 지식이나 인간관계의 포트폴리오가 빈약해질 우려가 있다. 단기적으로는 일의 효율이 높아지고 수입도 좋아질지 모르지만, 상황이 달라진 순간 적은 인풋이 약점이 되어버린다.

일례로, 자신이 병에 걸렸거나 누군가를 간병하는 일로 지금 하는 일을 못하게 되었을 때를 생각해보자. 지금까지 오로지 눈앞의 일을 처리하는 데 급급한 인생을 살아왔다면 한가로이 시간을 즐기는 방법도 모르고, 일과 관련 없는 사람들과의 교류도 없어 고독감을 느낄 것이다. 평소 탐색해오지 않은 벌로 일에서 벗어난 순간 인간관계가 고갈된다.

2010년, 미국 브리검영대학교의 줄리안 홀트-룬스타드 교수가 발표한 메타해석을 이용한 조사에 따르면, 인간관계는 인간의 수명에도 큰 영향을 미친다. 장수에 가장 영향을 미치는 요인은 알코올 섭취나 운동이 아니라 사회적 관계의 종류나 양이라는 결과가 있다.[6] 취미활동이나 자기계발을 통해 다양한 인간관계를 맺은 사람은 장수하는 반면, 정년 때까지 오로지 일만 해온 사람은 오래 살 확률이 적다. 사회적 자본이라는 측면에서 포트폴리오의 구성은 빈약해질 수밖에 없기 때문이다. 따라서 10%의 시간은 업무에서 벗어나 인간관계를 만드는 데 할애하기 바란다.

'자유연구'에 쏟은 시간이 회사의 수명을 늘린다?

금융투자는 그릇된 판단이 손실로 이어지는 경우가 많다. 따라서 리스크가 큰 상품에는 투자액의 10%만 할애하는 게 좋다. 돈이 아닌 시간이라면 다소 비율을 높여도 좋지 않을까? 기업 조직에서는 실제로 창조성을 높일 목적으로(회사 수명을 늘리기 위해) 직원들이 보다 많은 시간을 탐색하며 보내도록 장려하기도 한다.

과거 구글에는 '20% 룰'이 있었다. 근로시간의 약 20%를 자신이 하고 싶은 공부(또는 연구개발, 외부 활동)에 사용해도 좋다는 규칙이었다. 포스트잇을 개발한 미국 쓰리엠(3M)에도 '15% 룰'이라고 해서, 근로시간의 15%를 자신의 연구에 사용할 수 있는 제도가 있다. 휴렛팩커드(HP) 역시 금요일 오후 시간(일주일에 5일만 근무할 경우 전체 근무시간의 10%에 해당)을 연구개발 등 자유롭게 보낼 수 있게 했다. 앞서 소개한 수학자 리처드 해밍도 금요일 오후라는 10%의 시간을 '생각'하며 보냈다.

물론 이 같은 노력을 단순히 규칙으로 만든다고 효과를 얻는 것은 아니다. 엔지니어를 위한 각종 개발지원책을 제공하는 호주의 IT기업, 아틀라시안(Atlassian)은 2008년부터 구글이 해온 '20% 룰'을 도입했다. 이 대처는 다니엘 핑크가 쓴《드라이브: 창조적인 사람들을 움직이는 자발적 동기부여의 힘》에도 소개되어, 직원의 의욕을 높이는 수단 중 하나로 주목받았다. 그러나 도입 후 1년간의 경위를 조사한 결과, 실질적으로는 1.1%의 시간밖에 자유연구에 사용되지 않았다.[7] 이 회사의 제품군은 늘 소프트웨어를 업데이트해야만 하고, 직원은 자유연구에 필요한 시간을 어떻게 만들어야 할지 몰랐던 것이다. 또 다른 직원들은 열심히 일하고 있는데, 자신만 20%의 시간을 자유롭게 사용하는 데 따른 부담감도 컸던 것으로 보인다. 개발 업무에 다수의 사람이 얽혀 있는 것도 이유 중 하나다. 어느 한 사람이 일정 시간 동안 업무에서 빠지면 전체 업무가 마비되는 까닭에 직원들은 20% 룰을 제대로 활용할 수 없었다.

한편, 직원이 탐색하는 시간을 만든다는 점에서 성공적인 대응은 이 회사가 '이노베이션 위크'라고 부르는 것이다. 소프트웨어를 대대적으로 배포하는 동안 이뤄지는 일주일간의 해커톤(Hackathon, 해킹과 마라톤을 결합한 신조어)인데, 프로덕트 매니저가 다음 배포에 대해 대략적인 전략을 말한 뒤 '어떤 기능을 만드는가?'를 엔지니어에게 맡겨보는 것이다. 이렇게 직원들이 제각기 다른 시간대에 20% 룰을 행사하는 것이 아니라 다함께 탐색하는 시간을 가진다.[8]

이론적으로 시간 배분을 잘했다고 해도 그대로 실행에 옮기기는 쉽지 않다. 회사라면 자사의 사업 형태나 기업문화에 맞는 방법이 필요하고, 개인이라면 자신의 습관에 맞는 방법을 찾는 것이 중요하다. 아틀라시안의 경우는 사분기마다 '쉽잇데이(ShipIt Day, 24시간 이벤트로 직원들이 참가하는 일종의 경연대회)'를 열어서, 다시 말해 1일 해커톤 같은 제도가 이미 자리 잡고 있어서 '이노베이션 위크'도 자연스럽게 실시할 수 있었다. 개인에게도 비슷한 조언이 가능하다. 자신의 업무 내용이나 방식 안에서 무리하지 않고 탐색할 수 있는 방법을 생각하고, 시간 자원을 전략적으로 배분할 수 있는 선택지를 최대한 많이 찾아야 한다.

5. 이 산 저 산 올라가봐야 가장 높은 산 정상에 닿는다

탐색과 활용에 '어느 정도'의 자원을 할당할지 결정했다면 다음은 '어떻게' 탐색하면 좋을지 생각해보자. 여기서는 두 가지 방법을 소개한다. 하나는 '담금질 기법'이고, 다른 하나는 '비서문제'다.

좋은 아이디어에 이르는 과정을 등산에 비유해보자. 자, 산 정상에 보물 같은 아이디어가 있다. 그런데 짙은 안개 때문에 정상이 어디인지 전혀 보이지 않는다. 이 경우 어떤 전략으로 정상에 오를 수 있을까?

여기서는 탐색 알고리즘의 사고법을 적용해보자. 가장 단순한 전략은 산을 오르는 방법이다. 처음에는 무작위로 초기 시작점을 한 곳 선택하여 주변을 둘러본 뒤 조금씩 좋은 방향으로 나아가는 것이다. 이렇게 하면 최종적으로 산 정상(보다 좋은 아이디어)에 다다른다(《그림 1》 참조).

그런데 산이 두 개이고, 그중 높은 산꼭대기에만 진짜로 좋은 아이디어가 있다. 낮은 산 정상에는 그럭저럭 괜찮은 아이디어만 있다.

다행히도 초기 시작점을 높은 산에 설정했다면 산을 오르는 간단한 방법으로 순조롭게 정상에 다다를 수 있다. 그런데 초기 시작점이 낮은 산에 가깝다면 무작정 오르기만 해서는 안 된다. '단순히 지금보다 높은 곳으로 올라간다'는 전략만으로는 가장 높은 산꼭대기에 오를 수 없다(《그림 2》 참조).

물론 사전에 두 개의 산이 있다는 걸 알았고, 두 산을 동시에 오를 수 있는 자원까지 있다면(산을 오르는 사람이 여럿이면) 문제될 게 없다. 두 산에 파견된 각각의 팀들 중에서 어느 한 팀이 좋은 보물을 얻을 수 있기 때문이다. 그러나 비즈니스 상황에서는 이보다 많은 '좋아 보이는 산'이 있고, 게다가 산이 몇 개나 있는지 추측하기 어렵다. 자원이 충분한 것도 아니다.

그렇다면 정말 좋은 아이디어에 다다를 수 있는 방법은 없을까? 몇

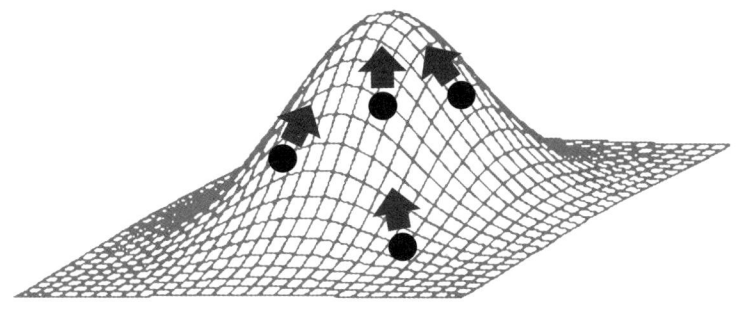

〈그림 1〉 오르고 싶은 산이 한 개인 경우
산이 하나(목표로 삼은 정상이 하나밖에 없다)인 경우, 무작위로 초기 시작점 한 곳을 선택한 뒤 높은 쪽으로 올라간다. 이 상황에서는 어디서 오르든 언젠가는 산꼭대기에 다다를 수 있다.

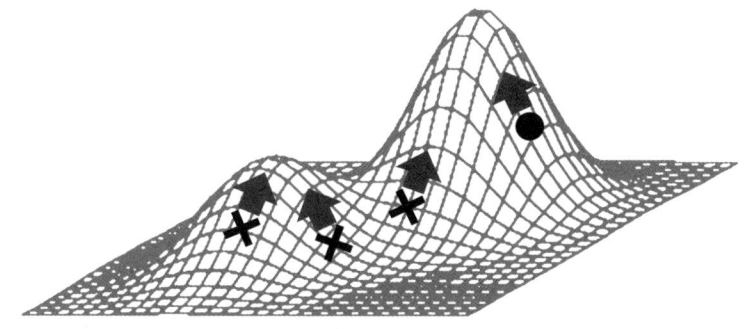

〈그림 2〉 오르고 싶은 산이 두 개인 경우
두 산 중 더 높은 정상을 향해 효율적으로 나아가기 위해서는 다수의 초기 시작점을 무작위로 설정한 뒤 하나씩 줄여간다. 가장 높은 시작점에서 출발하는 것이 가장 효율적이다.

몇 탐색 알고리즘에서는 탐색 초기에 몇 차례 무작위로 시작점을 설정하고, 그 뒤 시작점을 하나씩 줄여가는 방법을 사용한다. 다시 말해 가장 높은 시작점에서 위로 오르는 방법이 가장 효율적이다. 물론 더 많은 자원을 필요로 하지만, 이 방법을 쓰면 진짜 높은 산을 발견하기가 쉽다. 탐색 알고리즘 중 하나인 '담금질 기법'을 이해하기 쉽도록 등산에 비유해 설명해보았다.

아이디어만 그런 것은 아니다. 개인이 커리어를 쌓아갈 때도 한 사람, 한 사람에게는 '나아가야 할 많은 산'이 있다. 그리고 처음에 오르려고 했던 산(회사나 직업)이 진짜로 자신에게 맞는지도 모른다. 따라서 커리어를 형성하는 초기에는 자신에게 맞을 것 같은 산, 즉 회사나 직업을 찾기 위해 장소를 몇 번이고 바꿔보는 게 현명하다.

그런데 사람들은 경쟁에서 이기는 것만 생각하여 눈앞에 있는 산을 무턱대고 오른다. 낮은 산일 수도 있는데 말이다. 진짜로 자신의 능력을 발휘할 수 있는 장소를 찾고 싶다면 커리어 초기에는 이 일, 저 일 가리지 않고 시도해보는 것이 현명할지도 모른다.

6. 일이 내게 맞는지 알려면 3년이 필요하다

이번에 소개할 내용은 '비서문제'로, 흔히 '결혼문제'라고도 한다. 이것은 '복수의 후보자 중에서 최적의 비서(혹은 결혼 상대)를 어떻게 선택할 수 있을까?'라는 문제를 수학적으로 접근해 답을 찾는 방법이다. 통계학이나 응용확률론에서 연구하는 '최적 정지 문제'* 중 하나로 자주 인용된다.

위 문제에서 가장 흔한 답은 다음과 같다. 가령 10명의 비서 후보자가 있을 경우, '세 번째 면접까지는 그냥 넘어가고, 그 세 명보다 좋다고 생각하는 사람을 네 번째 이후에서 선택한다.' 이렇게 하면 10명 가

---

* 최적 정지 문제(Optimal Stopping Problems)란, 어떤 목적에 대한 결과를 가장 효과적으로 이끌어내기 위해 어느 타이밍에 행동 및 결단을 하는 것이 최적인지를 수학적으로 푸는 문제를 말한다.

운데 최적의 사람을 선택할 가능성이 가장 크다. 다만, 3이라는 수가 절대적이지는 않다. 면접 후보자의 36.8%까지는 채용하지 않고, 그 뒤에 만난 후보자들 중에서 '가장 마음에 드는 사람'을 선택하는 게 제일 바람직한 전략이라는 것이다. 만나본 후보자 수(= n수)가 클 경우, n/e(e는 네이피어의 수)으로 계산하면 약 36.8%가 된다. n이 크면 클수록 유효한 값이 나온다.

이것을 비서 관점, 즉 고용되는 직원 쪽에서 보면 '어느 회사에 들어가는 것이 가장 좋을까?', '자신에게 맞는 직종은 무엇일까?'를 판단하는 문제가 되기도 한다. 따라서 '비서문제'의 사고법은 취직이나 전직 그리고 선택지 탐색에도 사용할 수 있다.

예를 들어 자신에게 맞는 천직을 찾기 위해 다양한 일을 경험해본다고 하자. 이때 회사나 직종이 맞는지 알아보는 데 3년이 필요하다고 가정한다. 전직(또는 부서 이동)을 10번 한다면 대략 30년이 걸린다. 23~24세에 취직해 약 40년간 근무한다고 했을 때, 직업을 10번 정도나 바꾸면 좀 곤란하지 않을까? 그렇다면 세 번 정도는 전직이나 부서 이동을 해보고, 그 뒤에 자신에게 잘 맞는 일을 선택해(탐색) 그 회사나 직종에서 커리어를 쌓아가는(활용) 것이 이치에 맞는 듯 보인다.

이 사고법의 유효성을 뒷받침하듯, 구글의 인사 담당 부사장이었던 라즐로 복은 '처음 10년간은 자신의 커리어를 실험해야 한다'고 말한다. 만일 한 차례의 커리어 탐색에 3년이 걸린다면 세 차례 직업을 바꿀 경우 대략 10년이 걸린다. 라즐로 복이 말한 햇수와 거의 일치한다.

현실세계는 이론대로 움직이지 않으므로 이 이론을 그대로 응용할 수는 없다. 전직하기 쉬운 시기도 있고, 그렇지 않은 시기도 있다. 자신의 취향이 바뀌기도 한다. 그러나 이런 이론을 이해하고 있으면 '우리는 어떻게 선택지를 탐색하여 더 좋은 의사결정을 할 수 있는가?'라는 기준을 가질 수 있다. 아무리 마음이 급해도 처음 만난 창업가나 투자가에만 의지하지 말고, 다른 창업가나 투자가도 만나보기 바란다.

사업 아이디어를 검토할 때의 요령

비서문제 사고법은 스타트업이 사업 아이디어를 탐색할 때도 활용할 수 있다. 가령 100개의 아이디어가 있고, 그 내용을 무작위로 평가한다고 가정하자. 비서문제를 참고하여, 처음에 어떤 좋은 아이디어가 있더라도 선택하지 말고 뒤에 나오는 아이디어들도 차분히 검토한다. '전체의 36.8% 이후에서 가장 좋은 아이디어를 선택'하는 것이 좋다. 이렇게 하면 보다 나은 선택을 할 가능성이 높아진다.

실제로 창업가들 이야기를 들어보면, 창업 전후에 상당수의 사업 아이디어를 검토한다. 팀별로 아이디어를 내어 검토하기도 하고, 진입하려는 비즈니스 영역을 정한 뒤 여러 가지 아이디어를 구상하는 경우도 있다. 이때 공통점은 가능한 한 많은 아이디어를 내놓는다는 점이다. 맨 처음 아이디어를 고집하지 않고 다방면으로 고심해 아이디어를 내놓는 팀이 많다. 내가 보고 들은 사례를 평균하면 검토 기간은 대략 반년 정도다. 짧게는 3개월, 길게는 1년 이상 걸리는 팀도 있다.

오래전부터 일관되게 생각해온 아이디어라고 말하는 사람들도 사실은 우여곡절을 거쳐 그 아이디어에 닿은 경우가 많다. 따라서 첫 아이디어가 형편없어도 포기하지 말자. 그리고 꼭 비서문제를 응용해 탐색을 이어가면서 멋진 사업 아이디어를 선택하자.

7. 만족과 충족을 안다

사업 아이디어를 선택할 때 '만족(Satisfice = Satisfy + Suffice)'이라는 개념도 같이 고려하는 게 좋다. 만족이란 '최소한의 필요조건을 충족한다'는 의미다.

대다수 의사결정은 '보다 좋은 것'을 찾는 작업이다. 당연한 일이긴 해도 탐색처럼 '최고의 것'이 있는지, 없는지 그 누구도 자신할 수 없다. 어떤 경우에는 '파랑새'처럼 이미 자기 곁에 있는지도 모른다. 사람들은 자신의 커리어를 위해 더 나은 회사, 더 나은 직업을 선택하려고 한다. 그러려면 따져봐야 할 게 너무나 많다. 결국 '고민하는 비용'이 너무 커서 조금도 앞으로 나아가지 못할 수도 있다.

이때 '만족할지 말지'를 의식하면 '최소한 무엇을 충족시키면 되는가?' 하는 관점을 가질 수 있다. 예를 들어, 협상할 때는 배트나(BATNA, Best Alternative to Negotiated Agreement, 협상 결렬 시 차선으로 내놓을 수 있는 대안)와 조파(ZOPA, Zone of Possible Agreements, 협상 가능한 영역)를 정해야 한다. 조파, 다시 말해 사전에 마지노선을 정해두면 어디까지 양보할 수 있는지, 손해가 어느 정도일 때 협상을 중지할지가 명확해진다.

일반적으로 더 좋은 것을 목표로 하는 사고법과 더 나쁜 것을 막는 사고법은 접근 방식이 다르다. 사회 대다수의 행복을 목표로 하는 것과 사회 대다수의 불행을 없애는 것은 행동에서 큰 차이를 보인다. 자유라는 단어만 봐도 그렇다. 영국의 정치사상가인 이사야 벌린은 '적극적인 자유(~로의 자유)'와 '소극적인 자유(~의 자유)'가 있다고 한다. 이 두 가지 자유를 실현하는 방법은 각기 다르다.

만족하기 위해서는 먼저 도달할 목적을 정한 다음, 거기에 다다르기 위한 최저한의 필요조건을 정해야 한다. 두 작업은 엄밀히 다르다. 목표로 정한 '보다 좋은 것'을 계속 찾는 것은 간단하다. 행동으로 '찾기'를 계속하면 되기 때문이다. 그러나 무엇을 최저한 달성해야 하는지를 생각하기 위해서는 목표 달성에 정말로 필요한 것이 무엇인지를 곰곰이 따져봐야 한다.

기업전략에서도 무엇을 버리고, 무엇을 취해야만 하는지를 결정해야 한다고 말한다. 말이야 쉽지, 이렇게 실천하기는 어렵다. 의사결정 속에 만족이라는 개념을 도입한다면 결과적으로 환경을 선택하는 것이 좀 더 간단해질 것이다.

8. WRAP 프로세스를 실천한다

지금까지 소개한 전략이나 방법론의 핵심을 한 번에 도입하는 방법으로 'WRAP' 프로세스를 추천한다. 《자신 있게 결정하라》를 함께 쓴 스탠퍼드대학의 댄 히스와 칩 히스가 주장한 WRAP는 더 나은 결정을 내리는 데 도움이 되는 생각의 4단계 프로세스다.

1. **W**iden Your Options: 선택의 폭을 넓힌다.
2. **R**eality-Test Your Assumptions: 가설의 현실성을 확인한다.
3. **A**ttain Some Distance Before Deciding: 결정을 내리기 전에 충분한 거리를 확보한다.
4. **P**repare to be Wrong: 오류에 대비한다.

WRAP는 위 글에서 머리글자를 가져와 만든 용어로, 이 프로세스를 거치면 어느 정도의 편견을 회피할 수 있을 것이다. 먼저 'W = 선택의 폭을 넓힌다'를 살펴보자. 이를 위한 기법은 다음과 같다. 시야가 좁아지는 것을 피하고 새로운 선택지를 발견한다(할지, 안 할지를 정하는 문제가 아니다). 복수의 선택지를 동시에 검토한다. 같은 문제를 해결한 사람을 찾는다. 기회비용을 생각하는 방법들을 제안한다. 두 개 이상의 선택지를 검토함으로써 'A 또는 B'가 아니라 'A와 B'가 모두 가능하지 않을까를 생각하거나, 기회비용을 생각함으로써 '무엇을 하겠다고 결정했을 때 발생하는 비용'을 비교해보는 것이다. 6장 앞부분에 있는 〈1. 선택지를 늘린다〉의 내용과 비슷하니 참고하기 바란다(110쪽 참조).

이번 장의 주제는 '환경 선택'이다. 이것과 연관 지어 설명하면, 먼저 뛰어들어야 할 환경의 선택지를 늘리는 것부터 시작한다.

다음으로 'R = 가설의 현실성을 확인한다'를 보자. 여기에는 확증편견을 피하거나 예측이 아닌 실험을 하는 기법이 있다. 확증편견에 사로잡히지 않으려면 반대의견이나 가정을 찾아 180도 다른 시점을 가져야 한다. 이 내용은 케네디 대통령이 의사결정에 프로세스를 도입했던 일화와도 일맥상통한다.

환경 선택과 연관 지으면, '좋다'고 생각한 환경이 있을 경우 먼저 사실을 확인해본다. 처음부터 그 환경에 강하게 몸담는 것이 아니라 조금만 시도해본다. 결국 스타트업이 하듯이 실험과 가설검증을 해본다. 처음에 조금만 실패해보고 그 환경에 있는 사람들이 어떤 반응을 보이는지를 관찰하는 것도 한 가지 방법일지 모른다. 이와 더불어 사람들은 무심코 자신의 판단을 지지하는 증거를 모으는 경향이 있으므로 '이 환경에 들어가면 안 되는 이유가 있다면 무엇일까?', '어떻게 하면 그것을 알 수 있을까?'라고 뒤집어 생각해보는 게 좋다.

이번에는 'A = 결정하기 전에 거리를 둔다'를 보자. 방법은 다음과 같다. 일시적인 감정을 극복한다. 우선하는 사항을 명문화한다. 구체적으로는 '친구라면 어떻게 할까?', '후임자라면 어떻게 할까?'를 예측해보고 친구나 후임자에게 어떻게 조언할지 생각해본다. 충분한 거리를 두고 현재 자신이 처한 상황을 객관적으로 바라봄으로써 손실회피나 현황유지 편견을 피할 수 있다.

또한 '10—10—10' 기법도 사용해봄직하다. 결정을 내린 지 10분 후, 10개월 후, 10년 후의 일을 떠올려보면 시간축으로 조금 거리를 두고 검토할 수 있다. 다만, 우리는 후회를 과대평가하는 성향이 있으므로 주의가 필요하다. 환경 선택이라는 주제에 맞추면 이렇게 표현할 수 있다. 자신이 우선하는 사항을 명문화하고, 자신과 상황이 같은 친구가 있을 때 과연 그는 그 환경에 발을 들여놓을지, 어떤 조언을 해줄지 생각해본다.

마지막으로 'P = 오류에 대비한다'를 보자. 이때 유효한 방법은 미래를 하나의 '점'이 아니라 '너비'로 생각한다, 프로세스를 믿는다 등이다. 예를 들어 허용할 수 있는 위험 범위를 정한 뒤, 만일 그곳에 들어섰다면 다시 의사결정을 하는 프로세스를 만든다. 이렇게 하면 잘못된 선택지가 있는지도 알 수 있다.

'사망 전 사인분석'이라 불리는 기법도 유용하다. '현재를 1년 후라고 가정했을 때, 지금 결정한 계획을 실행했으나 큰 실패로 끝났다. 어떻게 실패했는지 간단히 정리하라'는 식으로 생각해보는 분석 방법이다.

《자신 있게 결정하라》에 이런 내용이 나온다.

- 유능한 직원이 6개월 뒤에 회사를 그만둔다면 어떤 이유인지 생각할 수 있는가?
- 6개월 뒤, 유능한 직원이 회사를 그만두었다. 그 이유는?

두 종류의 질문을 준비했을 때 전자는 평균 3.5개의 이유를 들었지만, 후자는 평균 4.4개였다. 이유의 수가 약 25%나 증가한 것이다. 뿐만 아니라 이유가 구체적으로 언급되었다. '6개월 뒤, 유능한 직원이 회사를 그만두었다. 그 이유는?' 이것은 '사망 전 사인분석'의 질문법이다.

예를 들어, 지금이 1년 뒤라고 가정하고 '창업에 실패했다. 어떻게 실패했는지를 생각해보자'고 자문해보는 것도 좋을 것이다. 이때 '만족'의 기준이나 재구성도 잊어서는 안 된다. '만일 지금이 1년 뒤라고 가정했을 때, 창업 실패 후 재취업도 할 수 없었다. 어떻게 실패했는지 생각해보자'처럼 무엇이 최악의 실패인지를 생각하면서 다른 질문도 해보자.

이처럼 의사결정이나 선택에는 여러 가지 요령이 있다. 단순히 좋은 환경을 선택하려는 것이 아니라 전략이나 프로세스를 가지고 환경을 선택해야 한다. 그러려면 심리학 실험이나 경영학 지식에 근거한 선택법을 알아두는 것이 좋다. 꼭 환경 선택이 아니어도 이런 지식은 쓰임새가 많다.

7장

나에게 맞는 환경을 똑똑하게 선택하는 방법

자신의 강점을 살리는 환경을 선택한다

6장에서는 더 나은 선택을 위한 여덟 가지 전략에 대해 살펴봤다. 이제 드디어 창업가가 '자신에게 맞는 더 좋은 환경'을 선택할 수 있는 방법을 구체적으로 소개할 차례가 왔다.

에릭 바커가 쓴 《세상에서 가장 발칙한 성공법칙》에 이런 말이 나온다. 하버드 비즈니스스쿨에서 리더십을 연구하는 가우탐 무쿤다 교수가 한 말이다.

"자신의 강점을 파악한 뒤 환경을 선택하는 것이 중요하다."

성공한 사람들은 어디서든 성공할 수 있다고 생각할지 모르나, 무쿤다 교수의 지적처럼 그것은 잘못된 인식이다. 사실, 전문가로서의 기능을 살릴지 말지는 환경이나 상황에 달려 있다. 그리고 그 기능을 높이 평가할지 말지도 주변 상황에 따라 크게 달라진다. 과거에는 전문가만

구사할 수 있었던 기술을 지금은 기계가 얼마든지 할 수 있다. 그래선지 전문가의 기술은 그대로인 데도 예전보다 대가를 적게 받는 일이 빈번하게 벌어지고 있다.

중요한 것은 자신의 강점을 살릴 수 있는 환경을 선택했느냐이다. 7장에서는 자신의 능력을 최대한으로 발휘할 수 있는 환경을 선택할 수 있도록 돕는다.

전략을 세우고 의사결정을 하는 일은 어떤 의미에서는 간단하다. 정말 어려운 일은 자신의 선택을 철저히 실천하는 것이다. 환경을 구성하는 4P에 선택과 실천을 지원하는 힌트가 들어 있다.

- Place: 어디서 시작해야 하는가?
- People: 누구와 관계를 맺어야 하는가?
- Practice: 어떻게 훈련해야 하는가?
- Process: 창업 시스템을 어떻게 개선해야 하는가?

[Place] 사는 장소를 바꾸는 것부터 시작한다

앞에서 오마에 겐이치의 말을 소개했었다.

"자신을 바꾸려면 무엇을 해야 할까? 내가 예전부터 사용해온 방법은 다음의 세 가지다. 첫째, 시간 분배를 바꾼다. 둘째, 사는 장소를 바꾼다. 셋째, 사귀는 사람을 바꾼다." 그는 이어서 "그중 한 가지만 선택한다면 시간 분배를 바꾸는 방법이 가장 효과적"이라고 했다.

여기서 내가 제안하고 싶은 방법은 '먼저 사는 장소를 바꾼다'이다.

세 가지 방법 중에서 '사는 장소를 바꾸는 것'은 일시적으로 얼마든지 실행할 수 있지만, 계속 그렇게 할 필요는 없기 때문이다. 반면, 사귀는 사람이나 시간 분배를 바꾸려면 늘 머릿속에 담아두고 스스로를 규제해야 하는데, 그러려면 상당히 굳은 의지가 필요하다.

물론 사는 장소를 바꾸려면 비용이 든다. 그러나 쉽게 실천할 수 있고, 효과도 지속적이다. 이 같은 시도는 특히 직장생활을 통해 어느 정도 돈을 모은 젊은 사람들이 실행에 옮기기 쉬운 선택지다.

나의 경험담을 말하면, 일본 마이크로소프트에서 일했던 시절에 도쿄대가 있는 혼고산초메로 집을 옮겼다. 그 이유는 마이크로소프트에서 스타트업 지원 업무를 맡았을 때 '앞으로 테크놀로지 계열의 스타트업이 붐을 이룰 것'이라는 예감이 들었고, 혼고산초메 부근에서 만난 창업가들과 마음도 잘 맞았기 때문이다. 나는 그들과 좀 더 깊은 관계로 지내보자는 생각에서 이사를 결정했다. '직장 근처'에 살다가 혼고산초메로 이사한 뒤 나의 인간관계는 크게 달라졌다. 한밤중에 느닷없이 스타트업 관계자를 소개받기도 했다. 돌이켜보면 그때의 이사가 지금의 나를 만든 초석이 된 것 같다.

사는 장소가 달라지니 행동도 크게 변했다는 이야기를 자주 듣는다. 여러분 주변에도 그렇게 말하는 사람들이 있을 것이다. 이런 현상을 뒷받침하는 연구 결과도 있다. 나카무로 마키코가 쓴 《데이터가 뒤집은 공부의 진실》에 소개된 연구를 살펴보자.

무작위로 선택한 빈곤 가정에 임대료를 보조해주어 부유한 사람들이 생활하는 고급 주택가에서 살게 했다. 그 결과 어떤 의미 있는 변화가 나타났다. 주거지를 옮긴 빈곤 가정의 아이들이 절도나 폭력으로 경찰에 체포되는 확률이 여전히 빈곤지대에서 살고 있는 다른 가정의 아이들보다 통계적으로 현저히 낮았던 것이다. 이런 현상은 영국에서도 똑같이 나타났다. 공영주택이 철거되면서 강제로 이사하게 된 가족들을 관찰했더니 같은 결과가 나왔다. 또한 문제행동을 일으키는 아이들을 다른 장소로 옮겼더니 수업 태도가 적극적으로 변하고, 문제행동이 줄었다는 연구 결과도 있다. 이런 결과가 나온 요인으로 주변 사람의 행동이나 습관, 사고방식에서 나쁜 영향을 받는 일이 줄었다는 것을 꼽을 수 있다.

이처럼 사는 장소를 바꾼다는 선택지는 스스로를 변화시키는 수단으로 괜찮다.

[Place] 다른 창업가를 두루 만날 수 있는 장소

장차 창업을 꿈꾸는 사람에게는 이미 창업한 사람이나 자기 사업을 궤도에 올려놓은 사람과 만날 수 있는 공간이 중요하다. 그것은 특정 지역이거나 어떤 커뮤니티일 수도 있다. 자신과 비슷한 처지에 있는 창업가와 만날 수 있는 곳, 결국 '플레이어'로서 엇비슷한 사람들이 모이는 장소를 찾는다.

액셀러레이터가 제공하는 프로그램에 참가하는 것도 그 방법 중 하나다. 성과가 좋은 액셀러레이터 프로그램 중에서 스타트업에게 가장 도움이 되는 것으로 '다른 창업가와의 교류'를 꼽기도 한다.[1] 와이 콤비네이터에서도 프로그램이 진행되는 3개월 동안 마음이 맞는 창업가 친구를 만날 수 있다. 그 프로그램의 액셀러레이터가 창업가들 사이에 관계가 형성되고 원활한 교류가 이뤄지도록 힘을 쏟기 때문이다. 하지만 그런 프로그램에서는 자금 마련과 관련된 내용은 그다지 강조하지 않는다.

최근에는 원격으로 참가하는 프로그램도 있지만, 뜻이 맞는 친구를 원한다면 물리적으로 가까이에 있는 것이 효과적이다. 가까이 있으면 아무래도 자주 만날 수 있고, 그러면서 친밀감이 높아지는 효과도 기대할 수 있다. 실제로 경찰학교에서 만나 친구가 된 이유를 알아봤더니, 성격이 비슷해서가 아니라 단순히 출석부에 적힌 이름이 가까워서라는 연구 결과도 있다.[2] 수업을 듣거나 연수를 갔을 때 출석부에 적힌 이름이 가까우면 옆에 있을 가능성이 크고 대화를 나눌 기회도 많을 것이다.

지금 막 시작한 스타트업 중에는 기존의 스타트업 사무실 한쪽을 빌려 쓰는 경우가 흔하다. 급성장 중인 스타트업이 새로운 사무실을 얻을 경우 앞으로의 조직 확대를 염두에 두고 널찍한 공간을 빌리는데, 그때 작은 공간이 남기도 한다. 그런 장소를 여러 작은 스타트업이 빌림으로써 지리적으로 가까워지고 친해질 수 있다. 게다가 그런 곳에서는 다른 신생 스타트업의 상황을 매일매일 자연스럽게 알 수 있어, 서로에게 자극이 되기도 한다.

유능한 창업가 옆에서 배우는 것도 중요하지만, 때로는 자신과 상황이 비슷한 창업가에게 배우는 게 더 많을 때도 있다. 무엇보다 눈 코 뜰 새 없이 바쁜 유명 창업가보다는 자신에게 더 많은 시간을 내어줄 것이다. 가능하다면 다른 창업가와 함께 있는 시간이 충분한 환경을 선택하기 바란다. 그런 물리적 환경에서 모래 속에 숨어 있는 진주 같은 존재의 창업가를 발견한다면 당신의 성공에 도움이 될 뿐 아니라 앞으로의 인생에 큰 재산이 되어줄 것이다.

[Place] 폐쇄되고 역발상할 수 있는 장소
주변에서 진입한다

유감스러운 소식이지만, 가치 있는 장소는 보통 폐쇄적이어서 쉽게 진입할 수 없다. 예를 들어 실리콘밸리가 그렇다. 스타트업에는 자금이 필요한데, 가장 많은 자금이 모이는 장소 중 하나가 실리콘밸리다(단, 인공지능 관련 자금은 중국이 가장 많다). 그럼, 실리콘밸리에만 가면 창업의 꿈을 이룰 수 있을까? 그건 아니다. 지역의 이점을 충분히 살린 네트워크가 있는지가 중요하다. 실제로 실리콘밸리는 대다수 투자 안건을 핵심 그룹 안에서 결정하는 경향이 있다.

이것을 오픈하여 누구든 응모할 수 있도록 한 것이 와이 콤비네이터를 비롯한 액셀러레이터이다. 이들의 프로그램에 채택되면 단숨에 핵심 그룹에 들어갈 수 있다. 그렇다면 톱 그룹의 액셀러레이터에 들어가기 위해서는 어떻게 하면 좋을까? 이때도 사실 '관계자나 졸업생의 소개'가 크게 영향을 미친다. 그 점은 와이 콤비네이터도 인정하고 있다. 인맥이 없어도 응모할 수 있다고 말하지만, 인맥이 있으면 훨씬 더 유리하다.

그러나 뒤집어 생각해보면 아무나 들어갈 수 없는 장소이기에 일단 진입하면 다른 스타트업과 차별화할 수 있다. 이런 장소에 들어가는 효과적인 방법은 '주변'에서 서서히 진입하는 것이다. 흥미로운 커뮤니티의 핵심 인물에게 소개받는다, 액셀러레이터의 졸업생을 만나 이야기를 들는다. 그 졸업생이 운영하는 스타트업에 취직한다 등 첫 계기가 사소한 것이라도 상관없다. 거기서 SNS 친구가 되어 대화를 나누고, 정보를 제공하거나 누군가를 소개하는 등 어떤 형태로든 상대에게 도움을 준다면 언젠가 인정받을 수 있다.

진짜 가치 있는 장소는 누구든 지금 당장 진입할 수 없다. 그런 곳에 진입하여 단번에 역전하는 방법이 있을지도 모른다. 하지만 그 확률은 매우 적다. 6장에서 소개한 바벨 전략처럼 자신에게 주어진 시간의 10%는 단번에 역전할 방법을 찾는 데 할애해도 좋지만, 기본적으로는 주변에서 서서히 진입하는 방법을 생각하는 것이 더 바람직해 보인다.

작은 장소일수록 강한 관계를 낳는다

어떤 장소를 찾아야 할지 고민하는 창업가에게 권하고 싶은 곳은 아직은 작고 폐쇄된 공간이다. 그런 장소를 발견하기 위해서는 역발상이 필요하다. 왜냐하면 당신이 찾아야 할 곳은 '아무도 찾지 않는 장소'이기 때문이다. 스타트업 같은 새로운 움직임은 작은 집단에서 시작된다. 또한 대다수 커뮤니티는 만들어진 지 얼마 안 되었을 때 괜찮은 회원이 모이는 경향이 있다. 한 예로, 몽펠르랭 소사이어티(Mont Pelerin Society)가 있다. 이 모임은 자유주의를 펼치고 공산주의나 계획경제에 반대하기 위해 1947년 발족했다. 초기에는 프리드리히 하이에크, 밀턴 프리드먼, 조지 스티글러, 제임스 M. 뷰캐넌 등 훗날 노벨경제학상을 수상한 경제학자들이 대거 참가한 것으로 유명하다.

지금은 세계적으로 유명한 와이 콤비네이터도 2005년 만들어질 당시에는 많은 투자가로부터 무시를 당했다. 지금은 전 세계 창업가들이 참가하길 원하는, 와이 콤비네이터의 데모데이(Demo Day)에도 초기 참가자는 15명에 불과했다. 그래도 첫 3개월 동안 액셀러레이터 프로그램에 참여했던 창업가들은 쟁쟁한 인물들이었다. 그들이 설립한 스타트업을 몇 개 꼽아보면 다음과 같다.

- 레딧(Reddit): 1장에서 소개한 소셜 뉴스 웹사이트. 2019년 3월의 접속자 수는 세계 20위 이내이고, 미국 안에서는 10위 안에 꼽힐 만큼 거대 사이트로 성장했다. 창업가 알렉시스 오하니안은 테니스 선수인 세레나 윌리엄스와 결혼하면서 또 한 번 유명세를 떨쳤다. 와이 콤비네이터 공동창업자인 폴 그레이엄이 키운 스타트업이다.

- 룹트(Loopt): 나중에 와이 콤비네이터의 경영을 이어받는 샘 알트먼이 설립한 위치정보 서비스 회사로 2012년 매각되었다. 창업한 2005년은 아이폰을 비롯한 스마트폰이 나오기 전이다. 선견지명이 있었다고 볼 수 있다.

- 키코(Kiko): 온라인 캘린더 서비스로 창업했지만 구글 캘린더가 등장하면서 2005년 폐업했다. 공동창업자인 에멧 쉬어와 저스틴 칸은 그 뒤 동영상 서비스 '트위치(Twitch)'를 설립했고, 이것을 아마존이 9억 7,000만 달러에 인수했다.

- 인포가미(Infogami): RSS(Rich Site Summary)의 기술적 기반을 만들었으나, JSTOR 사건(2010년, 디지털 학술도서관 JSTOR의 데이터베이

스에서 대량의 문서가 부정적으로 다운로드된 사건)의 여파로 자살한 애론 스와르츠가 창업한 위키(Wiki) 플랫폼 개발회사. 1장에서 설명했듯이, 이후 와이 콤비네이터의 동기였던 레딧과 합병하고 그곳의 공동경영자가 되었다.

와이 콤비네이터 초창기에 참가했던 창업가 중 일부는 나중에 와이 콤비네이터의 파트너로 초빙되었다. '아직은 작고 폐쇄된 장소'였을 무렵에 형성된 인간관계는 훗날 큰 재산이 된다.

이와 비슷한 이야기로, 스타트업 밖에서는 '○○ 마피아'라고 불리는 집단이 화제가 된 적이 있다. 이 말은 어느 기업의 초창기에 모였던 사람들이 그 뒤 제각기 창업하여 성공을 거두고 마피아처럼 끈끈한 인적 네트워크를 구축했음을 빗댄 것이다.

한 예로 온라인 결제서비스 업체인 페이팔(PayPal) 출신들이 모인 '페이팔 마피아'가 유명하다. 페이팔 공동창업자이자 거물 투자가인 피터 틸과 테슬라를 비롯한 다수의 회사를 소유한 일론 머스크, 옐프(Yelp)를 창업한 제레미 스토펠만, 링크드인(LinkIn)을 창업한 리드 호프만, 야머(Yammer)를 창업한 데이비드 O. 삭스, 스퀘어(Square) COO(최고운영책임자)를 역임한 키스 라보이스 등이 페이팔 마피아로 불린다.

이들 중 일부는 스탠퍼드대학의 로스쿨에 다니던 피터 틸이 〈스탠퍼드 리뷰(Stanford Review)〉를 발행하는 단체를 설립했을 때부터 알고 지냈다. 이처럼 작은 조직에서 유력 인물과의 관계가 시작된 것이다.

여러분도 아직은 작지만 '앞으로 무슨 일이 일어날 것 같은' 장소를 찾아보자. 그런 장소를 스스로 만들 필요는 없다. '초기의 팔로워'는 리

'페이팔 마피아'의 대부로 불리는 피터 틸
실리콘밸리의 큰손인 그는 일론 머스크와 함께 페이팔을 창업하였다.
[출처: Heisenberg Media-Attribution 2.0 Generic(CC BY 2.0)]

'페이팔 마피아' 중 한 명인 일론 머스크
[출처: ⓒ JD Lasica(Flickr), CC BY 2.0]

더만큼이나 중요하다.

[Place] 사회적 지원을 받을 수 있는 장소

사회적 지원(사회적 관계를 맺은 주변 사람들로부터 물질적·심리적 지원을 받는 것)을 받을 수 있는 장소로 가는 것도 한 방법이다. 창업가들은 스트레스 받을 일이 많다. 스트레스를 예방하고 완화하기 위해서라도 사회적 지원을 쉽게 받을 수 있는 장소에 있을 필요가 있다. 여기서 말하는 사회적 지원이란 정서적인 지원이나 정보의 지원, 물적 지원이나 연대적 지원을 말한다.[3]

실제로 사회적 지원을 받든, 사회적 지원을 받을 수 있다고 느끼든 그게 뭐든 상관없다. 실질적인 지원보다 도움이 필요할 때 지원을 받을 수 있다고 느끼는(그런 기대를 할 수 있는) 것이 중요하다.

한 예로, 건강증진에 관한 조사 결과를 소개한다. 여기서 핵심은 '기대할 수 있는 지원'과 '받은 지원'의 차이다. 전자는 필요할 때 다른 사람의 도움을 받을 수 있다는 기대감을 말하고, 후자는 실제로 다른 사람이 제공해준 도움을 말한다. 전자는 건강증진과 관련성이 있는 반면, 후자는 긍정적 관련성과 부정적 관련성을 모두 가진다.[3, 4] 다른 연구 결과를 보면 '기대할 수 있는 지원'과 '받은 지원'은 각각 독립된 개념을 지닌다.[5]

이들 결과로 '필요할 때 지원받을 수 있다'고 느끼는 것이 중요함을 알 수 있다. '받은 지원'의 경우, 실제로 도움을 받은 사람이 '적절하지 않다'고 말하면 부정적인 영향을 미칠 가능성이 있다.[6] 스타트업 역시 액셀러레이터나 멘토로부터 실제로 지원을 받는 것보다 지원을 받을 수 있다고 '느끼는' 것이 중요하다.

따라서 1장에서 다룬 '안전망이 되는 인맥'을 구축할 필요성이 있다. 도쿄대 출신의 어느 창업가를 인터뷰했을 때다. 그에게 창업을 시도한 계기를 물었더니, '안전망이 있다고 느꼈기 때문'이라고 답했다. 그를 지원해준 사장은 '실패하면 우리 회사에서 일하라'고 몇 번이고 말해주었다고 한다. 만일 이 안전망을 피부로 느낄 수 없었다면 창업하지 않았을 게 분명했다.

이 이야기를 통해 우리는 기댈 수 있는 어깨가 얼마나 큰 힘이 되는지 알 수 있다. 도움이 절실히 필요할 때 손을 내밀어줄 사람이 있다는 기대감은 창업이라는 문을 여는 용기를 준다. 실질적인 지원이 있느냐 없느냐는 그다음 문제다.

[Place] 대리 경험을 할 수 있는 장소

생각은 있는데 아직 창업의 턱을 넘지 못했다면 스타트업에서 한 번 일해보는 건 어떨까? 실제로 경험해보면 창업 이후의 모습이 구체적으로 그려질 수도 있고, 운이 따르면 공동창업자를 만날 수 있을지도 모른다. 1장에서 소개한 조사 결과에서, 과거 일했던 기업의 규모와 창업률은 반비례 관계임이 드러났다. 출신 기업의 규모가 작을수록 창업 가능성이 높았는데, 소규모 기업에서 직원으로 일한 경험이 창업 초창기에 성과를 올리는 데 일조했다.[7, 8]

또한 창업 후의 생활이 불안하다고 말하는 사람은 '자기효능감'을 높이기 위해서라도 스타트업에서 경험을 쌓는 게 좋다. 4장에서 소개한 자기효능감을 높이는 네 가지 요소를 다시 한 번 들여다보자. 그중에 '대리 경험'이 있었다. 꼭 자신이 아니더라도 타인이 무언가를 달성하거나 성공하는 모습을 관찰하는 것도 자기효능감을 높여준다. 여기서는 창업가가 된다는 목표를 달성할 수 있다는 자신감을 고취시키는 효과가 있다. 예를 들어, 급성장 중인 스타트업을 이끄는 선배 창업가 곁에서 일하는 것은 그야말로 최고의 대리 경험이다. 일종의 도제 교육이라고나 할까? 장인의 가르침을 받는 후계자가 된 기분일 것이다. 창업가에게 필요한 재능은 책이나 인터넷에서 배울 수 있는 게 아니다. 게다가 상황에 따른 소통 능력은 직접 겪어봐야 더 잘 익힐 수 있다.

실천 커뮤니티나 스터디 모임에서는 이처럼 사회적 문맥 안에서 배우는 것이 매우 중요하다. 실천 커뮤니티란, '어떤 주제에 대한 관심이나 문제, 열의를 공유하고 그 분야의 지식이나 기능을 지속적인 상호교류를 통해 심화시켜가는 사람들의 모임'을 말한다.[9] 여기서의 학습은 상황에 입각해 이루어진다. 앞에서 다뤘던 '○○ 마피아'를 떠올려보자. 성공한 스타트업 주변은 관련된 실천 커뮤니티가 만들어지기 쉬운 환경이다. 그 안에서 배운 창업가는 좋은 경영자의 자질을 갖춘 셈이다. 넓게는 액셀러레이터도 실천 커뮤니티에 속한다. '초기 스타트업 경영법'을 배우려는 사람들이 모인, 실천 커뮤니티라 할 수 있다.

'적응적 숙달'을 촉진하는 장소를 선택한다

이미 창업한 사람도 재능이나 지식의 '숙달(전문성)'을 목적으로 그런 기회를 가져볼 만하다. 회사 규모가 그리 크지 않다면, 선배 창업가의 사무실을 같이 쓰거나 장소를 공유하는 액셀러레이터에 들어가는 것도 한 방법이다.

일본의 심리학자 하타노 기요오와 이나가키 가요코의 연구에 따르면, 숙달의 종류에는 '정형적 숙달(Routine Expertise)'과 '적응적 숙달(Adaptive Expertise)'이 있다.[10] 적응적 숙달자는 절차의 의미를 이해하고 다른 상황에서도 효과적으로 실행하지만, 정형적 숙달자는 특정 과제만 능숙하게 절차를 실행한다는 차이가 있다. 스타트업은 그때그때 상황이 달라지므로 창업가는 '적응적 숙달자'가 되기 위해 노력해야 한다.

더불어 창조성에 대한 숙달도 필요하다. 예술창조 분야를 연구하는 도쿄대 대학원의 오카다 다케시 교수는 창조적 영역의 숙달을 위해 다음과 같은 요소가 필요하다고 말한다.[11]

- 어느 정도의 재능
- 내발적 동기부여
- 과제에 걸리는 시간
- 잘 고안된 연습
- 지식을 구조화하기 위한 절차
- 사회적 지원(좋은 교사나 팀원의 존재)
- 사회적 자극

위의 일곱 가지 요소 중 밑의 두 가지는 '사회'와 관련 있다. '어떤 사람들에게 둘러싸여 있는가?', 이것은 창업가로서 숙달하는 데 중요한 영향을 미친다. 그냥 스타트업이라고 하면 범위가 너무 넓다. 여기서 핵심은 자신에게 필요한 지식을 배울 수 있을 정도의 규모를 가진 스타트업을 선택하는 것이다. 일단 배우고 싶은 게 뭔지 정한다. 그러면 자연스레 수십 명이 일하는 스타트업으로 갈지, 아니면 몇 명밖에 없는 스타트업으로 갈지 판단이 설 것이다. 이 점을 염두에 두고 장소를 선택하자.

[Place] 고등학교나 대학 같은 과거의 장소

아직 보이지 않는 장소만 좇지 말고 눈을 과거로 돌려보자. 예를 들어 대학이나 고등학교는 어떤가. 때로는 과거의 장소가 당신에게 행운을 가져다주기도 한다.

다음은 페이스북을 사용하는 사람들의 관계를 연구한 결과다.[12] 연구자는 페이스북 앱을 통해 친구에게 메시지 알림을 보냈을 때 과연 그 메시지를 열어볼 것인지 알아보았다. 그리고 열어볼 때와 열어보지 않을 때가 어떻게 다른지, 즉 어떤 요소가 영향을 미치는지 조사했다. 메시지 내용은 모두 같았고, 발신자도 제3자에 의해 무작위로 선택되었다. 연구 결과, 보낸 사람과 받는 사람의 관계성이 메시지를 볼지 말지를 결정하는 요인이었다.

먼저, 공통 친구가 한 명인 경우에는 보통 때보다 0.63% 정도 영향력이 커졌다(공통 친구가 10명이라면 약 10배가 되어 6.5% 정도 영향력이 커진다). 놀랍게도 출신 학교나 조직이 같으면 그 영향력이 125%로 커졌고, 더욱이 같은 대학에 다녔다면 다른 대학에 다닌 사람에 비하여 1,355%로 영향력이 커졌다. 같은 대학교에 다녔다는 이유로 많은 사람들이 메시지를 열람했다. 물리적 상호작용의 양과는 상관이 없었다.

또한 같은 동네 출신이라는 요소도 별 의미가 없었는데, '현재 같은 동네에 사는' 경우 다른 동네에 사는 사람보다 622%로 영향력이 높았다.

만일 당신이 대학에 다녔고, 그 대학에서 많은 창업가를 배출했다면 '같은 대학 출신'이라는 한 가지 이유만으로 선배 창업가가 상담해줄지도 모른다. 어쩌면 '지금 같은 동네에 산다'는 공통점 때문에 수락하는 것일 수도 있지만.

장소라는 의미에서 대학 동창회나 졸업생을 위한 이벤트에 참가해보는 것도 좋다. 비즈니스스쿨이나 대학이 개최하는 공개강좌에 참가하여 유사 '졸업생'이 되는 것도 한 방법이다. 이 경우 그 대학을 졸업한 사람들의 네트워크에 들어갈 수 있기 때문이다. 독일의 경우, 12개 대학의 졸업생 네트워크를 SNS상에서 비교해봤더니 졸업생 간 네트워크가 활발한 대학에 다녔던 창업가가 훗날 성공하는 경향이 있었다.[13]

따라서 창업가는 자신의 성공을 위해서라도, 또 그 학교 출신들을 위해서라도 다 같이 뜻을 모아 졸업생 네트워크를 활성화시키는 것이 중요하다. 그리고 대학이나 정부 역시 힘을 보태야 한다. 졸업생 네트워크 구축이 미래의 우수한 창업가를 탄생시키는 원동력이 될 수도 있으니 말이다.

액셀러레이터와 기업도 눈여겨보는 '알럼니'

2018년, 와이 콤비네이터의 주요 인물이 일본을 방문했을 때 도쿄대학에서 행사가 열렸다. 나는 사회자로 참석해 와이 콤비네이터 파트너인 팀 브레디와 대담을 나눴다.

"와이 콤비네이터에서는 중요하게 여기는 부분인데, 주변에서 과소 평가하는 혜택은 무엇입니까?"

이 질문에 브레디는 이렇게 대답했다.

"알럼니(Alumni) 네트워크입니다."

알럼니 네트워크를 우리말로 설명하면 '졸업생 네트워크'라는 뜻이다. 액셀러레이터는 일종의 비즈니스스쿨이다. 따라서 알럼니의 활성화에 적극적인 액셀러레이터에 들어가면 훗날 든든하게 받쳐주는 인적 네트워크를 얻을 수 있다.

최근 들어 해외 기업들 중에는 적극적으로 '알럼니'를 형성하는 곳이 증가하고 있다. 우수한 인재를 찾아 고용하려는 목적이 큰데, 회사에 다니는 졸업생이 자발적으로 관계를 맺어 정보를 공유하는 것도 흔하다. 일본 스타트업계에서도 종종 특정 기업 출신들이 모인 알럼니뿐만 아니라 외국계 금융회사나 무역회사, 경영전략 컨설팅회사 출신들의 커뮤니티가 화제에 오른다. 이런 장소는 창업가들이 더 높이 날아오를 수 있도록 날개를 달아준다.

이처럼 우리 주변에는 도움이 될 만한 장소들이 여럿 있다. 그중에서 자신에게 가장 이로운 장소를 선택해 한 걸음 내딛기 바란다.

[People] 만나는 사람을 바꾼다

이번에는 '사람', 즉 '누구와 관계할까?'에 대해 알아보자.

《습관의 힘: 반복되는 행동이 만드는 극적인 변화》에는 1994년 이뤄진 하버드대학교의 연구가 실려 있다. 토드 헤더턴과 패트리샤 니콜라스가 '극적으로 생활을 바꾼 사람들'을 조사했을 때, 중병이나 이혼이라는 비극을 직접 겪은 뒤 습관을 크게 바꾼 사람이 많았다. 또 친구가 힘든 일을 극복하는 모습을 옆에서 지켜보면서 자신의 습관을 바꾼 사람도 있었다.

한편, 어떤 비극을 겪지 않고도 크게 달라진 사람도 비슷한 비율로 있었다. 그 사람들은 '어떤 사회적 그룹'에 참가했다. 특히 '나도 저런 사람이 되고 싶어!'라며 평소 동경했던 사람이 속한 그룹에 참가함으로써 생활이 180도 바뀌었다.

동료 집단으로부터 받는 사회적 압력을 '또래압력(Peer Pressure)'이라고 한다. 또래압력이 나쁜 방향으로 영향을 미치면 폐쇄적인 '무라(村, 일본의 전통 마을) 사회'가 된다. 무라의 규범은 무조건 따라야 하고, 이를 거부하면 따돌림을 당할 수도 있다. 비판하는 목소리도 있으나, 또래압력을 적절히 잘 사용하면 행동을 바꾸는 데 도움이 되기도 한다.

만일 장소를 바꾸기 어렵다면 만나는 사람을 바꿔보자. 언젠가 창업하고 싶다면 어떻게 해서든 창업가 모임에 들어가는 것이 좋다. 이때 '창업 의지는 있으나 실제로는 한 걸음도 내딛지 못하는 사람들'이 주변에 있다면 오히려 역효과가 날지도 모르니 주의한다. 극적으로 생활을 바꾼 사람을 조사 연구한 토드 헤더턴의 말처럼, 변화는 다른 사람과 어울릴 때 일어난다.

이 책 앞에서 드롭박스의 드류 휴스턴이 인용한 말을 소개했다. "당신의 주변에 있는 친한 동료 5명의 평균이 바로 당신의 모습이다." 우리는 지금 만나고 있는 사람을 바꿈으로써 자기 자신을 변화시킬 수 있다.

[People] 약한 연결관계의 강점과 약점

그렇다면 실제로 어떤 관계를 만들고 바꿔가야 할까? 이때 도움이 되는 것이 사회적 네트워크에 관한 지식이다.

미국의 사회학자 마크 그라노베터는 1973년, '약한 연결관계의 강점(The Strength of Weak Ties)'이라는 이론을 발표했다. 사회적 네트워크에 관한 유명한 이론인데, 여기서는 요점만 짚어보자.

가족이나 친구 같은 '강한 연결관계'는 개인의 역량을 강화(Empowerment)하는 반면, 6장에서 설명한 '탐색'에는 별 도움이 되지 않는다. 연결관계가 강하다는 것은 그 그룹 안에서 이미 많은 정보를 공유하고 있다는 의미다. 한편, 어느 정도 '약한 연결관계'에서는 서로가 공유하는 정보량이 적어서 탐색에 적합하다. 그런 까닭에 미지의 사항에 관한 정보 수집이나 창조성을 발휘하여 과제를 해결할 때는 약한 연결관계가 효과적이다.

그런데 그라노베터가 주장한 이 개념이 잘못 이해되어 '조금 아는 관계가 좋다'는 의미로 받아들여지는 것 같다. 여기서는 그 오해를 풀면서 약한 연결관계와 강한 연결관계의 강점과 약점을 정리해보자. 그리고 목적별로 어느 관계가 유효한지에 대해 마에지마 나오키의 기사[14]를 참고하여 소개한다(마에지마 나오키는 네트워크 연구의 관점에서 '강한 연결관계'와 '약한 연결관계'를 정리했는데, 이 책에서는 그것을 바탕으로 창업이라는 관점에서 네트워크 연구의 견해를 소개한다).

약한 연결관계의 의미를 이해하기 위해서는 먼저 다른 집단과 정보가 어떻게 오가는지 확인해야 한다.

자, 두 개의 다른 집단이 있다고 상상해보자. 각각의 집단에는 여러 구성원이 소속되어 있고, 다른 집단에는 질적으로 다른 정보가 유통되는 게 보통이다. 집단이 다르면 문화 차이로 연락을 주고받지 않는 게 일반적이나, 여기서는 각 집단에 속한 두 사람이 친하다고 가정해보자. 이 둘을 통해 서로의 집단에서 유통되는 정보가 교환되고, 그들은 두 집단의 '가교' 역할을 맡게 된다. 그라노베터는 이 가교 역할을 하는 사람들이 어떤 관계인지, 즉 연결의 '강약'을 주의 깊게 살폈다.

예를 들어 A는 B와 C의 지인이지만, B와 C는 서로 모르는 사이라고 가정해보자(〈그림 1〉 참조). 이 경우 A는 'B와 C의 가교 역할'을 한다. 여기서 A와 C가 강한 연결관계가 되고, A와 B도 사이가 좋아 강한 연결관계가 된다면 어떨까? A는 B와 C를 초대하여 셋이서 식사를 하거나 함께 놀러 가기도 한다. A를 통해 B와 C가 만나는 일이 잦아지면, 둘 사이에 새로운 관계가 형성될 가능성이 커진다. 그러면 B한테서 C로 정

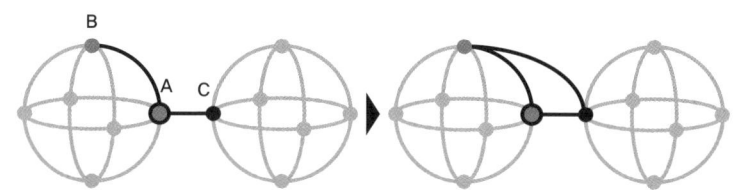

〈그림 1〉 강한 연결관계의 경우

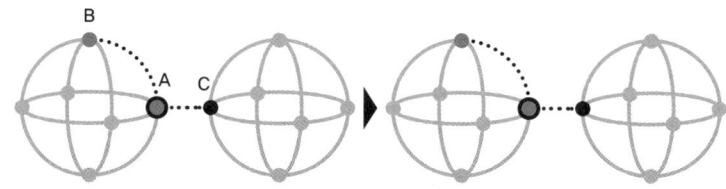

〈그림 2〉 약한 연결관계의 경우
마에지마 나오키가 쓴 기사 〈약한 연결관계의 오해와 본질—사회 네트워크 연구의 세계〉[14] 참고

보가 바로 넘어가기도 해서 자연스레 A의 가교 역할이 끝난다. 결국 A가 B, C와 강한 연결관계가 되면 가교로서의 역할이 사라질 가능성이 크다.

만일 A와 B가 약한 연결관계이고, 하물며 A는 C와도 그리 친밀하지 않은 약한 연결관계에 불과하다면 어떨까?(〈그림 2〉 참조). 이 경우 A는 식사자리에 B와 C를 동시에 부르지 않을 것이고, 함께 놀러 가는 일도 없을 것이다. 그러면 A를 통해 B와 C가 서로를 알게 될 가능성이 낮아, A는 유일한 가교 역할을 이어간다.

이 내용을 정리해보면, 강한 연결관계는 가교 역할을 계속 수행하기 어렵게 만든다. 반면 약한 연결관계로는 가교로서의 역할을 유지하기 쉽다. 그라노베터는 가교 역할을 할 가능성이 큰 조건을 충족하는 '약한 연결관계의 강점'에 주목했다. 이처럼 약한 연결관계는 서로 다른 집단 사이에서 가교 역할을 하며, 한 집단은 약한 연결관계를 통해 다른 집단의 새로운 정보를 얻는다.

여기서 중요한 점은 단순히 약한 연결관계를 만드는 것이 아니라, 그것이 가교 역할을 하는가이다. 시카고대학 비즈니스스쿨의 사회학자 로널드 버트는 연결관계가 약하기에 유익한 것이 아니라, 연결관계가 없는 사람들이 누군가를 통해 연결되는 것(결국, 가교)이 본질이라고 주장한다.[15] 버트는 연결관계가 없는 사람들 사이의 빈틈을 '구조적 공백(Structural Holes)'이라고 표현했다. 구조적 공백을 이용하면 정보를 독점할 수도, 정보를 조작하여 집단을 통제하는 이익을 얻을 수도 있다. 실제로 버트는 또 다른 연구에서, 이런 구조적 공백이 많을수록 조직 안에서 승진이 빠르고 혁신적인 아이디어를 생각해내기 쉽다고 주장했다.[16]

창업 관점에서도, 다른 네트워크와 다양한 관계를 맺는 데 주력하는 사람일수록 창업 후 좋은 성과를 낸다.[17]

정리해보자. 약한 연결관계를 잘 활용하면 다양한 관점과 새로운 정보를 얻기 쉽다. 다만, 단순히 누군가와 약한 연결관계를 만들면 되는 게 아니라 가교적 시스템을 만드는 것이 중요하다. 약한 연결관계이기에 다른 집단과 연결되고, 각 집단의 정보를 약한 연결관계를 통해 주고받는다는 점에서 '약한 연결관계의 강점'이 있는 것이다. 이 핵심을 꼭 기억하기 바란다.

약한 연결관계의 약점

약한 연결관계에서 가교 역할을 맡은 사람은 유대감이 약한 탓에 입수할 수 있는 정보량이 적다.[18] 그 때문에 회사를 옮기기 위해 주변 사람들에게 구인정보를 물어도 조건이 좋은 일자리는 이미 다른 사람이 차지했고, 자신에게는 조건이 좀 떨어지는 일자리 정보가 주어진다. '좋은 일자리를 소개받았어'라고 생각하지만 사실은 최고의 조건은 아니다. 게다가 요즘은 그라노베터가 조사한 1970년대와 달리 직장에서 형성된 강한 연결관계를 통해 일자리를 소개받는 일이 흔하다.[19] 여기서 더 나아가 약한 연결관계는 일자리를 소개할 때만 유효하고, 내정될 때까지는 강한 연결관계가 유효하다는 의견도 있다.

또 다른 약점은 가교적인 약한 연결관계는 끊어지기 쉽다는 것이다.[20] 투자은행에서 일하는 사람들의 인간관계를 4년 동안 쭉 조사한 결과, 그룹 사이에서 가교 역할을 하는 관계는 첫해에 90%가 없어졌고, 가교 역할을 안 하는 결속 관계는 같은 기간에 77%만 사라지는 데 그쳤다. 그 이유는 가교로 활동하는 데 드는 비용을 본인이 부담하거나 가교 역할을 맡은 사람들은 성격이 서로 다른 경우가 많아서 커뮤니케이션 비용이 높아지기 때문이다.[21]

따라서 약한 연결관계는 여러 이유로 끊기기 쉬운, 그야말로 '약한 유대'라 할 수 있다. 그러나 그 뒤에도 살아남은 가교 역할의 관계는 쉽게 소실되지 않고, 가교 역할을 하지 않는 관계보다 살아남을 확률이 높다고 한다. 없어지기 쉬운 시기를 잘 극복하면 가교적 역할로서의 관계는 오래 이어질지도 모른다.

다시 정리하면, 약한 연결관계가 있어서 좋은 게 아니라 그것이 가교로서 기능하기에 유익하다는 사실을 기억해야 한다.

[People] 강한 연결관계의 강점과 약점

강한 연결관계의 강점과 약점에 대해 살펴보자.

일본에서는 지금껏 약한 연결관계의 강점에 주목해왔지만, 최근 몇 년간 강한 연결관계의 강점을 되돌아보는 움직임도 나타나고 있다. 강한 연결관계는 폐쇄적인 관계로 당연히 결속력이 강하다. 배신했을 때 비용이 높아지는 측면도 있어서 서로 고마움과 의리를 느끼고 쉽게 신뢰 관계가 형성된다. 한편, 약한 연결관계는 새로운 정보를 쉽게 입수하지만 어떤 일을 함께하려는 행동으로 이어지기는 어렵다. 실제로 어떤 행동의 변화를 촉구하고 싶을 때는 약한 연결관계보다는 긴밀하게 연결돼 있는 강한 연결관계가 효과적이라는 조사 결과도 있다.[22] 또한 끼리끼리 모여 있는 네트워크가 건강증진 같은 복잡한 행동 변화를 촉구하는 데 효율적이다.[23]

나아가 여러 근거를 소개해보자. 미국의 사회학자 제임스 콜맨은 '사회적 자본(Social Capital)'이라는 개념을 정의하였다. 그는 기념비적인 논문에서, 인간의 능력을 향상시키기 위해서는 개방된 네트워크보다 긴밀하고 폐쇄적인 네트워크가 유익하다고 주장했다.[24] 또 다른 연구 결과도 있다. 어느 전자회사에서 41개 부문에서 진행한 120개의 신제품 개발 프로젝트를 조사하였다. 그 결과 약한 연결관계는 다른 팀이 가지고 있는 '복잡하지 않은' 정보를 탐색할 때는 유효했으나, '복잡한' 정보를 전할 때는 강한 연결관계가 더 효율적이었다.[25] 관계의 강약은 정보를 '탐색할' 때와 '전달할' 때 다르게 쓰이며, 또 정보의 복잡성에 따라서도 다른 결과를 낳는다.

최근 논문을 보면, 어떤 조건의 환경에서는 강한 연결관계가 약한 연결관계보다 새로운 정보를 얻는 데 더 유리했다.[26, 27] 또 어떤 연구자들은 '다양성-대역폭의 트레이드오프(Diversity-Bandwidth Tradeoff)' 이론을 주장했다. 네트워크는 가교 역할을 하는 약한 연결관계가 많아 구조적으로 '다양성'을 높이는 한편, 결속력이 높은 강한 연결관계는 '대역폭'을 확대하기 위한 트레이드오프 관계(거래관계)에 있다는 것이다. 여기서 말하는 '대역폭'이란 정보가 흐르는 관계의 넓이다. 연구자들은 정보의 성질에도 주목한다. 갱신 횟수가 많은(재생률이 높은) 정보와 그렇지 않은 정보를 나누어 살펴보면, 갱신 횟수가 많은 정보는 대역폭이 넓은 강한 연결관계가 전하기 쉽다. 그들은 정보의 성질이나 상황에 따라 약한 연결관계나 강한 연결관계 중 어느 한쪽이 유리하다고 지적한다.

따라서 새롭고 정적인 정보를 입수할 때는 약한 연결관계를 중시하고, 동적인 정보나 복잡한 정보를 전달할 때(그리고 새로운 행동을 일으키고 싶을 때)는 강한 연결관계를 중시하여 인맥을 쌓으면 좋다. 이것은 대기업과 스타트업의 개방형 혁신(오픈 이노베이션)의 대응에도 시사하는 바가 있다.

스타트업에서 간단히 정보를 얻고 싶은가? 스타트업이 가진 복잡한 정보를 기업 내에 전달하고 싶은가? 스타트업 문화를 받아들여 기업 내 직원에게 행동의 변화를 일으키고 싶은가? 이에 따라 약한 연결관계를 만들지, 강한 연결관계를 만들지가 결정된다. 그리고 대개 개방형 혁신의 목적은 강한 연결관계에 의해 달성된다. 어떤 경우든 스타트업은 상황이 쉽게 변하고 정보 변화도 매우 심해서 스타트업과 공동으로 개방형 혁신을 이루고자 하는 기업의 담당자는 매 분기마다 이벤트를 통해 스타트업과 약한 연결관계를 만들기보다는 좀 다른 방법으로 강한 연결관계를 만드는 게 중요하다.

개방형 혁신으로 성과를 내려면?

개방형 혁신에 대한 이야기가 나온 김에 내용을 좀 더 살펴보자. 대기업이 개방형 혁신으로 무언가를 변화시키려 할 때는 단순히 담당자가 약한 연결관계를 이용해 회사 밖에서 정보를 얻어오는 것만으로는 부족하다. 담당자가 회사 안에서 중요한 역할을 하는 직원들과 친밀하지 못하다면, 다시 말해 서로 간에 강한 연결관계가 없다면 입수한 정보를 회사 안에서 구체적으로 활용하기 어렵기 때문이다.

회사 안에서 개방형 혁신이나 신규 사업 부서는 동떨어진 존재로 여겨지는 일도 많고, 보통 담당자를 회사 밖에서 데려오는 경우가 많아 사내 핵심인물과 강한 연결관계를 가지지 못한다는 지적도 때때로 듣는다. 그런 상황에서는 유감스럽지만, 회사 밖에서 얻은 정보를 제대로 활용할 수 없다. 6장에서 소개한 《리드 앤드 디스럽트》에서도 '기업의 일부 사업부 또는 신규 사업을 분리하여 전문회사를 만드는 것(스핀아웃)이 해결책은 아니다'라고 지적한다.

그렇다면 대책은 무엇일까? 회사 안에서 강한 연결관계를 가진 임원이나 팀장이 회사 밖에서 정보를 수집해오든가, 아니면 그런 사람들이 담당자에게 힘을 팍팍 실어주면 된다.

만일 개방형 혁신에 따른 기업 개혁을 목표로 한다면 부서나 업무팀 전체가(동질적인 직원들을 팀으로 묶어) 회사 밖으로 나가 강한 연결관계를 형성하여 행동의 변화를 촉진한 후, 외부에서 보고 들은 정보나 다른 기업의 문화를 회사 내 다른 조직에 전파하는 것이 효과적으로 보일 수 있다. 그러나 이 경우 어떤 직원의 마음가짐에 변화가 생기더라도 그것이 회사 안에 전파되지 않고, 오히려 기존의 회사 문화에 염증을 느낀 직원이 사표를 낼 가능성도 있다. 외국에서 MBA 과정을 마치고 돌아온 직원이 얼마 지나지 않아 그만두는 경우가 많은 것도 이 때문이다.

강한 연결관계가 만드는 커뮤니티와 이벤트

다시 강한 연결관계, 약한 연결관계로 돌아가자. 지금부터는 강한 연결관계를 어떻게 만들 수 있는지 생각해보자.

흔히들 업계 및 기술 동향에 관심 있는 동료를 찾기 위해 또는 창업가 네트워크를 구축하기 위해 각종 전문 커뮤니티에 참가한다. 그런데 웬만한 강심장이 아니고서는 처음 커뮤니티에 참석하면 움츠러들 수밖에 없다. 만일 친한 동료가 있는 커뮤니티라면 어떨까? 아는 얼굴이 한 명이라도 있으면 홀로 '우두커니' 서 있는 일은 없을 것이다.

　원래 네트워킹을 주요 목적으로 하는 이벤트는 새로운 관계를 만드는 데는 그리 효과적이지 않다. 콜롬비아대학 비즈니스스쿨 교수인 폴 인그람과 마이클 모리스가 조사한 결과, 새로운 관계를 만들기 위해 네트워킹 이벤트에 참가한 기업 간부의 95%는 절반 가까운 시간을 지인과 대화하는 데 할애했다고 한다.[28] 이벤트 참가자 중 지인의 비율은 전체의 3분의 1밖에 되지 않은 상황에서 말이다. 타인과 대화하기를 즐기는 사람조차도 지인과 이야기를 나눴다.

　새로운 사람들과 확고한 인맥을 만들고 싶다면 규모가 작은 이벤트에 참가할 것을 권한다. 사춘기 청소년에 관한 어떤 연구에서는, 학교 규모가 작을수록 다양한 친구를 사귀는 경향이 있었다고 한다. 학교 규모가 크면 고를 수 있는 친구 후보자가 많아서인지 성격이 비슷한 아이끼리 친구 관계가 만들어졌다.[29]

　규모가 작은 집단일수록 다른 집단과 접촉할 기회가 많다는 것을 여러분도 실감할 수 있을 것이다. 이 점에 주목해 다양한 사람이 모이는 작은 이벤트를 선택하기 바란다.

　네트워킹 이벤트 말고 다른 어떤 목적이 있는 이벤트를 선택하는 것도 좋다. 미국 노스웨스턴대학에서 사회학을 가르치는 브라이언 우지 교수는 '인간관계를 만드는 세 가지 중요한 요소는 자기유사성, 근접성, 활동의 공유'라고 말한다.[30] 이중에서 특히 활동에 주목하자. 보드게임을 즐기는 모임도 괜찮다. 몸을 움직이거나 함께 노래를 부르는 이벤트도 강한 연결관계를 만드는 데 효과적이다. 일회성 이벤트에 참가하는 것은 아무 도움도 되지 않는다. 인간관계는 여러 번 만나는 가운데 형성되므로 비영리 민간단체(NPO)에서 지속적으로 봉사하는 것도 좋은 방법이다.

인간관계에 서툴다면 다른 사람을 위한 인간관계를 만드는 방법도 있다. 애덤 그랜트의 《기브 앤 테이크(Give and Take)》를 보면, 누군가에게 무언가를 주는 사람이 좋은 관계를 만들 수 있다고 한다. 또한 젠더 갭(Gender Gap, 사회 여론이나 정치의식이 남녀 성별에 따라 갈라지는 현상)에 관한 연구에서는, 여성은 다른 사람을 위해 협상할 때 남성만큼 협상할 수 있었다고 한다.[29] 어떤 행사장에서 나도 비슷한 경험을 했다. 나 자신을 위해 다른 사람에게 말을 걸 때는 머뭇거리거나 주저했으나, 동석한 기업가의 영업을 돕기 위해서는 처음 보는 사람이라도 얼마든지 말을 건넬 수 있었다. 또 자신을 위해서는 해외 예비 고객이나 벤처캐피털에 콜드메일(사전에 연락 없이 원치 않는 수신인에게 전송하는 이메일)을 보내는 것이 겁났는데, 다른 기업가를 위해서는 몇 번이고 콜드메일을 보냈다. 만일 당신이 자신의 이익보다 다른 사람을 먼저 생각하는 '기버(Giver)'라면, 다른 사람을 도울 수 있는 환경을 만들어 실천해보자.

[People] 여러 커뮤니티에 참가한다

관계를 만드는 장소가 굳이 하나일 필요는 없다. 여러 커뮤니티에 참가하는 것도 생각해볼 만하다.

《관계의 작법(つながりの作法)》의 저자로 유명한 도쿄대학 첨단과학기술연구센터의 구마가야 신이치로 부교수는 '자립이란 사회 안에서 의존할 곳을 늘리는 것'이라고 말한다. 다수의 의존처가 있으면 혼자라는

생각에 빠지지 않는다. 한 개의 커뮤니티가 어떤 문제로 사라지거나 자신이 참여할 수 없게 되었을 때, 참여할 곳이 또 있다면 모든 것을 잃지 않아도 된다. 7장 앞에서 소개한 《세상에서 가장 발칙한 성공법칙》에서는 몇몇 사회적 집단에 소속되어 있다면 무슨 일이 생겼을 때 재기할 회복력을 얻고, 그때의 스트레스도 쉽게 극복한다고 말한다. 여러 커뮤니티에 속하는 것은 여러 가지 측면에서 효과를 발휘한다.

만나는 사람을 자유롭게 선택하는 것을 '관계유동성'이라고 한다. 이직이나 이사가 손쉬운 사회는 관계유동성이 높은 사회다. 관계유동성이 낮은 사회는 폐해를 낳기도 한다. 예를 들어 관계유동성이 낮은 사회에서는 소속되어 있는 커뮤니티 때문에 사회적인 규범을 쉽게 깨기도 한다. 가령 타인이 우리만의 규칙을 깬 사람을 나쁘게 생각하지 않는 경우에도 본인이 '규칙을 깨면 미움을 받는다'는 식으로 사람들의 평판이 나빠지는 것을 과도하게 오해하거나 예측(착각)하는 경향이 있다. 그 결과 사회적 규범보다 자신이 속한 커뮤니티의 규칙을 우선한다.[31]

일본 기업은 해외 기업에 비해 고용유동성이 낮다. 이런 조직에서 일하는 직원은 야근하기 싫어도 눈치가 보여 어쩔 수 있이 늦게까지 회사에 남는다. 다른 직원은 퇴근시간 후에도 남아서 일하는데 혼자만 퇴근하면 안 좋은 소리를 들을까봐 그렇다. 다른 직원들 역시 '나만 빨리 퇴근하면 평판이 안 좋을 거야!'라는 착각에 자신도 야근을 하고, 이런 식으로 야근 문화가 회사 안에 퍼진다.

관점을 달리하면, 여러 커뮤니티에 참여해 자신의 관계유동성을 높일 경우 마음에 들지 않는 커뮤니티에서 별 고민 없이 탈퇴할 수 있다. 이것이 사회적 규범을 따르도록 촉구하며, 경우에 따라서는 자신의 윤

리성을 높이기도 한다.

그러나 모든 사람에게 시간은 한정돼 있어 여러 커뮤니티에 참여하기가 쉽지 않다. 애인이 생기면 평균 두 명의 친구를 잃는다는 조사 결과도 있듯이,[32] 자신이 있는/있을 특정한 곳을 선택하면 다른 커뮤니티에서 멀어진다. 따라서 기본 커뮤니티를 몇 개 확보하고서 새로운 커뮤니티를 늘 탐색하는 게 좋다.

커뮤니티 규모를 구분해 사용한다

세상에는 크고 작은 다양한 커뮤니티가 있다. 다만, 규모가 크다고 다 좋은 것은 아니다. 참가 목적이 무엇이냐에 따라 적절한 커뮤니티 크기가 달라진다. 약한 연결관계를 만들고 싶을 때는 수백 명의 스타트업 관계자가 모이는 이벤트에 참가하는 것이 좋다. 때로는 소수의 사람만 참가하는 작은 커뮤니티에 얼굴을 내밀고 강한 연결관계를 만드는 것도 좋은 선택지다.

논의하고 싶은 내용에 따라서도 참가하는 커뮤니티의 규모가 다르다. 개인적으로는 지식과 실제 행동이 필요하여 불확실성이 매우 높은 프로젝트에 힘을 쏟을 때는 두서너 명 정도의 규모가 바람직하다. 실제로 미국 해군의 네이비실처럼 불확실성이 높은 상황에서 의사를 결정해야 하는 특수부대는 두서너 명이 한 팀으로 편성되는 일이 많다.

나는 구성원이 세 명 정도인 커뮤니티(그룹)를 선호한다. 주제도, 관계방식도 다 제각각이지만, 여러 작은 그룹에 소속됨으로써 친밀하고 다양한 인풋이 가능하다. 다만, 작은 커뮤니티는 자칫 이야기가 곁가지로 흘러가기 쉽다는 문제가 있다.

앞에서 소개한 《습관의 힘》에는 릭 워렌 목사가 세계 최대 규모를 자랑하는 새들백 교회를 이끌었을 때의 일화가 나온다. 워렌 목사는 의식적으로 규모가 큰 그룹과 작은 그룹을 만들어 선교함으로써 기독교 교리를 구석구석까지 전달하는 데 성공했다. 그런데 작은 그룹의 경우 신앙보다는 사적인 이야기에 집중하는 시간이 길었다. 이 문제가 발생했을 때, 워렌 목사는 작은 그룹에 맞는 커리큘럼을 만들어 주제가 곁가지로 흘러가지 않도록 했으며, 신앙 이야기를 하는 습관을 갖도록 도왔다.

많은 사람들이 모여 예배할 때는 '무엇 때문에 신을 믿는가'라는 주제를 환기시키고, 작은 그룹에서는 '어떻게 신앙심을 심화하면 좋은가' 하는 구체적인 수법을 가르쳤다. 이런 식으로 크고 작은 커뮤니티를 각기 다른 목적의 그룹으로 기능하게 한 결과, 그 지역의 기독교 신자 규모는 미국 전역에서 손꼽힐 만큼 커졌다. 여러분도 크고 작은 그룹을 나눠서, 그때그때 자신이 관계해야 하는 커뮤니티를 구분해 사용하면 좋을 것이다.

[People] 비전을 높여주는 사람들과 함께한다

창업가들 옆에 오래 있으면서 보람도 느꼈다. 그들의 비전이 차츰 이뤄지고 서서히 커지는 과정을 지켜보는 건 즐거운 일이었다. 처음에는 단순한 흥미로 시작한 사업일지라도 시간이 가면서 사업이 자리를 잡고 그들의 비전도 커졌다. 적지 않은 창업가들이 사업을 운영하며 사회와의 접점을 발견하고, 사회를 어떻게 바꿔가야 할지로 시선을 돌린다.

창업가는 왜 그런 눈으로 사회를 바라볼까? 퍼뜩 떠오르는 이유는 이렇다. 직원과 함께 사업 목적에 대해 이야기하고 투자가와 자금조달에 대해 절충하는 가운데 자사의 사회적 의의나 자신의 비전에 대해 생각해볼 기회가 많아지기 때문이다. 인재를 채용할 때도 스타트업은 많은 연봉을 제시하는 대신 보람이나 사업의 사회적인 의의를 전달한다. 그 의의가 충분히 크지 않다면 직원 채용이 쉽지 않을 것이다. 회사의 로고 디자인을 의뢰할 때도 회사의 비전이나 경영이념, 그리고 사회적 의미를 말로 충분히 표현할 필요가 있다.

예비 창업가들에게는 원래부터 비전을 생각하는 잠재적인 능력이 있는 것인지도 모른다. 그러나 그 능력을 현실적으로 실현시켜주는 사람은 직원이나 투자가, 업무적으로 만나는 동료들이다. 그렇다면 주변에 워밍업할 기회를 주는 사람들이 있다면 일할 때 좀 더 빨리 성장할 수 있을 것이다.

'입장이 사람을 만든다'는 말이 있는데, 환경은 당신에게 생각할 기회를 마련해준다. 앞에서 '스스로 환경을 만들고, 그 환경이 자신을 변화시킨다'고 했다. 그야말로 창업가가 되려는 사람은 자신을 성장시키는 환경 속에서 스스로 성장해간다고 할 수 있다.

기본적인 사고회로를 바꿀 방법

우리가 교양을 배우는 목적은 '무엇에 대해 생각할지를 선택할 수 있다는 것이다'라고 말한 작가가 있다. 바로 《이것은 물이다(This Is Water)》를 쓴 미국의 유명 작가 데이비드 포스터 월리스다. 그는 대학 졸업식 연설에서 이런 예를 들었다.[33]

퇴근 후 지친 몸을 이끌고 마트에 갔다. 차가 밀려 스트레스가 쌓였지만 텅 빈 냉장고를 채우려면 마트에 갈 수밖에 없다. 그런데 계산대 앞도 긴 줄이 늘어서 있다. 짜증이 치밀어 올라 금방이라도 폭발할 것 같은데, 집으로 가는 도로도 차들로 꽉 막혀 있다. 이 경우 보통 사람들은 화를 내며 '아, 제발 내 앞을 막지 마. 빨리 집에 가서 쉬고 싶어!'라고 생각할 것이다. 바로 인간의 기본적인 사고회로다.

한편, 기다리는 시간은 '생각하는 시간'을 제공해준다는 측면도 있다. 어쩌면 기본적인 사고회로에서 벗어나 여러 가지 사항들을 관찰할 수 있을지도 모른다. 눈앞에 있는 엄마와 아기 또는 마트의 비효율적인 계산대에 대해 생각해볼 수 있다. 조금 더 여유가 있다면 또는 두뇌 전환이 자유자재로 이뤄진다면 거기서 새로운 비즈니스의 씨앗을 발견할지도 모른다. '수평적 사고'를 주창한 에드워드 드 보노의 《생각이 솔솔 여섯 색깔 모자》를 보면, 강제로 생각을 특정 시점으로 옮기면 여러 가지 발상이 생긴다는 내용이 나온다.

월리스는 인간을 기본적인 사고회로대로 자동으로 사물을 보고 생각하는 동물이라고 지적한다. 그리고 '사고회로에 따른 생각의 노예'가 되지 않도록 자신의 머리로 생각하는 게 얼마나 중요한지 말한다. 도덕적인 이야기를 하고 싶은 게 아니다. 사람의 생각이 기본적인 사고회로에 머물러 있는 것은 그 사람이 놓인 환경 때문이라고 말하는 것이다. 그렇다면 이 기본적 사고회로를 보다 나은 방향으로 개조하고 이끌어줄 사람들 속에 있어야 한다는 말이다.

창업가도 사람이다. 높은 시점을 가져도 그것을 오래 유지하기는 당연히 어렵다. 그래서 주변 환경의 힘을 빌릴 수밖에 없다. 그중 하나가 장소(Place)의 힘이고, 사람(People)의 힘이다. 그러한 환경을 살리며, 훈련과 실천(Practice)을 반복하는 방법을 강구해보자.

[Practice] 경험에 따른 '학습 4요소'를 사용한다

우리는 창업가에게 적합한 환경을 선택할 때 어떤 점에 주의해야 하는지 알아보았다. 지금까지 '장소'와 '사람'이라는 관점에서 내용을 살펴보았고, 이제부터는 의사결정의 질이나 경영에 필요한 재능을 단련하기 위해 어떤 훈련환경이 좋은지 이야기해보자.

먼저 무언가를 훈련할 때는 '실험하기 쉬운 방법'을 알아두는 것이 좋다. 린 스타트업에서도, 6장 뒷부분에 나오는 WRAP 프로세스에서도 실험을 통해 현실성을 확인하는 것을 권하고 있다. 특히 에릭 리스가 쓴 《린 스타트업》에서는 상품개발 같은 행동을 할 때는 만들기(Build) → 측정(Meaure) → 학습(Learn)의 사이클을 돌면서 가설검증을 하는 것이 중요하다고 말한다. 이것을 'BML 사이클'이라고 한다.

한편, 계획을 세울 때는 LMB의 순서(먼저 '학습'할 것을 결정하고, 그 뒤 진도를 '측정'할 방법을 결정하고, 마지막으로 '만들' 것을 결정한다)가 중요하다고 말한다. 이것을 전제로 훈련계획을 세워보자. 그 과정에서 좀 더 효과적으로 배우기 위해서는 어떻게 하면 좋을까? 여기서는 교육법의 지식을 활용해본다.

미국의 교육학자 데이비드 A. 콜브는 심리학자 장 피아제와 쿠르트 레빈, 존 듀이가 확립한 이론을 채용하여 독자적인 학습 이론을 수립했다. 경험학습 모델이라고 불리는 사고법이다.

- 구체적 경험(Concrete Experience): 글자 그대로 구체적인 경험을 쌓는다.
- 반성적 관찰(Reflective Observation): 경험이나 이미 일어난 사건에서 멀찍이 떨어져서 다양한 관점으로 경험을 돌아보고 의미를 부여한다.
- 추상적 개념화(Abstract Conceptualization): 경험과 반성을 통해 다른 상황에서도 응용할 수 있는 지식이나 규칙, 스키마(Schema, 기억 속에 저장된 지식, 배경지식)를 형성한다.
- 활동적 실험(Active Experimentation): 배운 규칙이나 경험을 통해 검증한다.

콜브가 말하는, 경험을 통한 학습에는 이 네 가지 요소가 중요하다. 〈그림 3〉처럼 사이클 안에서 배운다.[34, 35, 36] 반성적 관찰이나 추상적 개념화를 거치지 않은 경험은 경험주의에 빠지기 쉽다. 또한 활동적 실험이나 구체적 경험이 없는 반성적 관찰이나 추상적 개념화는 추상적인

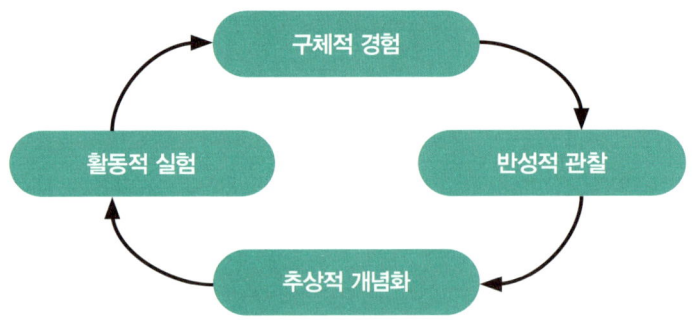

〈그림 3〉 데이비드 콜브가 제안한 '경험학습' 사이클 모델[34, 35, 36]

개념만 형성하다가 끝나버리기에 이 사이클에 따라 과정을 거치는 것이 중요하다.

콜브의 모델을 일본 사회인에 적용하여 질적 연구를 한 사례가 있다. 기무라 미츠루 연구팀은 네 가지 요소가 능력 향상에 어떤 영향을 미치는지를 명확히 밝혔다.[36, 37] 이 연구에 따르면, 대학을 갓 졸업한 1~2년차 사원에게는 구체적 경험을 쌓는 것이 가장 중요하고, 3~9년차가 되면 네 가지 요소가 모두 능력 향상에 유의미한 영향을 미쳤다고 한다. 이 결과는 커리어 형성의 초기 단계에서는 무조건 경험을 쌓는 게 중요하고, 어느 정도 경험을 쌓은 뒤에는 네 가지 요소를 균형적으로 실천하는 것이 중요함을 보여준다.

이 결과가 사회생활을 해본 적 없는 창업가에게도 유효하다면, 처음에는 콜브가 말한 구체적인 경험을 쌓는 것이 자신의 능력을 높이는 데 효과적일 것이다. 만일 사회생활을 조금 경험해본 창업가라면 반성적 관찰, 추상적 개념화 등의 활동도 괜찮을 듯싶다. 창업가는 끊임없이 배워야 하는 직업이다. 경험학습 이론을 잘 활용하면 좀 더 빠르게 배울 수 있을 것이다.

[Practice] 먼저 허용 가능한 손실을 정한다

무언가를 시작할 때의 사고방식 중 하나로 '허용 가능한 손실(Affordable Loss)'이 있다. 이것은 미국 버지니아대학교의 사라스 D. 사라스바티 교수가 정리한 '구현(Effectuation)'이라는 창업가의 마인드 중 하나다(4장 참고).

사라스바티 교수는 체스 게임의 숙달에 대해 연구한 허버트 사이먼 박사의 제자로, 기업가 정신을 일종의 숙달로 보았다. 그래서 실천과 연습, 반성 등을 통해 기업가 정신이 숙달될 수 있다고 생각했다. 지금까지 경영학에서 가르쳐온 목적 달성이나 계획 주도의 사고법은 '원인론(Causation)'이라고 했다. 원인론에서는 미래의 예측 가능한 측면을 중시한다. 한편 기업가 정신은 미래의 예측할 수 없는 것 중 제어 가능한 측면을 중시한다.

그런 기업가 정신 이론에서, 숙달된 창업가에게는 다음과 같은 다섯 가지 사고 원칙이 있다고 한다.[38, 39]

- 손 안에 든 새(Bird in Hand) 원칙: 목적이 아닌 수단 주도. 완벽한 기회를 기다리지 말고, 내 손 안에 있어 지금 당장 사용할 수 있는 수단으로 행동을 개시한다.
- 허용 가능한 손실 원칙: 이익이 아닌 손실을 허용할 수 있는 범위 안에서 관여한다. 긍정적인 것을 예측하고 판단하는 게 아니라, 일어날 수 있는 부정적인 것을 수용할 수 있느냐로 기회를 판단한다.
- 조각보 이불(Crazy-Quilt) 원칙: 자투리 헝겊조각을 이어 만든 조각보 이불처럼, 참여의식을 가지고 신뢰할 수 있는 사람들과 협동하여 파트너십을 만든다.
- 레모네이드 원칙: 시큼한 레몬으로 달달한 레모네이드를 만들 수 있다. 기존 목표에 구속받지 않아 새로운 목표를 유연하게 정할 수 있다. 우연이나 충격을 나쁘게 보지 않고 기회로 활용한다.
- 비행기 안의 파일럿(Pilot in the Plane) 원칙: 비행기 조정석에 앉아

있는 파일럿처럼 불확실한 상황에서 임기응변으로 대응한다. 미래를 예측하는 것이 아니라 미래를 결정하는 요인을 제어하여 기회를 낳는다.

이중에서 내가 가장 공감하는 것은 '허용 가능한 손실'이라는 마인드다. 자신이 허용할 수 있는 손실을 어느 정도 정하고, 그 범위에서 실험해보는 것이 유효한 훈련법 및 학습법이기 때문이다.

창업가를 둘러싼 환경은 해마다 좋아지고 있다. 지금은 스타트업을 지원하는 프로그램도 꽤나 많고, 창업비용도 예전보다 줄었다. 어느 조사에 따르면, 최근 창업이 증가한 요인 중 하나로 클라우드 컴퓨팅*의 대두를 꼽는다.[40]

아마존 웹 서비스 같은 클라우드 컴퓨팅 서비스가 보급되어 이제는 서버를 구입하지 않아도 된다. 초기 비용이 낮아져 창업 부담이 한결 줄었다. 더욱이 전 세계적으로 스타트업에 대한 투자자금이 계속 증가하는 추세다.

이 말이 의미하는 바는 창업이라는 행위가 대다수 사람에게 '허용 가능한 손실' 범위 내에서 이뤄지고 있을지도 모른다는 것이다. 즉 창업을 구체적으로 체험하는 일이 수월해졌다고 할 수 있다. 이 사실을 알아도 실천으로 옮기는 사람은 거의 없다. 자, 자기 돈으로 클라우드 서비스 이용료를 내고 스마트폰 애플리케이션을 배포해보자. 웹 사

---

* 인터넷상 서버를 통해 데이터 저장, 네트워크, 콘텐츠 사용 등 IT 관련 서비스를 한 번에 사용할 수 있는 컴퓨팅 환경. 정보처리를 자신의 컴퓨터가 아닌 인터넷으로 연결된 다른 컴퓨터로 처리하는 기술을 말한다.

이트도 괜찮다. 다운로드 수나 사용자의 피드백을 확인하면서 시장의 요구를 확인하고 누군가에게 즐거움을 주었다면 이미 훌륭한 '구체적 경험'을 한 셈이다. 하드웨어 제품을 개발해 창업하려는 사람도 지금은 3D 프린터나 레이저 커트기를 놓을 제작공간을 매우 저렴하게 이용할 수 있다. 그곳에서 시제품을 만들고 주위 반응을 살펴보는 것도 손쉬워졌다.

이처럼 허용 가능한 손실을 생각해보면 지금 할 수 있는 창업 훈련도 생각해볼 수 있지 않을까? 창업 체험을 주말에만 할 수 있다면 대학, 기업 등 여러 단체가 실시하는 해커톤* 대회에 참가해보는 것도 좋다. 해커톤은 대부분 휴일에 열린다. 한 달에 한 번, 주말밖에 시간을 낼 수 없다면 스타트업 위크엔드(Startup Weekend)에 참가해보는 것도 좋다.

시간의 여백과 손실

예비 창업가들을 보면, 대략 1년 동안 직업 없이 지내거나 컨설턴트로 일하며 창업 자금을 모으는 사람이 적지 않다. 그들에게 1년이라는 시간은 어떤 의미에서 '허용 가능한 손실'이라고 말할 수 있다. 무언가를 찾기 위해서라면 잃어도 좋은 시간이다. 예비 창업가들은 그 시간을 창업 아이디어를 찾거나 새로운 정보를 얻는 데 할애했다. 일부러 시간적인 여유를 만들고 탐색하는 기간을 마련한 것이다.

미국 기업인 세일즈포스닷컴(Salesforce.com)의 CEO 마크 베니오프

---

* 해커톤(Hackathon)은 해킹(Hacking)과 마라톤(Marathon)의 합성어. 디자이너, 개발자, 기획자 등이 팀을 이뤄 마라톤을 하듯 긴 시간 동안 아이디어 창출, 기획, 프로그래밍 등의 과정을 거쳐 시제품 단계의 결과물을 완성하는 대회를 뜻한다.

는 오라클(Oracle)에 근무했을 때 장기 휴가를 받아 창업 준비를 했다.[41] 와이 콤비네이터 수장인 샘 알트먼도 첫 창업 후 한동안 무직으로 지냈다. 그는 그 기간에 다양한 경험을 통해 뭔가를 배우고 여러 사람과 이야기를 나눴다고 한다. '무직이었던 기간은 일종의 나에게 투자하는 시간이었다. 만일 이직할 계획이라면 자신에게 장기 휴가를 주기 바란다'라고 조언한다.[42]

나 역시 일본 마이크로소프트를 그만두고 도쿄대학에 취업할 때까지 약 1년간 백수생활을 했다. 하지만 그냥 논 것은 아니다. 스타트업 사무실 한구석을 빌려 현장을 관찰하거나 스타트업에 몸담은 사람들과 이야기를 나누고, 프레젠테이션 슬라이드를 만들어 스타트업 관련자들에게 전달했다. 이런 시간이 있었기에 지금의 내가 존재하는 것인지도 모른다. 물론 저축해둔 돈이 있었기에 가능한 일이었다. 허용 가능한 손실은 사람에 따라 다르므로 자신의 상황을 정확히 파악한 뒤 실천하기 바란다.

학문의 세계에는 여유 있는 시간을 가질 수 있는 제도가 있다. 일부 대학의 경우 몇 년마다 한 번씩, 1년의 연구휴가를 교수들에게 제공한다. '안식기간(Sabbatical)'이라는 제도다. 이 기간 동안 외국에 머물며 새로운 인맥이나 연구 주제를 얻는 사람도 있다.

또 스웨덴에서는 6개월 이상 일한 직원이 회사에 신청하면 언제든 6개월의 안식기간을 얻을 수 있다.[43, 44] 비록 무급 휴가지만, 그 기간을 잘 활용하여 사회인학교에 다니거나 스타트업 준비를 하는 사람도 있다. 그래서인지 스웨덴은 스타트업 강국으로 알려져 있다. 세계 최대 인터넷 전화 업체인 스카이프(Skype), 세계 최대 음원 스트리밍 업체인 스포티

파이(Spotify), 세계에서 가장 많이 팔린 비디오 게임 '마인크래프트'를 만든 모장(Mojang) 같은 글로벌 스타트업이 스웨덴에서 탄생한 데는 다 이유가 있다.

여백이나 여유는 새로운 도전의 밑거름이다. 자기 자신을 마주하는 시간이 되기도 하고, 무언가를 개발하는 시간이 되기도 한다. 스타트업을 육성하기 위해서는 국가나 개인 차원에서 안전망이나 여유가 있는 환경을 제공해주어야 한다.

[Practice] 첫발을 떼어야 결과가 생긴다

의과대학에 다니던 한 학생이 있었다. 그는 사회적으로 의미 있는 서비스 관련 아이디어를 가지고 있었으나, 프로그래밍 실력이 형편없었다. 그래서 프로그래머를 찾아다니며 함께 만들어보자고 제안했다. 그러나 아이디어만으로는 부족했는지, 같이 개발해보자며 손을 내미는 사람을 만날 수 없었다.

프로그래머를 찾는 데 한계를 느낀 그 학생은 대학에 휴학계를 내고 프로그래밍 공부를 시작했다. 1년간 공부와 더불어 서비스 개발회사에서 아르바이트도 했다. 프로그래밍 실력이 향상되자 그는 자신이 구상한 서비스의 샘플을 만들어보았다. 매우 초보적인 샘플이어서 완벽하게 작동하지는 않았지만, 아르바이트로 일하는 회사 동료들에게 샘플을 보여주자 관심을 보이는 사람들이 한둘 생겨났다. 그렇게 첫걸음을 내딘음으로써 환경이 완전히 바뀌었다. 그는 주변 사람들의 도움을 받으며 자력으로 서비스 개발을 이어갔고, 스타트업을 대상으로 하는 이벤트에도 초대받았다.

　아이디어가 그저 생각에 머물러 있을 때는 아무도 관심을 보이지 않지만, 자신의 능력으로 조금씩 일을 진행시키자 하나둘 도와주는 사람이 나타난 사례를 지금껏 숱하게 보았다. '나는 할 수 없는 일이야!' 하며 아무 행동도 안 하는 사람이 있다. 누가 나 좀 도와줬으면 하겠지만, 가만히 있는데 누군가가 도움을 주는 경우는 거의 없다. 하늘에서 저절로 감이 뚝 떨어지기를 바라는 동안 아이디어는 그냥 무용지물이 되고 만다.

　아무리 멋진 구상도 실천이 동반되지 않으면 무의미하다. 다루고 싶은 사업 주제가 있다면 구현하기 위해 일단 움직여보자. 마크 저커버그는 페이스북을 시작한 이유에 대하여 '단순히 재미있는 프로젝트였기 때문'이라고 말했다.[45] 지금의 거대 기업이 되기까지 그는 아마 엄청나게 많은 문제에 직면했을 테고, 그때마다 해결책이 되는 수법이나 기술을 익혀왔을 것이다. 다른 관점에서 보면, 저커버그는 '프로젝트'를 통해 조금씩 경영자가 되어갔다고 할 수 있다.

　저커버그는 엄청난 성공을 이룬 기업가로, 우리와는 매우 다른 존재처럼 느껴진다. 그런 그도 처음엔 앞서 말한 의대생과 다를 바가 없었다. 조금만 실천해보자. 프로젝트라고 하면 팀을 이뤄 완벽하게 준비한 뒤 온힘을 쏟아야 할 것처럼 느껴지지만, 실제로는 혼자 시작하는 프로젝트가 더 많다. 이것은 경영자가 되는 하나의 연습이다.

　6장에서 탐색과 활용은 리더십과 매니지먼트와 관련 있다고 말했다. 찰스 오레일리와 마이클 터슈먼 교수가 한 말도 떠올려보기 바란다. "활용이 매니지먼트의 문제라고 한다면, 탐색은 기본적으로 리더십의 문제다."

이 구분에 따르면 '훈련'은 불확실성 가운데 개척하는 리더십이고, 다음 단락에서 다루는 '프로세스'는 확실성을 높이고 오류를 막는 매니지먼트라고 할 수 있다. 그렇다면 자신의 손을 움직여 훈련하는 것은 리더십을 익히는 귀중한 경험이 된다. 서툴러서 실패하지 않도록 프로세스를 배워보자.

[Process] 사람과 조직에 관한 프로세스를 맨 먼저 익힌다

드디어 프로세스의 선택에 대해 살펴볼 시간이 왔다. 여기서는 창업할 때 어떤 프로세스를 선택하면 좋은지 알아보자.

사업에는 의사결정이나 팀 운영, 마케팅, 개발공정 등 여러 절차가 있다. 이 모든 것에 대한 효과적인 절차나 과정을 배우려면 엄청난 시간이 필요하다. 또 배운 뒤에도 어떤 상황에 어떤 절차나 과정이 최적인지를 판단하는 것은 상당히 어렵다. 따라서 지금 가장 곤란한 일이 무엇인지를 살핀 뒤 적절한 프로세스를 배우는 것이 중요하다.

특히 여러 용도로 널리 쓰인다는 의미에서 의사결정 프로세스에 대해 배우기를 권한다. 스타트업은 불확실성이 높은 사업이어서 창업가의 나날은 의사결정의 연속이기 때문이다. 이 책에서는 의사결정이 원활히 이뤄지는 몇 가지 방법을 소개하고자 한다.

또한 많은 창업가들이 처음 경험하는 문제는 사람과 관련된 것이다. 기업에서 몇 년 근무하고 팀 매니지먼트의 경험이 있더라도 경영자로서 인재 채용이나 팀원 육성에 관여하는 것은 처음이기에 어렵게 느껴질 것이다. 따라서 인사 및 채용에 좋은 프로세스를 배운 뒤 회사 안에 구축할 수 있다면 그 부담감은 대폭 가벼워질 것이다. 자세한 내용은 뒤에서 설명하겠지만, 액셀러레이터에서도 커뮤니케이션이나 사람에 관한 훈련을 제공하는 프로그램은 성과가 높다. 그런 곳에서 배운 스타트업은 그 뒤 성장한다. 사람이나 조직에 관한 프로세스를 맨 먼저 배우는 선택이 역시 중요하다.

이때 참고하면 좋은 사이트로 구글의 '리워크(re:Work)'를 소개한다. 여기엔 인사 및 채용에 관한 효과적인 프로세스가 다수 게재되어 있다. 구글은 데이터를 이용하여 인사 및 채용 과정을 검증한다. 면접 횟수는 몇 번이 가장 적당한지부터 어떤 매니저가 조직에 좋은 영향을 미치는지에 이르기까지, 여러 가지 프로세스를 그들 나름대로 분석한 내용이 사이트에 공개돼 있다. 구글의 축적된 인사 및 채용 정보가 궁금하다면 찾아가보기 바란다.

물론 이 정보는 구글 사례이기에 모든 기업에 좋은 영향을 미칠 것이라고 장담하기는 어렵다. 자사의 인사 및 채용 프로세스를 개선하기 위해서는 나름의 가설을 세우고 검증하지 않으면 안 된다. 특히 창업 초기에는 데이터를 근거로 개선을 거듭해온 기업의 프로세스는 좋은 교재가 될 것이다.

조직인사 연구가로 알려진 게리 래섬이 쓴 《근거에 기초한 관리자 되기(Becoming the Evidence-Based Manager)》도 추천한다. 이 책에는 팀 관리에 관한 풍부한 근거가 정리되어 있다. 이런 정보들을 참고하여 자신의 회사에 적합한 프로세스를 만들어가자.

[Process] 프로그램의 장단점을 알고 선택한다
액셀러레이터 프로그램에 참가하는 게 좋을까

창업에 관한 여러 프로세스를 배운다는 의미에서 '액셀러레이터 프로그램에 참가한다'는 선택지가 있다. 프로그램에 참가하면 상품 개발부터 마케팅, 인사, 채용 등 폭넓은 업무 프로세스를 단기간에 배울 수 있기 때문이다. 뿐만 아니라 기한을 설정함으로써 리듬이나 규율을 익힐 수도 있다. 이것은 업무 프로세스를 개선하는 데 기여할 것이다.

이 책에서 나는 액셀러레이터 프로그램도 장단점이 있다고 지적해왔다. 게다가 미국의 벤처캐피털인 데이터컬렉티브(Data Collective)가 정리한 자료[46]에 따르면, 기업 가치가 10억 달러(약 1조 원) 이상인 유니콘 기업의 창업자 중 약 90%는 액셀러레이터에 참가하지 않는다고 한다. 이 말을 달리 생각하면, 유니콘 기업 설립자 중에는 연속 창업가가 많고 그런 사람은 액셀러레이터 프로그램이 필요치 않다는 뜻이다. 적어도 데이터를 분석했을 때 프로그램 참가가 기업의 급성장을 견인하지는 않는다. 이 같은 전제에서 만일 프로그램에 참가하려고 한다면 어떤 것이 좋을까?

미국의 액셀러레이터 전문조사단체인 글로벌 액셀러레이터 러닝 이니셔티브(Global Accelerator Learning Initiative, GALI)는 52개 액셀러레이터를 조사한 결과 다음과 같은 경향이 있음을 밝혔다.

- 사업 분야나 기술 영역에 특화되면 성과가 낮아지는 경향이 있다.
- 멘토나 구조화된 프로그램에는 효과가 없다.
- 투자를 직접 하는 곳이 성과가 높다.

- 원격이 아니라 온라인상에서 직접 만나 지원한다.
- 창업가를 위한 프로그램에 시간을 많이 사용하는 액셀러레이터는 성과가 낮다.

한편, 다른 조사에서는 다음과 같은 결과를 얻었다.

- 멘토가 경험이 풍부한 창업가인 경우 자금 조달에 상관하기도 한다.[47]

나아가, 성과가 높은 액셀러레이터의 지원 내용은 다음과 같은 경향이 있다.

- 다른 기업가와의 만남이나 창업가끼리 배우는 것을 중시한다.[1, 48]
- 자금 조달이나 회계 같은 재무 능력을 높이는 데는 그다지 시간을 들이지 않고 프레젠테이션이나 커뮤니케이션, 네트워킹이나 조직 구축, 디자인에 많은 시간을 할애한다.[1]
- 멘토 중 잠재고객이 포함되어 있다.[49]

창업가 간 네트워킹과 경영에 관한 훈련을 누구로부터 어떻게 받는 게 중요한지는 다음의 실험 결과로 알 수 있다. 이 실험 대상이 된 것은 인도에 있는 100개의 하이테크 스타트업 창업가들이었다. 실험 내용은, 일단 두 그룹으로 나누어 동료 창업가에게 경영에 관한 조언을 받는 훈련을 했다.

먼저 한 그룹은 항상 목표를 설정한 뒤 정기적으로 만나 수시로 경영에 대한 피드백을 했다. 이 그룹은 공식적인 매니지먼트 방법을 채용한 동료 창업가에게 조언을 받았다. 또 다른 그룹은 비공식적인 방법(다소 느슨하고 수동적이며 구조화되지 않은 방법)으로 매니지먼트를 하는 동료 창업가로부터 조언을 받았다. 2년 뒤 두 그룹의 성장을 비교한 결과, 공식적인 매니지먼트 방법을 채용한 동료 창업가에게 조언을 받은 그룹의 기업 규모가 28%나 성장했고 실패한 확률은 10% 미만이었다고 한다.[50] 더욱이 그 동료 창업가가 같은 도시에 있다는 사실로 조언에 대한 반응이 좋아졌다.

다른 몇 가지 지적도 살펴보자. 둥근 테이블에서는 액셀러레이터가 멘토링 프로그램에 주력하지만, 사실 참가 스타트업이 가장 높이 평가하는 것은 작업공간의 제공이다. 또 스타트업에 지원되는 훈련이나 워크숍이 충분하지 않아서 마음만 심란했다[51]고 한다. 대학이 운영하는 창업지원센터와 그 밖의 창업지원센터를 비교해본 결과, 대학 창업지원센터의 액셀러레이터에 참가한 스타트업이 후자에 비해 성장률이 높았다는 연구조사도 있다. 예를 들어, 채용 일자리 수를 보면 전자가 후자에 비해 평균 네 개가 많고 매출도 약 5억 원 이상 높았다.[52] 그 배경에는 인적 자원에 대한 접근이나 평가가 있었을 것이다.

물론 이것은 경향의 문제로, 개별적으로 프로그램의 내용을 평가하지 않는다면 장단점을 판단할 수 없다. 게다가 시대의 변화에 따라 평가되는 부분도 달라진다. 이러한 경향을 참고하여 자신이 원하는 것을 얻을 수 있는 프로그램을 선택하자.

전망 없는 아이디어는 바로 쓰레기통으로

또 한 가지 흥미로운 점은 액셀러레이터에 참가하는 스타트업은 '보다 빨리, 그리고 자주 회사를 폐업하는 경향이 있다'[53]는 조사 결과가 있다. 이것은 액셀러레이터에 참가하는 약 900개 스타트업과 액셀러레이터에 들어가지 않은 약 900개 스타트업을 조사한 결과다.

이 사실만 보면 액셀러레이터는 실패한 것이다. 하지만 이 연구에서는 그것이 오히려 이점일 수 있다고 지적한다. 그 이유는 액셀러레이터 프로그램에서 전망 없는 사업 아이디어를 단념한 팀은 곧바로 새로운 사업 아이디어에 도전할 수 있었기 때문이다. 성장 가능성이 낮은 아이디어에는 투자도 적기 때문에 스타트업 생태계 전반의 투자효율이 높아진다는 것이다.

스타트업 생태계 안에서 가장 중요한 것은 열정적인 창업가의 '시간'이다. 시간과 정열만 있으면 여러 아이디어를 시도할 수 있다. 액셀러레이터도 프로그램에 참여한 사람들에게 '지금 열중하는 아이디어에 전망이 있는가, 없는가?'를 판단하는 힌트를 준다.

따라서 앞서 말한 조사 결과는 액셀러레이터가 '창업가의 시간이라는 한정된 자원을 유효하게 사용하기 위해 가망성 없는 아이디어를 서둘러 포기하고 다음으로 나아가기 위한 프로세스'를 제공한다고 말할 수 있다. 액셀러레이터 프로그램은 사업을 성장시키는 프로세스만을 가르치지 않는다는 데 그 가치가 있다.

자금 조달 성공률로 프로그램을 선택해서는 안 된다

한편, '프로그램을 졸업한 뒤 자금을 조달받은 회사의 비율'이나 '졸업 후 회사의 생존율'이 매우 높은 프로그램은 아이디어가 전망 있는지, 없는지 같은 판단을 해주지 않는다. 또한 성공률이 꽤 높은 프로그램은 큰 리스크를 무릅쓰지 않는다는 것을 의미하기도 한다. 경우에 따라서는 표면상 생존율을 높이기 위해 상품 개발이 아닌 수탁 개발을 시켜 스타트업을 연명하게 하는 프로그램도 있다.

실제로 와이 콤비네이터의 공동창업자인 폴 그레이엄은 프로그램을 졸업한 스타트업의 자금 조달률이나 조달액은 도움이 안 되는 지표이며, 오히려 심한 오해를 부를 수 있는 지표라고 지적한다.[54] 왜냐하면 스타트업에 대한 투자 전략은 '아웃라이어(Outlier, 평균치에서 벗어나는 표본)' 기업에 투자할 때 크게 성공하기 때문이다.

예를 들어, 벤처 투자의 성패는 야구타자가 말하는 '야구방망이에 맞았을 때의 세기×히트율'로 측정할 수 있다. 그 이유는 스타트업에 대한 투자에서 중요한 것은 히트율이 아니라 '방망이에 맞았을 때 홈런이 될지 말지'이기 때문이다. 높은 히트율로 나름의 업적을 남기는 스타트업에 투자하기보다 구글이나 페이스북 같은 홈런급에 해당하는 회사에 출자하는 것이 종합적으로 봤을 때 이익이 커지는 것이 벤처 투자다.

그러나 액셀러레이터가 지원하는 스타트업의 자금 조달율이나 조달 총액을 프로그램의 핵심성과지표(KPI)로 정하면, 그 지표에 맞춘 행동밖에 하지 못한다. 홈런을 치기 위해 풀스윙을 하는 것이 아니라 히트율을 높이는 방향으로 프로그램을 조정하게 되는 것이다.

대다수 프로그램은 이런 사정을 모르는 관계자에게 설명할 때 보통 자금 조달율이나 조달 총액을 전면에 내세운다. 만일 여러분이 홈런급 스타트업을 만들고 싶다면 그러한 지표를 전면에 내세워 실적을 주장하는 액셀러레이터 프로그램은 피해야 한다. 물론 확실한 히트(안타)를 원한다면 선택이 달라질 수 있다.

또한 여기서 말한 '성공'은 투자가나 프로그램을 운영하는 사람 또는 국가나 지자체의 시점에서 본 성공이라는 점도 덧붙이고 싶다. 투자가나 프로그램 운영자는 포트폴리오를 구성하면서 수십 개의 스타트업 중에서 한 개의 스타트업이 홈런을 날릴 수 있다고 생각한다. 창업가 입장에서도 도전의 결과가 실패이기를 바라지는 않을 것이다. 창업가는 인생의 귀중한 시간을 투자하고 있기 때문이다.

홈런만을 권하는 투자가나 액셀러레이터 프로그램의 이면에는 그들의 사업적 의향이 강하게 개입되어 있음을 이해하자. 만일 진짜로 홈런을 노린다면 북유럽 국가들의 유연안전성(Flexicurity)*처럼, 실패했을 때의 안전망을 든든히 느낄 수 있는 시스템을 자기 주변에 만들어둘 필요가 있을 것이다.

선택도 연습하면 잘할 수 있다

4P(Place, People, Practice, Process)를 중심으로 창업가에게 적합한 환경이나 기준에 대해 설명했다.

선택도 일종의 연습이다. 대다수 사람들은 선택하는 연습을 하지 못한다. 환경을 자발적으로 바꾼다는 선택에 대해서도 마찬가지다. 초등학교, 중고등학교, 대학교, 그리고 취직할 때까지 많은 사람들은 자신

---

* 유연성(Flexibility)과 안전성(Security)의 합성어로, 사회안전망을 통해 노동시장의 유연성과 안전성을 동시에 추구하는 고용복지 정책을 말한다.

의 의사에 따라 모든 것을 선택했다고 생각할지도 모른다. 과연 그럴까? 사회나 타인의 압력에 의해 선택한 것은 아닐까? 또 선택지는? 예를 들어 대학에 진학할 때 해외 대학까지 고려해봤을까? 일자리는 또 어떤가. 취직하기 전에 1년간 무직으로 자유롭게 살아보는 경험을 해보지 못한 이유는 무엇일까? 자신이 선택했다고 여겼던 환경도 사실은 주변 사람들의 영향을 받았던 것은 아닐까?

취직한 뒤에는 스스로 환경을 바꾸는 타이밍을 선택하지 않으면 안 된다. 대다수 사람들의 첫 의사결정이 '전직'이라는 말도 있다. 처음이니 서툰 것이 당연한데, 이것은 연습으로 좋아질 수 있다.

철학자 에리히 프롬은 《사랑의 기술》에서 '사랑은 기술'이라고 말한다. 기술이기에 연습이 필요하다. 이렇듯 사랑도 연습이나 훈련으로 배우는 것이다.

이 말은 창업가에게 구원의 빛이나 다름없다. 누군가를 사랑하는 것도, 세계를 사랑하는 것도 훈련이나 연습으로 능숙해질 수 있다면 우리는 창업도 잘할 수 있다. 마찬가지로 환경을 선택하는 기술도 연습으로 좋아질 수 있다.

그러나 프롬의 지적대로 효과적인 기술을 습득하기 위해서는 이론을 배우고 연습과 훈련에 힘쓸 필요가 있다. 또한 안데르스 에릭슨이 '의식적인 연습'에서 지적한 대로 단순히 많은 시간을 들인다고 좋은 건 아니다.

제2부에서는 선택할 때 알아야 할 이론이나 판단 기준을 살펴보았다. 이것을 활용하여 선택하는 연습을 꼭 해보자. 만일 실천하기 어렵다

면 무언가를 선택해야 하는 환경을 스스로 만들어보자.

찰스 두히그는 《1등의 습관》에서 〈선택을 위해 태어나다(Born to Choose)〉[55]라는 논문을 인용하여, '우리는 의욕이 있어 선택하는 것이 아니라 선택을 함으로써 의욕이 생긴다'는 이야기를 소개한다. 선택함으로써 스스로를 제어하고, 그것이 의욕으로 이어진다는 것이다.

작은 것이라도 좋으니 직접 선택해보자. 그것이 의욕을 이끌어내는 비결이라면 적어도 환경을 바꾸기 위해 먼저 네 개의 P 중에서 어떤 것을 바꾼다는 선택을 해보자. 그럼으로써 의욕이 생기고, 차츰 환경도 바뀌지 않을까?

START UP

제3부

성공 확률을 높이는 네 가지 조건

– 스스로 만드는 창업 환경

8장

[Place]
성공할 타이밍에
딱 맞는 장소로 키운다

'운'도 환경에 따라 변한다

지금까지 환경 변화에 대해 이야기했다. 그런데 환경을 바꿨다고 해서 무슨 일이 꼭 생기는 것은 아니다. 환경을 바꾸어 자신이 얻을 수 있는 것은 그저 무슨 일이 일어날 '확률'이다.

예를 들어, 하버드대학이나 도쿄대학에 입학했다고 남은 인생이 쭉 성공으로 이어지는 것은 아니다. 다만, 일류 대학에 다니면 두뇌가 명석한 친구를 사귈 기회가 많다. 훗날 창업가에게는 이들과의 지적 교류가 큰 재산이 될 수 있다.

실제로 커리어를 쌓는 초기 단계부터 높은 평판을 얻어 핵심 조직과 교류하는 것이 중요하다는 연구가 있다.[1] 연구자는 1980년부터 2016년까지 약 50만 명에 이르는 예술가를 대상으로 커리어 형성 과정을 조사했다. 첫째, 예술가들이 초기부터 권위 있는 핵심 조직과 접촉할 수 있는가(초기에 높은 평가를 얻었는가). 둘째, 커리어가 주변부에서 시작되었는가(초기에 낮은 평가를 받으며 시작했는가).

초기 상황이 어떤지에 따라 그 이후의 커리어에 상당한 변화가 있었다. 즉 예술 활동을 그만두는 비율이나 작품 거래 횟수, 작품 낙찰가 등에서 큰 차이가 났다. 당연히 초창기부터 핵심 조직과 교류했던 예술가는 탈락률이 낮았다. 초기에 높은 평가를 받은 사람들 중 58.6%는 커리어가 끝날 때까지 권위 있는 조직에 접근할 수 있었다. 반면, 주변부에서 커리어를 시작한 사람들(초기 평판이 그리 좋지 않았던 예술가들 중 최근에 권위 있는 장소에서 작품을 전시할 수 있게 된 사람들)은 10.2%만 권위 있는 조직에 접근할 수 있었다. 작품 거래 수는 초기에 높은 평가를 받은 예술가들이 4.2배 정도 많았고, 낙찰가 역시 5.2배가 높았다. 결국 처음부터 좋은 환경에 있었던 사람이 압도적으로 유리했다.

'적절한 타이밍에 적절한 장소에 있었던' 것이 그들의 성공비결이었다. 적절한 장소에 없었다면 아무 일도 일어나지 않았을 것이다. 타이밍을 스스로 선택하는 일은 아주 어렵지만, 장소를 선택하는 일은 얼마든지 스스로 할 수 있다. 물론 '있는 곳'을 바꾸면 틀림없이 좋은 일이 일어날 거라고 장담할 수는 없다. 같은 환경에서도 사람들은 제각각의 길을 선택해 나아가기 마련이다. 그래도 적절한 장소를 선택하여 그곳에 있는/있을 방법을 궁리함으로써 무슨 일이 일어날 확률을 높일 수는 있다. 이 확률을 '운'이라고 하자. 그러면 운은 환경에 따라 변한다는 말이 이해될 것이다.

성공하는 사람일수록 '운을 불러오는 환경'을 중시한다

세상은 영웅을 원한다. 언론매체도 성공한 창업가의 재능을 대서특필하고, 거기서 어떤 가르침을 찾으려는 경향이 있다. 성공 요인을 이런 식으로 찾는 건 문제가 있어 보인다. '근본적인 귀속 오류'라는 편견에서 지적하듯, 사람은 타인의 행동을 설명할 때 개성을 중시하고 상황을 경시하는 경향이 있기 때문이다. 반대로 자신의 행동을 설명할 때는 상황을 중시한다.

예를 들어 자신이 약속에 늦으면 '전철이 지연되는 바람에', '갑자기 급한 일이 생기는 바람에' 하며 늦은 이유를 상황에서 찾는다. 그런데 남이 늦으면 '지각하는 버릇이 있어서', '부주의해서', '정신이 딴 데 팔려 있어서' 하며 개성에서 원인을 찾으려 한다. 성공한 사람을 평가할 때도 마찬가지다. '저 사람은 성격이 이러이러해서 성공했다', '저 사람은 비범한 노력으로 성공했다'는 식으로 개성에 주목한다. 환경적인 요인에는 관심도 없다. 그때의 상황(환경)이 성공에 큰 영향을 미쳤을지도 모르는데 말이다.

미국의 저명한 경제학자인 로버트 H. 프랭크가 쓴 《실력과 노력으로 성공했다는 당신에게》를 보면, 육상 종목 여덟 개 중 일곱 개의 세계 신기록이 순풍이 불 때 나왔다. 또 크게 성공한 창업가들에게 물어보면 '주변 도움이 컸다', '운이 좋았다'라고 답한다. 겸손한 표현일 수도 있으나, 창업가들의 성공 뒤에 있는 환경의 중요성을 인정하는 말이기도 하다.

선택한 환경을 더 좋게 만드는 방법

제2부에서는 성공 확률을 높이는 수단 중 하나로 '자신에게 적합한 환경 선택'을 들었다. 제3부에서는 선택한 환경을 더 나은 것으로 만드는 방법을 제안할 생각이다. '스스로 디자인하는' 방법론에 대해 말하고자 한다. 이렇게 함으로써 당신의 능력을 키우고 운을 사로잡을 가능성을 높일 수 있다. 또한 주변 환경을 공유하는 다른 사람들의 성공에도 공헌할 수 있다.

이 책 앞에서 소개한 엘리펀테크의 창업 스토리를 기억하는가. 공동창업자인 스기모토는 실제로 환경을 디자인함으로써 인생을 바꿨다. 도쿄대학 근처에 랩 카페를 연 스기모토는 '최첨단을 안다, 기획한다, 창조한다'라는 주제로 장소를 만들고 창업할 동료와 나아갈 방향을 발견했다. 지금도 랩 카페는 도쿄대 학생들의 모임 장소로 이용되며, 그곳에서 여러 다양한 프로젝트가 만들어지고 있다. 이 환경은 대다수 사람들의 운을 높이는 '요람'이다. 스스로 환경을 바꾸어 성공한 스기모토 이야기는 환경을 공유한 사람들의 성공에도 공헌한 좋은 사례라고 할 수 있다.

이처럼 긍정적인 순환고리를 만들기 위해서는 환경 개선에 필요한 지식과 견문을 넓히고 이를 행동으로 옮겨야 한다. 그러면 모든 사람의 성공 확률은 높아질 것이다. 1장에서 '25%의 사람들이 바뀌면 사회운동이 일어난다'는 연구 결과를 소개했는데, 당신의 환경이나 팀은 더 좋은 운을 만나게 될지 모른다.

스티븐 슬로먼과 필립 페른백이 쓴 《지식의 착각》이나 조지프 히스가 쓴 《계몽주의 2.0》에서 지적하고 있듯이, 우리의 지식은 커뮤니티에 머물고 우리는 커뮤니티의 힘을 빌려 생각한다. 따라서 자신에게 꼭 맞는 환경을 선택한 뒤에는 그 환경을 키우는 데 힘써야 한다. 어떻게 해야 하는지, 아래의 순서로 살펴보자.

- Place: 어디서 시작해야 하는가?
- People: 누구와 관계를 맺어야 하는가?
- Practice: 어떻게 훈련해야 하는가?
- Process: 창업 시스템을 어떻게 개선해야 하는가?

시스템이나 제도로 장소를 키운다

'장소를 키운다'는 말이 무슨 의미일까? 어렵게 생각할 수도 있으나, 첫걸음은 매우 간단하다. 예를 들어, 좀 더 기분 좋은 장소로 만들고 싶은 단골카페가 있다고 가정하자. 이때 먼저 카페 주인이나 직원과 이야기를 나눈다. 무엇을 하면 좋을지 함께 생각하는 것에서 시작하는 것이다. '재즈 음악을 좋아하는 사람들이 모이는 장소로 만들자'로 의견일치를 봤다면, 카페 주인과 함께 재즈 마니아들이 모이는 이벤트를 기획하는 것도 좋다. 음악을 좋아하는 친구를 데리고 오게 하여 단골손님을 한 명씩 늘려가는 방법도 있다.

    장소 관련 이론이나 지식을 참조해 좀 더 전문적인 방법을 사용할 수도 있다. 장소 설계부터 건축, 행동경제학, 지역 에코시스템에 이르기까지 참고할 분야는 얼마든지 있다. 그중에는 1장에서 소개한 '개방형 사무실은 직원 간 대화의 양을 줄인다'는 조사 결과 등 직관에 반하는 지식도 있다. 이런 '인류가 구축해온 지식'을 살려 장소를 키워감으로써 당신이 있는 곳은 더 좋아질 것이다.

이때 장소를 정비해도 내용이 동반되지 않는다면 아무 일도 일어나지 않는다는 사실을 기억하자. 예를 들어, 많은 사람이 모이는 장소를 만들었다고 해서 저절로 다양한 인간관계가 형성되지는 않는다. 자연스러운 상황에서는 아는 사람끼리만 대화를 나눈다. 이 경우 행동경제학에서 말하는 '넛지(Nudge)'를 이용해 인간관계가 형성되도록 자연스럽게 개입할 수도 있지만, 좀 더 직접적으로 제도나 시스템을 만들어 개입하는 것이 효과적인 경우도 많다.

하버드 의과대학에서 실시한 임상실험[2]에서는 과학자 간의 협업을 늘리기 위한 개입이 이뤄졌다. 구체적으로 시스템화된 정보공유 모임을 열기 위한 여러 개의 방을 준비한 뒤 과학자들을 무작위로 배정했다. 그리고 같은 방에서 세미나를 한 과학자와 다른 방에서 세미나를 한 과학자들 사이에 보조금을 공동 신청하는 비율을 조사했다. 그러자 같은 방에서 세미나를 했던 과학자들이 공동으로 보조금을 신청할 가능성이 75%나 높다는 결과가 나왔다. 이것은 정보공유 모임이라는 형태의 '개입'을 통해 협업 상대를 찾는 비용을 줄이고 협업하기 쉬워진 사례다. 단지 이것만으로 협업을 늘릴 수 있다.

또한 식사를 같이 함으로써 협동 행동이 늘어 팀의 성과가 높아진다는 조사 결과[3]나, 티타임 같은 휴식시간을 동시에 가지는 규칙이 인간관계를 쉽게 만든다는 매사추세츠공과대학교의 연구 결과[4]도 있다. 이 조사를 실시한 연구자는 팀으로 식사할 때 큰 테이블을 준비함으로써 높은 성과를 올린다는 가설도 주장했다.[5]

와이 콤비네이터 직원들의 식사시간
여러 팀이 함께 모여 식사할 수 있도록 긴 테이블을 마련했다. (출처: Y Combinator Photo Gallery)

    IT칼럼니스트인 랜달 스트로스가 쓴 《런치패드(The Launch Pad: Inside Y Combinator)》에 따르면, 와이 콤비네이터는 직원 식사용으로 9미터 길이의 커다란 테이블을 준비한다고 한다. 식사할 때는 필연적으로 다른 팀과 동석해 대화를 나누게 된다. 또 어떤 대학에서는 여러 연구실이 교대로 티타임을 열어 강제적으로 다른 연구실 학생들을 만나게 하여 협동하는 계기를 만들었다.

이 같은 제도나 시스템은 강제해도 그리 반감을 사지 않을 것이다. 게다가 비용도 거의 들지 않는다. 어떻게 하느냐에 따라 장소가 가지는 가치를 높일 수 있는 좋은 사례다. 여러분도 이런 비용이 들지 않는 개입으로 많은 관계를 만들 방법을 강구해보자.

잡스도 효과를 봤던 산책 미팅

목적에 따라서는 장소를 바꿔보는 것도 괜찮다. 아이디어 발산이 필요한 때는 '산책 미팅'을 해보는 건 어떨까? 스탠퍼드대학에서 실시한 연구[6]에 따르면, 산책을 하는 그룹과 하지 않는 그룹의 창조성을 테스트한 결과 산책을 하는 그룹이 후자보다 고득점을 받은 비율이 81%나 높았다.

스티브 잡스를 비롯한 여러 창업가들도 산책 미팅을 도입했다. 2장에서 '높은 천장이 창조성을 높인다'는 연구 결과를 소개했는데, 원래 천장이 없는 바깥이 창조성이 더 높은 것인지도 모른다. 나도 대학교 안에서 자주 산책 미팅을 한다. 시끌벅적하고 분주한 환경 따윈 신경 쓸 필요 없이 동료와 대학 안 여기저기를 걸으면서 토론하는 시간은 매우 귀중하다.

산책 미팅의 장점은 또 있다. 산책을 통해 예상치 못했던 사람과 만날 확률이 높아진다는 것이다. 내가 사는 혼고산초메에서는 점심 도시락을 사러 가던 중에 불현듯 창업가와 만나 거리에서 이야기를 나누는 일이 자주 있다. 이동효율을 고려해 자동차나 자전거를 타면 이런 우연은 일어나지 않는다. 어떤 회사의 사례도 눈여겨볼 만하다. 승강기를 타려면 오래 기다려야 했기에 직원들은 계단으로 이동할 수밖에 없었다. 그 결과 다른 부서 사람과 만날 기회가 많아지고, 계단참에 서서 이야기를 나누는 모습을 때때로 볼 수 있었다고 한다.

일반적으로 거리를 설계할 때는 이동효율성을 따져 자동차나 자전거 위주로 한다. 하지만 사람이 쉽게 걸어 다닐 수 있게 설계하면 자연스런 만남이 이루어질뿐더러 관계로 이어지는 효과가 나타날 수 있다.

함께 키울 수 있도록 여백을 남겨둔다

당신이 있는/있을 곳을 혼자 키워갈 필요는 없다. 그 장소를 공유하는 사람들과 함께 키워가는 것이 더 큰 변화를 가져올 수 있다. 게다가 누군가를 끌어들여 장소를 키우면 당신이 없어도 계속적으로 발전하는 시스템이 구축된다. 장소의 다양성을 담보한다는 의미에서도 그 장소를 함께 만들어갈 동료를 찾아보자.

더불어 그 장소에 여백이나 여유를 만들자. 누군가가 중간에 참여했을 때 여유나 여백이 없으면 그 사람이 무언가를 하려고 해도 좀처럼 도울 수 없기 때문이다. 제2부에서 '탐색'하기 위해서는 여유가 중요하다고 했는데, 장소를 키울 때도 마찬가지다. 여유가 있으면 새로 온 사람도 뭔가를 자유롭게 시도해볼 수 있다.

따라서 처음부터 완벽하게 설계되어 아름답게 기능하는 '사용하는 장소'가 아니라, 사용하는 사람들이 '함께 키워가고 싶은 장소'를 어떻게 디자인해갈 것인가 하는 관점에서 장소를 키워가는 것이 중요하다. 뒤에 올 사람에게도 가능성을 남겨둬야 하니 말이다. 완전하지 않은 장소로

두면 불안정하지만 움직임이 있는 장소가 만들어진다.

연구까지는 아니지만 여기서 나의 경험을 소개해본다. 내가 관리하는 혼고 테크개러지에는 이동식 화이트보드가 여러 개 놓여 있고, 거기에는 학생들의 토론 흔적이 때때로 남는다. 나는 그 흔적을 지우지 않고 남겨두었을 때와 깨끗이 지웠을 때의 학생들 행동이 어떻게 다른지 관찰했다. 생각한 대로 화이트보드를 깨끗한 상태로 두었을 때 이용률이 현저히 높았다. 그래서 월·수·금에 화이트보드를 강제적으로 지웠더니 화이트보드의 가동률이 눈에 띄게 높아졌다. 어떤 의미에서는 이것도 '여백의 효과'라고 말할 수 있다.

상생하는 스타트업 생태계를 조성한다

회사나 커뮤니티라는 집단을 염두에 두고 설명한 것에서 한 걸음 더 나아가, 지금부터는 더 넓은 관점에서 생각해보자.

최근 들어 혼고산초메 주변에 스타트업이나 학생을 대상으로 하는 코워킹 스페이스(Co-working Space)*가 생겨나기 시작했다. 도쿄 전 지역에서 적지 않은 기업이 개방형 이노베이션을 위한 코워킹 스페이스를 설립했다. 이런 공간이 난립하여 '혹 영역다툼 같은 일이 벌어지지는 않을까' 우려하는 목소리도 있을지 모른다. 그러나 이 상황을 한 걸음 뒤에서 보면 각각의 공간에는 각각의 문화가 있음을 알게 된다. 다른 문화를 가진 다수의 공간이 있다는 것은 지역 전체의 다양성을 보장하는 것으

---

*   다양한 분야에서 독립적인 작업을 하는 사람들이 한 공간에 모여 서로의 아이디어를 공유하며 의견을 나누는 협업의 공간 또는 커뮤니티를 말한다.

로 이어진다.

원래 하나의 공간이 모든 사람들을 받아들이기는 어렵다. 능력은 물론 이용자의 목적에 따라 공간에 맞는 사람, 맞지 않는 사람이 있기 마련이다. 홀로 집중하고 싶은 사람은 조용하고 느긋하게 작업할 수 있는 공간을 찾을 것이다. 반면 사업 아이디어를 주제로 자유롭게 토론하고 싶은 사람은 창업가나 예비 창업가들이 모여 있는 공간을 원할 것이다. 창조적인 아이디어를 끌어내기 위해 대화를 많이 할 수 있는 공간을 선호할 게 뻔하다. 이런 내용을 고려하여 장소를 키울 때는 '어떻게 이용하면 좋을까'를 상상하며 살펴보자. 만일 특징이 다른 장소가 여럿 있으면 사람들은 자신의 목적이나 시간에 맞는 장소를 선택한다.

지역이라는 차원에서 장소 만들기에 공헌하는 것은 스스로에게도 이점이 있다. 스타트업의 경우, 그 지역에서 인재를 채용하기가 쉬워질 것이다. 현재 도쿄에는 시부야, 고탄다, 혼고산초메 등이 스타트업 집적지로 부상하고 있다. 각기 다른 문화를 가진 이곳은 서로 경합하는 듯 보이지만 실상은 그렇지 않다. 오히려 다양한 문화가 깃든 스타트업 에코시스템에서는 스타트업 이외의 기업에서 사람을 채용하기 쉬워진다. 파이를 차지하기 위해 서로 경쟁하는 게 스타트업의 본모습은 아니다. 다 같이 파이를 크게 키울 수 있는 것이 스타트업의 장점이다.

2010년대 후반에 온라인 결제와 관련된 스타트업이나 신규 사업이 대거 등장했다. 언뜻 봐서는 온라인 결제 관련 스타트업들끼리 경쟁하는 것 같지만, 관점을 달리 하면 여전히 많은 사람들이 현금으로 물건을 구입한다는 사실을 알 수 있다. 따라서 온라인 결제 관련 스타트업은 '파이를 나누어 가지는 것'이 아니라, 하나가 되어 '결제 방식을 오프라인에서 온라인으로 바꾸려 하는 것'이다. 실제로 스타트업과 경쟁 관계에 있는 것은 활동 무대가 비슷한 스타트업이 아니라 옛 습관이나 옛 체제다. 이러한 사실을 알고 스타트업 생태계 전체를 키워갈 필요가 있다.

실리콘밸리에 유니콘 기업이 많은 까닭

신고전학파(케임브리지학파)를 대표하는 영국의 경제학자 알프레드 마샬은 산업집적 이론을 주장했다. 이 이론의 장점은 '지식의 확산(Knowledge Spillover)'이다. 지식의 확산(또는 전파)이란, 개인 간에 지식이나 아이디어가 교환 및 공유되는 과정을 말한다. 예를 들어, 새로운 기술을 다른 사람에게 가르쳐주거나 새롭게 개발된 기법을 다른 업체에 전달하는 것이다. 이런 식으로 지식이 다른 사람이나 기업으로 흘러가게 된다. 스타트업이 한 지역에 모여 있으면 지식을 전달하는 비용이 줄어들 뿐 아니라, 다양한 인맥이나 도시화에 따른 공간적 근접을 통해 정보 교류가 증가한다. 때로는 격식을 갖춰, 때로는 가볍게 새로운 아이디어와 지식이 퍼져나간다.

캘리포니아대학교 버클리 캠퍼스에서 지역개발학을 가르치는 애너리 색스니언 교수는 《리저널 어드밴티지(Regional Advantage)》라는 책에서 실리콘밸리의 융성과 보스턴(컴퓨터와 전자산업 관련 기업들이 많이 몰려 있는 '루트 128' 지역)의 몰락을 비교했다. 이 책은 디지털 경제라는 관점에서 실리콘밸리와 보스턴의 교류 방식에 차이가 있다고 말한다. 예를 들어 '집적이나 외부 경제' 개념으로는 설명할 수 없는 부분에 대해 실리콘밸리의 개방적인 노동 시장, 비공식 네트워크, 지역 커뮤니티에 의한 협동이 가능한다고 지적한다.

소프트웨어 세계에서 이것이 가장 두드러진 곳이 실리콘밸리일 것이다. 소프트웨어의 지식 자체는 인터넷을 통해 공유할 수 있을지 모른다. 그러나 그것을 어떻게 비즈니스와 연동하면서 운용하는가, 소프트웨어를 사용한 아이디어를 어떻게 평가하는가, 그리고 소프트웨어 기업을 어떻게 급속히 확대해갈 것인가 하는 점에서 형식적인 지식만으로는 구할 수 없는 정보가 많다. 이 때문에 실리콘밸리에 있는, 그런 경험을 해본 적 있는 인재가 필요하다. 여기서 말하는 '경험'이란 소프트웨어 비즈니스의 아이디어 발상이나 투자 방법, 급격한 기업 확대 방법이다.

최근 몇 년간 일본 스타트업 시장은 급속히 증가했다. 당연히 몸집이 커지는 스타트업에서 경험을 쌓은 사람들도 많이 늘었다. 앞으로 이들은 일본 각지에서 스타트업 관련 지식이나 노하우를 전파하게 될 것이다. 이 사이클이 차츰 속도를 내면 일본 스타트업의 수준은 또 한 단계 오를 것이다. 스타트업 간에(창업자뿐 아니라 직원 차원에서도) 비공식적인 교류가 활성화되면 그 지역도 자연스레 번성한다.

새로운 장소, 새로운 커뮤니티를 만든다

기존 장소나 지역을 키워간다는 관점에서 몇 가지 조언을 했다. 가능하다면 자기 자신이 '새로운 장소'를 만들어보기 바란다. 젊고 재능 있는 예술가들의 '로프트'처럼, 또 일본에서 탄생한 스타트업 휠의 '써니 사이드 개러지'처럼 공통의 목적을 가진 사람들이 쉽게 모일 수 있는 장소를 만들면 새로운 커뮤니티가 형성된다.

이미 여러 번 지적했듯이 중요한 것은 실천(Practice)다. 따라서 새로운 장소를 만들 때는 관심에 근거한 커뮤니티가 아니라, 어떤 주제와 관련된 실천 커뮤니티를 의식하는 것이 좋다. 이 내용에 대해서는 에티엔느 웽거, 리처드 맥더모트, 윌리엄 M. 스나이더가 함께 쓴 《COP 혁명(Cultivating Communities of Practice)》이라는 책에 자세히 설명돼 있으니 참고하기 바란다.

사회도 장소라고 생각하면, 창업가는 새로운 장소를 탄생시킨 사람이다. 회사란 단순히 일하는 공간이 아니다. 여러 다양한 사람이 관계를 쌓는 장소이기도 하다. 만일 여러분이 창업한다면 필연적으로 그 장소를 키울 것이다. 그 과정에서 많은 것을 배울 텐데, 실패를 포함하여 실천하지 않았더라면 얻을 수 없는 배움이 차곡차곡 쌓일 것이다.

나 역시 혼고 테크개러지나 FoundX라는 구체적인 장소를 만듦으로써 여러 가지 것들을 배웠다. 여러분도 꼭 많은 사람의 성공 확률을 높일 수 있는 새로운 장소를 만들어 나와 같은 경험을 해보기 바란다. 아니면 자신이 좋아하는 장소를 그곳 주인과 함께 키워보자. 분명 새로운 깨달음을 많이 얻을 수 있을 것이다.

9장

[People]
모두가 성장해가는
네트워크를 만든다

중간 정도의 연결관계가 가장 효과적이다

이제 인간관계를 바꾸는 방법에 대해 살펴보자. 자신의 인간관계를 어떻게 키워갈 것인가, 그리고 그 인간관계 속에서 자신을 어떻게 높여갈 것인가에 대한 이야기다.

7장에서 우리는 최근에는 '약한 연결관계'보다 '강한 연결관계'가 주목받고 있음을 알았다. 그렇다면 '강한 연결관계'를 만들기 위해 의도적으로 무엇을 하면 좋을까? 앞에서 소개한 제프리 홀 교수의 연구가 도움이 될듯하다. 그 내용을 한번 떠올려보자.

타인이 격식을 차리지 않는 편한 교우관계가 되기까지는 대략 40~60시간이, 친구라 말할 수 있는 관계가 되기까지는 대략 80~100시간이, 관계가 깊은 절친이 되기까지는 대략 200시간이 필요하다는 연구였다. 이렇게 긴 시간 동안 함께하려면 단순히 행사장에서 몇 번 만나는 정도로는 불충분하다. 행사장에서 만났다면 보통 30분에서 한 시간 정도 이야기를 나눴을 텐데, 설령 뒤풀이 모임에 참석했다고 해도 두 시간 정도일 것이다. 행사가 진행되는 동안 계속 꼭 붙어 있었을 리도 만무하고, 결국 실제로 함께 보낸 시간은 그보다 적을 것이다.

가령 강한 연결관계, 즉 복잡한 정보를 주고받을 만큼 유대감을 가진 관계를 만드는 데 필요한 시간을 100시간 정도라고 가정했을 때, 행사에 몇 번을 참가해야 목적을 이룰 수 있을까? 적어도 50번 이상은 같은 행사에 참가해 대화를 나누지 않으면 안 된다. 단순히 네트워킹 행사에 참가해서는 목적을 달성하기 어렵다. 지리적으로 가깝거나 정기적으로 만날 수 있는 시스템이 오히려 강한 연결관계를 만드는 데 더 효과적일 것이다.

한편, 강한 연결관계를 만들면 무조건 좋은 효과를 얻을까? 그렇지는 않다. 7장에서도 소개한 노스웨스턴대학교 켈로그경영대학원의 브라이언 우지 교수의 연구를 보자.

우지 교수는 브로드웨이의 작곡가 네트워크와 경제적 성공의 관계성을 분석하고, 어떤 관계가 가장 성과가 높은지 조사했다.[1] '과거에 몇 번이나 함께 뮤지컬 작품을 만들었는가?'라는 물음을 통해 관계를 가시화한 결과, 매우 강한 연결관계를 가진 경우(여러 번 함께 작업한 경우)에는 뮤지컬이 빛을 보지 못했다. 그렇다면 처음 손을 잡은 작곡가들이나 관계가 먼 작곡가들(서로가 만나기까지 친구의, 친구의, 친구……라는 식으로 몇 단계가 필요한 작곡가들)이 팀을 이루면 틀림없이 좋은 아이디어를 짜내고 훌륭한 작품이 태어날지도 모른다고 오해할 수 있다. 그러나 약하고 먼 관계로 구성된 팀이 내놓은 작품도 그다지 큰 성공을 거두지 못했다. 결과적으로 가장 좋은 성과를 올린 경우는 중간 정도의 관계를 가진 팀이었다. 팀으로서 어느 정도의 결속력도 있으면서, 적당히 먼 관계의 작곡가들이 내놓은 새로운 아이디어가 더해진 팀이 경제적으로 가장 성공했다.[2]

또한 우지 교수는 1,790만 건의 과학 논문을 해석하는 연구도 진행했다. 그는 '수많은 논문에 인용되고 있는 논문', 다시 말해 후대에 강한 영향을 미치는 과학적 발견을 달성한 논문의 경향을 조사했다. 그 결과는 작곡가 네트워크와 마찬가지였다. 기존의 논문을 적절히 인용하면서 새로운 지식을 더한 논문의 영향력이 가장 컸다.[3]

'혁신의 핵심은 새로운 결합'이라고 하지만, 그 결합이 지나쳐도 성공은 어렵다. 서로 먼 것 같은, 신규성이 높은 아이디어를 연관 지어 세상에 없는 새로운 아이디어가 태어난다고 생각할지도 모른다. 그러나 팀이 그 아이디어를 실행하는 동안에는 서로에게 신뢰가 필요하고, 또 너무 다른 아이디어라면 조합하기 어려운 면도 있다. 다른 메타분석에 따르면, 문화적 다양성은 창조성을 높이지만 과제 갈등(자원 분배나 진행법, 방침, 판단이나 사실의 해석에 대한 충돌)을 늘리고 팀의 결속력을 저하한다고 한다.[4, 5] 물론 과제 갈등이 나쁜 것만은 아니다. 과제 갈등이 중간 정도일 때 팀의 창조성이 높아진다는 연구도 있다.[6]

따라서 아이디어라는 면에서는 강한 연결관계와 약한 연결관계를 균형 있게 잘 조합하는 것이 중요하다. 이 결과는 앞으로 새로운 팀을 구성할 때 중요한 시사점이 될 것이다.

인맥을 늘리는 '삼각관계'

개인뿐 아니라 공동창업자나 직원들 역시 인적 네트워크를 확대해가면 정보 수집이나 경력사원 채용이라는 측면에서 회사 전체가 힘을 키울 수 있다. 이 조합을 다른 창업가나 투자가에게 전파할 경우 여러분을 둘러싼 에코시스템 전체가 발전할지도 모른다.

만일 내 주변 사람들에게 유익한 관계를 만들어주고 싶다면 무엇부터 해야 할까? 의식할 것은 정보의 '가교' 역할을 맡을 사람의 존재다. 약한 연결관계에 대해 설명하면서 가교의 구조가 중요하다고 말했는데, 그런 가교 역할을 해줄 사람들에게 의지하면 새로운 정보를 얻을 수 있다. 만일 여러분이 가교 역할을 할 수 있다면(독자 여러분은 이미 이런 가교 역할을 하고 있지 않을까?), 다른 커뮤니티에서 온 정보를 또 다른 커뮤니티에 전달해보자. 여러분 주변의 인간관계라는 환경을 키우는 데 매우 큰 도움이 될 것이다.

가능하다면 다른 그룹에 속한 사람들과 '삼각관계'를 만들자. 혼자 가교 역할을 하는 동안에는 귀중한 정보원이 되어 이점을 독점할 수 있다. 7장에서 말했듯이, 약한 연결관계만으로는 인연이 단절되기 쉽다. 하지만 삼각관계를 만들어뒀다면 어디 한쪽 관계가 끊겨도 한 단계만 거치면 그 사람에 닿을 수 있다(《그림 1》 참조).

예를 들어 두 동료가 있는 상황을 생각해보자. 그들 사이에 아무 연결고리가 없으면, 당신이 어느 한쪽과 싸우고 단절된 순간 두 그룹 간의 정보교류는 사라진다. 그러나 그들 사이에 관계가 형성돼 있으면, 누가 누구와 다투고 인연을 끊더라도 그들 중 한 사람을 경유하여 다른 그룹에 접촉할 수 있다. 어쩌면 한 사람이 심하게 다툰 두 사람 사이를

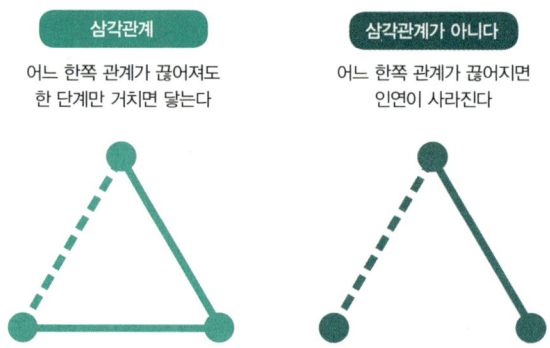

〈그림 1〉 강하고 튼튼한 인적 네트워크를 만드는 '삼각관계'
'자신과는 관계가 있고 서로는 모르는 사이'인 사람을 연결하는 것이 중요하다.

이어주는 역할을 할지도 모른다. 싸운 뒤 관계가 서먹서먹할 때 중재자가 있으면 화해하기가 한결 쉽다.

네트워킹 행사에 참가해도 결국은 같은 사람하고만 이야기를 나누다가 끝나는 경우가 많다. 이런 때는 누군가에게 지인을 소개하자. 새로운 삼각 네트워크가 만들어질 것이다. 두 커뮤니티에 각각 지인이 있다면 그들을 서로 연결시켜주는 것도 좋다.

커넥터

서로를 소개시켜주는 역할을 하는 사람을 '커넥터(Connector)'라고 한다. 미국의 시장조사 및 컨설팅회사인 가트너(Gartner)에 따르면, 커넥터 매니저의 성과가 가장 높다고 한다.[7] 이 조사에서 매니저의 종류는 그들의 코칭 방식에 따라 다음의 네 가지로 분류된다.

- 교사 매니저(Teacher Managers)

- 늘 전원이 켜져 있는 매니저(Always-on Managers)
- 커넥터 매니저(Connector Managers)
- 치어리더 매니저(Cheerleader Managers)

가장 많은 형태는 '치어리더 매니저'로, 전체의 29%였다. 치어리더 매니저는 기본적으로 부하직원을 잘 돌보지 않고 긍정적인 피드백밖에 하지 않는다. 가장 적은 형태는 '교사 매니저'로 전체의 22%였다. 이 매니저는 아낌없이 적극적으로 조언해준다는 특징을 가졌다. '늘 전원이 켜져 있는 매니저'는 부하직원의 성장을 최우선으로 하며 정기적으로 코칭이나 피드백을 제공한다. 인사 관리자가 가장 이상적으로 여기는 매니저다.

그런데 팀의 성과에 가장 나쁜 영향을 미치는 형태는 '늘 전원이 켜져 있는 매니저'였다. 아무래도 늘 ON 상태이다 보니 피드백도 자연 많을 테고, 그게 오히려 안 좋은 영향을 준 듯하다. 반면 성과를 가장 많이 낸 형태는 커넥터 매니저였다. 그들은 자신의 전문 분야에 대해서는 부하직원에게 피드백을 했으나, 전문 외 분야에 대해서는 다른 사람을 소개하여 과제를 해결했다. 매니저 한 명이 모든 의문에 답하기는 힘들다. 커넥터 매니저는 부하직원의 과제나 질문에 대해 적절한 사람을 소개함으로써 팀의 성과를 높였다고 볼 수 있다. 자기 자신이나 팀의 성과를 높이기 위해서는 타인과의 관계를 늘려주는 것이 바람직하다.

따라서 부하직원이나 동료에게 멘토를 소개해주거나, 다른 커뮤니티에 속한 서너 명을 구성원으로 하는 팀을 여러 개 만들어보자. 회사 밖의 사람과 점심을 먹을 때도 여러 멘토를 소개해주자. 혼자서 부하직원을 지원하기보다 모두의 힘을 빌려 부하직원을 도와주는 게 팀의 성과를 높이는 데 효과적이다. 컴퓨터 공학자이자 MIT 미디어랩 디렉터인 알렉스 펜트랜드 교수는 팀(조직)을 효율화하는 방법에 대해 연구했다. 그 결과 우수한 팀의 경우, 팀원이 나가서 탐색하고 새로운 정보를 갖고 돌아오는 경향이 있었다.[8] 타인과의 관계를 늘리고 팀으로서의 성과를 높여보자.

약한 연결관계를 만드는 네트워크 기법
구조화된 질문을 해본다

이 방법은 '삼각관계'와 관련 있다. 즉 새로운 정보를 얻기 위해 서로의 연인이나 파트너에게 부탁하는 것이다. 연인이나 파트너는 강한 연결관계로 맺어져 있지만, 일반적인 친구와는 다르다. 보통 자신과 다른 커뮤니티에 속한 경우가 많으며, 다른 사회적 관계성을 가진다.

비슷한 예로, 약한 연결관계의 강점을 제창한 마크 그라노베터의 논문에 인용된 '가족 대부분은 약한 연결관계의 수(數)에 영향을 받는다'는 이야기가 있다.[9]

그렇다고 해도 처음 만난 사람과 말하는 것에 어려움을 겪는 사람도 있다. 조금 아는 사이라도 어떤 이야기를 하면 좋을지 모르는 경우도 있다. 이런 상황에서는 서로에게 '구조화된 질문'을 하는 것이 좋은 방법이다. 일반적인 대화의 흐름을 따르면 '지금 사는 곳이 어디에요?', '형제는 몇 명이에요?' 같은 질문만 던지다 끝나기 때문이다. 이렇게 해서는 친해지기 힘들다. 그러나 '친해지는 연습을 해볼까?'라는 기분으로 서로 교대로 질문을 하면, 좀 어색하긴 해도 효과적으로 서로를 이해할 수 있다. 중요한 화제를 공유함으로써 친구로 발전하기도 쉽다.[10]

한때 '누구와도 연인이 될 수 있는 36가지 질문'이 〈뉴욕타임스〉 칼럼이나 테드(TED) 강연을 통해 세상에 알려졌는데, 이것도 같은 구조다.[11, 12] 구체적인 질문 방법도 소개하고 있으니 참고해보자.

시간 네트워크의 특징을 안다

많은 사람들이 친구가 별로 없다고 느끼지만, 친구를 만들라고 하면 자신없어한다. 특히 최근 몇 년간 트위터, 페이스북 같은 소셜네트워크서비스(SNS)가 발달한 덕에 '친구가 많은 사람'이 지나치게 가시화되는 경향이 있다. 온라인으로 연결된 인적 네트워크는 친구뿐 아니라 인간관계가 없는 사람들도 포함돼 있지만, 그냥 얼핏 보기에는 친구가 정말 많은 것처럼 느껴진다. '나도 친구가 많았으면 좋겠어!'라고 생각하는 사람들은 어떻게 해야 할까?

친구를 늘리는 가장 손쉬운 방법은 과거에 친구였던 사람과의 관계를 되살리는 것이다. 오랫동안 인간관계의 변천을 살펴본 조사에 따르면, 보통 7년이 지나면 친구관계의 약 절반이 새로 형성된다고 한다.[13] 관계가 유지되는 것은 48%이고, 나머지는 새로운 사람으로 교체되었다. 그러나 끊어졌던 교우관계를 다시 연결하는 것은 새로운 사람과 친구가 되는 것보다 한결 편하다.

자, 무작위라도 좋으니 시험 삼아 연락이 끊긴 옛 친구에게 메시지를 보내보자. 예전에는 크리스마스카드와 연하장이 그 역할을 했는데, 요즘에는 '새해 복 많이 받으세요'나 '생일 축하합니다' 같은 SNS 메시지가 관계를 다시 이어주는 역할을 한다. 아니면 용기를 내어 중고등학교나 대학교 동창회에 참가하는 건 어떨까? 과거에 몸담았던 연구실이 개최하는 오픈데이 때 얼굴을 내밀어보는 것도 좋을 것이다.

인적 네트워크는 '시간 네트워크(Temporal Networks)'라 불리며, 관계의 강약은 그때그때 다르지만 일단 '접속이 되면(대화나 통신이 재기되면)' 잠깐씩 자주 대화를 나누는 경향이 있다고 한다.[14] 반대로 접속이 잠깐 끊긴 상태가 이어지면 대화할 가능성이 한층 줄어든다. 아마도 아침에 짧게라도 인사를 건넨 날은 하루 종일 그 사람과 대화하기 쉬웠다는 경험을 해본 적 있을 것이다. 이런 특성을 적극 활용하기 위해 아침에 가벼운 미팅이나 조회를 하는 조직이 많다.

꽤 오랫동안 교류가 뜸했던 사업상 지인이나 창업가 동료에게 기회를 봐서 안부 메시지를 보내보는 것도 좋다. 다만, 상대가 답변하기 쉬운 메시지여야 한다. 상대가 메시지를 받고 '어려운 얘기네. 뭐라고 답하지?'라고 생각한다면 곤란하다.

최근에 나도 '무작위로 선택한 옛 친구들에게 메시지를 보내고 있다'는 사람의 연락을 받은 적이 있다. 호기심도 생기고, 때마침 시간적 여유도 있어서 답신을 보내 서로의 근황을 교환했다. 당시 그는 새로운 애플리케이션을 만드는 중이었는데, 내가 베타 유저로서 그 애플리케이션을 테스트해주면 좋겠다는 얘기도 나왔다. 이 책을 쓰고 있는 동안에도 지난 몇 년간 소식이 끊겼던 대학 친구로부터 메시지가 와서 추억을 나누는 시간을 가졌다.

물론 너무 많은 관계는 불편함을 부른다. 네트워크가 너무 많으면 관계를 유지하는 비용도 많이 들고, 불필요한 사건에 휩쓸릴 수 있다.

또 어떤 일에 도전하지 말라는 등 용기를 꺾는 사람을 만날 수도 있다. 관계를 무턱대고 늘리는 행위는 7장 〈약한 연결관계의 강점과 약점〉에서 지적했듯이 단점도 있을지 모르므로, 어느 정도 주의하면서 진행하는 것이 좋다.

분산기억 시스템을 만드는 세 가지 과정

"이 문제는 그 사람에게 물으면 된다." 어떤 일로 곤란을 겪을 때 이런 생각이 당신을 몇 번쯤 도와주었을 것이다. '누가 무엇을 알고 있는가(Who Knows What?)'를 '분산기억'이라고 말하기도 한다. 여러 연구에서 이 분산기억이 그룹의 성과를 높인다는 사실을 밝혀냈다.

분산기억 시스템(TMS, Transactive Memory System)을 잘 형성하면, 의사결정 프로세스를 개선하는 효과[15]가 있다. 또 팀원의 효율성에 대한 지각이나 조직에 대한 만족도를 높인다는 효과[16]도 인정된다. 나아가 다른 연구[17]를 보면, 분산기억 시스템은 그룹의 성과에 긍정적인 영향을 준다. 그중에서 각자의 '전문성' 심화와 누가 무엇을 알고 있느냐라는 점에서의 '정확성'을 가지는 것이 중요하다.

또한 텍사스대학교 오스틴 캠퍼스의 카일 루이스는 커뮤니케이션 수법에 주목한 연구를 진행했다. 그는 직접적인 대화에 의한 커뮤니케이션 빈도가 높은 팀은 분산기억이 높고, 메일이나 전화에 의한 커뮤니케이션은 그 효과를 찾아보기 어렵다고 지적한다.[18] 개방된 사무실에서는 대화가 줄고 메일이 증가한다는 연구 결과가 있는데, 분산기억의 발달이라는 점에서도 개방형 사무실은 적합지 않다.

그렇다면 분산기억을 잘 형성하기 위해서는 어떻게 하면 좋을까? 하버드대학교 교수이자 사회심리학자인 대니얼 웨그너의 연구에 따르면, 분산기억은 인간의 기억 프로세스와 비슷한 순서로 형성된다고 한다.[19]

- 공유(Encoding): 구성원의 지식 영역을 알고서 '과거에 누가 무엇을 했는가?'라는 식의 대화를 하거나 서로의 상호작용(지식의 공유나 정보 탐색)이 일어나는 과정
- 축적(Storage): 구성원의 전문성에 관한 정보가 다른 구성원에게도 전송되는 과정
- 검색(Retrieval): 특정 전문 분야를 가진 사람을 떠올리는 과정

분산기억을 많이 형성하는 조직은 강하다. 조직뿐 아니라 함께 만든 커뮤니티나 장소도 분산기억을 만듦으로써 효과를 발휘할 것이다. 특정 목적을 가진 커뮤니티라면 효과가 더 크다. 예를 들어, 다른 사람과의 교류를 통해 자신의 주변 환경을 개선하고자 할 때는 단순히 지식을 공유하기보다 '누가 무엇을 알고 있는가'라는 정보도 함께 나누는 게 효과적일지 모른다. 새로운 분야에 대해 배울 때도 '누가 무엇을 알고 있는가'라는 정보에 주목해야 한다. 어떤 분야에 정통한 사람이 누구인지 알면, 그를 통해 풍부한 지식을 얻을 수 있다.

앞에서 '커넥터 매니저'에 대해 설명했는데, 유능한 매니저는 이런 분산기억을 많이 가지고 있을지 모른다. 조직 안에 분산기억 시스템을 만들어두면 각 매니저가 '어떤 것을 알고 있는 누군가'에게 접촉하기 쉬울 수도 있다.

오늘날에는 커뮤니티 매니저나 커뮤니티 마케팅 매니저가 주목받고 있다. 이들의 업무에 분산기억 사고법이나 사회 네트워크 분석에 관한 지식이 도움이 될 것이다.

후원해주는 멘토를 찾는다

액셀러레이터 프로그램이 제공하는 멘토 프로그램의 대다수는 유의미한 효과가 없다고 한다. 다만, 창업가 개인이 멘토의 가르침을 철저하게 따르는 것은 여러 방면에서 장려되고 있다.

중소기업용 금융서비스와 기술, 데이터 플랫폼 업체인 미국의 캐비지(Kabbage)는 사업 규모가 작은 200개 이상의 회사를 조사했다.[20] 그랬더니 스타트업을 포함한 중소기업 창업가 중에 멘토가 있는 사람은 22%뿐이었다. 조언자를 가진 창업가를 포함하면 39%로 증가하지만, 결과는 대부분의 사람들이 멘토의 가르침에 따르지 않고 단독으로 비즈니스를 전개하고 있음을 보여준다. 이 조사에서 92%의 창업가는 '비즈니스에 영향을 주는 요인으로 멘토를 빼놓을 수 없다'라고 대답했다.

실제로 셰인 스노가 쓴 《스마트컷: 성공으로 가는 가장 빠른 길》에 인용된 조사에 따르면, 좋은 멘토를 구한 창업가는 그렇지 않은 창업가에 비해 7배의 자금을 조달하고, 3.5배나 빨리 사업을 성장시켰다고 한다. 또한 혁신적인 창업가를 지원하는 미국의 비영리단체인 인데버(Endeavor)가 뉴욕에서 실시한 조사[21]에 따르면, 최고 수준의 창업가를 멘토로 둔 사람은 그렇지 않은 사람에 비해 3배 정도 높은 성과를 낸다

고 한다. 멘토 그룹 안에 고객을 포함시키라고 권하는 조사도 있다.[22]

한편, 멘토링 효과를 커리어 형성이라는 관점에서 보면 효과는 그리 크지 않았다.[23] 또한 다이버시티(Diversity, 다양성)를 추진하는 비영리단체 카탈리스트(Catalyst)는 커리어 형성에는 멘토링보다 '스폰서십'이 유효할지 모른다고 말한다. 무슨 의미인지 살펴보자.

카탈리스트의 조사가 실린 《왓 워크스(What Works: Gender Equality by Design)》에 따르면, 여성 멘토는 일반적으로 남성 멘토보다 회사 안에서의 지위가 낮고 영향력이 떨어지는 경향이 있었다. 또 여성 멘토는 코칭과 조언만 해준 데 반해, 남성 멘토는 좀 더 적극적으로 멘티의 이익을 대변하고 성공하도록 밀어주는 경향이 두드러졌다. 여기서 말하고 싶은 내용은 '멘토가 제 역할을 하고 있는가?'이다. 후원자로서의 역할을 하느냐, 안 하느냐에 따라 결과가 달라지기 때문이다.

이 이야기는 창업가의 멘토에도 해당된다. 상담뿐 아니라 부지런히 움직여 누군가를 연결시켜주는, 즉 도움을 주는 사람인지가 중요하다는 것이다. 공식적인 관계가 아니어도 된다. 미국 멤피스대학의 크리스티나 언더힐이 발표한 멘토링에 관한 메타분석[24]에 따르면, 직장에서는 공식적인 멘토링보다 비공식적인 멘토링이 더 중요한 영향을 미쳤다.

멘토링이 비즈니스에 가져오는 효과에 대해서는 아직 최종적인 답이 나와 있지 않다. 스타트업의 경우, 코칭이 가능하다는 전제로 멘토링이 이루어진다. 한편, 어떤 조사에서는 상대가 코칭이 가능한지 아닌지(조언을 따를지 말지)는 그 기업의 성과와 비례하지 않는다는 결과를 얻었다.[25] 그 이유는 분명치 않다. 창업가가 코칭이 안 되는 사람이어서인지, 조언할 능력을 갖지 못한 탓인지, 아니면 멘토의 조언이 나빠서 창업가가 따르지 않은 탓인지 알 수 없다. 멘토십이나 멘토링 프로그램이 유효한지, 그리고 어떻게 하면 유효할지는 앞으로도 검토할 여지가 있다.

멘토 뒤에 있는 멘토 커뮤니티에 주목한다

멘토를 원하는 창업가는 멘토 뒤에 있는 '멘토 커뮤니티'에 주목하자. 아무리 뛰어난 멘토라도 스타트업이 안고 있는 온갖 고민을 다 해결해주지는 못한다. 이런 경우에 정말 의지할 수 있는 것은 가르침을 줄 멘토가 다수의 협력자를 가지고 있는가의 여부다. 이것까지 포함하여 멘토의 실력이라고 봐야 할 것이다. 앞에서 말한 '커넥터 매니저'를 떠올려보자.

    액셀러레이터 프로그램이 제공하는 멘토링 역시 멘토 개개인의 지명도나 능력뿐 아니라 그 프로그램으로 멘토끼리 커뮤니티를 형성하고 있는지, 서로가 정보교환을 하고 있는지, 사이가 좋은지 등이 중요하다고 말할 수 있다. 특히 멘토가 될 법한 유명인은 대개 바빠서 밋업(Meetup) 등에 좀처럼 참가하기 힘든 사람도 있다. 그러나 멘토 커뮤니티가 강력하면 대다수 멘토가 적극적으로 참석할 가능성이 크다. 반대로 책임감을 가지고 많은 시간을 당신에게 할애하는 사람이라도 멘토 커뮤니티가 없으면 당신에게 도움이 안 될지도 모른다. 그만큼 해결할 수 있는 일이 적기 때문이다.

    이스라엘의 액셀러레이터 프로그램에 참가했을 때, 내가 직접 경험한 일이기도 하다. 그 프로그램의 멘토들은 서로 잘 아는 사이여서 정보교환도 적극적으로 이루어졌다. 그들이 가진 커뮤니티는 일본의 스폰서십 프로그램에서는 좀처럼 느낄 수 없는 분위기였다. 그 네트워크는 나라 밖에까지 뻗어 일본에 사는 멘토도 그들과 연결되어 있었다. 멘토들은 모르는 게 있으면 멘토 커뮤니티에 물어봤고, 그렇게 얻은 정보를 창업가에게 알려주었다. 멘토로서의 책임을 다한 셈이다.

도쿄대학 FoundX는 '서포터 프로그램'을 제공하고 있다. FoundX가 선택한 창업가들을 지원하는 프로그램인데, 도쿄대 출신의 창업가나 실무가를 모아 멘토링이 아닌 서포팅을 해주는 게 특징이다. 고객 인터뷰를 싣거나 베타 유저로서 제품을 처음 사용하는 등 멘토링이라는 수단 외에도 창업가를 후원할 수 있는 프로그램을 구상하고 있다. 또한 전 멘토의 커뮤니티화를 실행하여 창업가에게 실질적인 도움을 주고자 한다. 이렇게 함으로써 보다 많은 기회가 창업가에게 주어질 것이라고 생각하기 때문이다.

이 프로그램은 7장에서 소개한 '알럼니'에 관한 연구[26]를 비롯하여 여러 지식과 실례를 참고하여 설계했다. 실제로 와이 콤비네이터는 '북페이스(Bookface)'라는 SNS를 운영하고 있는데, 그곳에서는 와이 콤비네이터가 선택한 기업이나 창업가들이 의견을 나눌 수 있다. 또한 최근 '배치(Batch) 프로그램에 들어간 B to B 스타트업의 최신 고객은 와이 콤비네이터를 졸업한 선배 스타트업인 경우가 많았다. 와이 콤비네이터는 고객 후보를 포함한 서포터 커뮤니티를 잘 만들고 있다.

이런 멘토/서포터 커뮤니티를 만드는 방법론은 프로그램 설계에만 필요한 것은 아니다. 자신의 멘토가 여럿 있는 경우는 그 멘토끼리 관계를 형성할 기회를 마련하면 피드백을 다각적으로 해줄 것이다. 스타트업의 대표자 모임을 잘 활용해 도움을 받을 수도 있다. 당신을 도와줄 사람들을 연결시켜 커뮤니티를 만들어보자.

멘토 포트폴리오를 구성한다

멘토/서포터 뒤에 있는 커뮤니티를 보고 나서, 다음으로 반드시 생각해야 하는 것이 당신의 멘토 포트폴리오다. 멘토마다 전문 분야가 있으므로 우리는 질문할 때 이 점을 고려해야 한다. 잘 아는 분야를 물어야 멘토도 자신 있게 조언할 수 있을 것이다. 또한 '전화로 즉시 상담할 수 있는 사람'을 멘토로 둬야 필요할 때 바로바로 도움을 받을 수 있다. 그렇다고 어느 한 사람에게만 질문하는 일은 없기 바란다. 피드백이 빠른 멘토와 전문 분야를 가진 멘토를 분리해서 생각한다면 멘토링 효과를 더 크게 누릴 수 있을 것이다.

특히 갓 창업한 사람은 처음 겪는 일이 많다. 선배 창업가들의 조언을 듣고 싶을 때도 자주 있을 것이다. 젊은 창업가들은 다음과 같은 사람들에게 자신의 멘토가 되어달라고 부탁해보자.

1. 자신보다 '반년 선배'인 창업가
2. 자신보다 '1~2년 선배'인 창업가
3. 자신보다 '5~6년 선배'인 창업가
4. 자신보다 '10년 이상 선배'인 창업가

대다수 창업가는 유명하고 실적이 뛰어난 '5~6년 선배'나 '10년 이상 선배'를 원할 것이다. 분명 성공한 창업가는 당신에게 동기부여가 되는 조언을 해줄 것이고, 다른 관점에서 생각하는 방법을 가르쳐줄 것이다. 그러나 다른 한편으로는 자신보다 반년 정도 앞선 선배 창업가들의 조언이 더 도움이 될지도 모른다. 성공한 사람들의 이야기 속에는 분명

귀담아들을 내용이 많다. 다만, 창업한 지 오래되어서 상담자인 창업가가 놓여 있는 국면을 잊고 조언하기 쉽다. 게다가 비즈니스 환경은 몇 년마다 바뀌기 때문에 5년 전에는 성공했던 방법일지라도 지금은 별 도움이 안 되는 경우도 있다. 예를 들어 마케팅의 경우에는 몇 년 전 방법이 통하지 않는 일이 허다하다.

한편, 자신보다 조금 앞선 선배 창업가라면 최근 경험담을 통해 바로 눈앞에 있는 함정을 짚어주기도 한다. 그런 선배 창업가와 계속 연락을 주고받으면 '그때는 이렇게 말했는데 실제로 겪어보니 그렇지 않았던 일'도 알려줄지 모른다.

또 다른 방법은 입장이 비슷한 동료를 멘토로 두는 것이다. 1장에서 소개한 뉴질랜드 교육학자 존 해티 교수가 쓴 《시각적인 학습(Visible Learning)》에서도 서로 가르쳐주는 '상호교수법'의 효과가 매우 높다고 지적한다. 동료가 좋은 점은 우수한 코치나 멘토보다 접근성이 용이하다는 것이다. 보통 멘토는 일이 많아 다른 데 관심을 가질 여유가 없는 반면, 동료는 비교적 빠르게 상담해준다. 또 동료와의 대화를 통해 자기반성의 계기를 얻기도 한다. 특히 액셀러레이터 프로그램에 함께 참여했던 동기처럼, 자신과 비슷한 상황에 처한 사람을 동료로 삼으면 서로를 이해해주는 좋은 상담자가 되어줄 것이다.

먼 미래까지 내다보고 당신의 비전을 높여줄 멘토, 조금 앞서간 멘토, 그리고 동료 멘토로 포트폴리오를 구성해보자. 경우에 따라서는 당신이 멘토가 되어 상대의 이야기를 들어줄 수도 있어야 한다. 이렇게 서로가 서로에게 선행을 베풀면서 튼튼한 안전망을 만들어가기 바란다.

창조적인 커뮤니티를 만든다

이제 자신의 창조성이나 실행력을 높여줄 인적 네트워크에 대해 이야기해보자. 지금까지는 멘토나 서포터에게 어떤 도움을 받을 수 있는지에 초점을 맞췄는데, 이제는 동료 관계인 사람들과의 커뮤니티를 어떻게 만들어갈지에 대해 알아보자.

친구나 동료가 얼마만큼 영향력이 있는지를 알아보는 연구가 있다. 에밀리 브레저와 찬드라세카르가 인도에서 실시한 연구[27]로, 그들은 사람들이 은행 계좌를 개설한 뒤 저축 목표를 세우도록 지원했다. 이를 위해 몇 번이고 방문했는데, 이런 행동만으로 저축액이 약 10% 증가했다고 한다. 한편, 이 그룹과 마찬가지로 지원해준 다른 그룹의 경우에는 도움을 받는 사람들이 네트워크를 만든 뒤 그 안에서 서로를 모니터링하게 했다. 그랬더니 저축액이 약 35%나 증가했다. 이때 모니터링하는 사람은 연구자가 아닌 그냥 무작위로 뽑는 편이 효과적이었다. 네트워크 중심에 있는 강력한 인물이 이상적인 모니터 역할을 했고, 네트워크 주변에 있는 사람들은 목소리가 작아 계획을 달성하는 데 영향력을 발휘하기 힘들었다. 결과적으로 단순히 방문만 하는 것보다 누군가와 같이 무언가를 하는 것이 목적을 달성하는 데 효과적이었다.

창업가에게 동료라는 환경은 앞으로의 행보에 큰 도움이 되어줄 것이다.

창의적인 커뮤니티에 필요한 네 가지 유형의 사람들

자기효능감(자기효력감)에 대해서는 이미 여러 번 설명했고, 여기서는 '집단효능감(Collective Efficacy)'의 개념[28]에 대해 알아보자. 집단도 행동이나 경험으로 배워 효능감을 증대시킨다. 집단효능감이 높아지면 집단으로서의 동기나 역경에 견디는 힘도 커진다. 학생의 성적과 집단효능감 사이에도 어떤 연관이 있다.[29] 창업가의 또래세대가 '우리라면 서로 도우면서 성공할 수 있어!'라는 효능감을 가지는 것은 개인에게 유리하게 작용할 것이다.

또한 마케팅 분석회사인 트랙메이번(TrackMaven)이라는 스타트업을 설립한 앨런 가넷이 쓴 《생각이 돈이 되는 순간》에는 창의성을 높이는 커뮤니티, 즉 창의적인 커뮤니티를 만들기 위한 네 가지 요소가 정리돼 있다. 다음은 창의적인 네트워크에 존재하는 네 가지 유형의 사람을 설명한 것이다.

- 마스터 티처(Master Teacher): 직종 및 업계의 방식이나 노하우를 가르쳐주는 사람. 목적의식을 가지고 부지런히 연습할 때 옆에서 적절한 피드백을 제공해준다.
- 상충하는 협업자(Conflicting Collaborater): 자신의 결점이나 서툰 부분을 보완해주는 사람.
- 모던 뮤즈(Modern Muse): 창작할 수 있는 용기를 주는 사람. 주눅 든 시기를 극복하도록 자극과 동기, 새로운 아이디어를 제공해준다. 라이벌 같은 사람.
- 유명 프로모터(Prominent Promoter): 당신과 당신의 작품을 위해 자신의 명성을 나눠주는 사람. 예를 들어 논문에 당신의 이름을 적어주는 사람. 대신 당신은 그에게 참신한 아이디어를 제공해줘야 한다.

이런 유형의 사람들과 커뮤니티를 만들면서 자신의 창의성을 키우기 바란다. 이 책 앞머리에서 드류 휴스턴의 말을 소개했었다. "당신의 주변에 있는 친한 동료 다섯 명의 평균이 바로 당신의 모습이다." 이 다섯 명을 이런 기준으로 선택하면 좋을 것 같다. 예를 들어 '마스터 티처'는 능력 있는 창업가 멘토, '상충하는 협업자'는 공동창업가, '모던 뮤즈'는 자신과 경쟁하는 창업가, 그리고 '유명 프로모터'는 자신을 믿고 응원해주는 기득권자다. 자신의 주변에 이런 사람들이 모여 있으면 창업을 성공시키는 창의적인 커뮤니티를 만들 수 있지 않을까?

직소법

미국의 사회심리학자 엘리엇 애런슨이 고안한 직소법*은 독보적으로 높은 효과를 가진 교수법이다. 이를 바탕으로 그룹을 만들어 함께 학습함으로써 보다 효과적으로 지식을 얻을 수 있다. 직소법의 흐름을 간단히 설명하면 다음과 같다.

1. 직소 그룹이라 불리는 그룹을 여럿 만들고 학습 대상이 되는 콘텐츠를 분할하여 담당을 정한다(한 개의 콘텐츠가 조각이 되고, 각각의 담당은 전문가가 된다).
2. 같은 부분을 담당하는, 다른 직소 그룹의 전문가들과 모여 전문가 그룹을 만든다.
3. 전문가 그룹에서 이해하고 토론하며 지식을 심화한다.

---

*   학습자끼리 협력하여 가르치고 배우면서 학습해가는 액티브러닝 기법

4. 자신의 직소 그룹으로 돌아가 자신이 담당하는 부분을 설명한다.
5. 직소 그룹에서 다시 토론을 벌인다.

단순히 그룹을 만들기만 하는 것이 아니라 각각의 분야를 담당하는 '전문가'를 두는 게 직소법의 핵심이다. 그 전문가가 책임지고 그룹의 구성원들을 가르친다. 다시 말해 다른 구성원은 전문가가 담당하는 정보를 모르기에 그 전문가가 그룹 전체의 교육을 책임지는 형태가 된다. 나아가 '전문가 그룹'을 만들어 교류함으로써 자신의 담당 분야에 정통할 수 있다.

스타트업 종사자들은 이 기법을 알아두면 유용하다. 또 실리콘밸리의 스타트업 액셀러레이터, 와이 콤비네이터 대표를 지낸 샘 알트먼의 조언이 담긴《스타트업 플레이북(Startup Playbook)》[30]을 구성원들과 함께 읽어보는 것도 도움이 된다. 아니면 창업가들이 모여서 골머리를 앓다가 최근에 해결한 경영 과제를 주제로 이야기를 나눠보는 것도 좋을 것이다.

성공으로 가는 길은 혼자만의 여행이 아니다. 이왕이면 여러 커뮤니티에 참가하고, 자신이 속한 각각의 커뮤니티를 잘 키우자. 습관을 만드는 것도 친구와 함께 시작하는 게 좋다. 10장에서 습관에 대해 자세히 설명할 것이다. 좋은 습관과 자신을 둘러싼 좋은 사람들은 성공을 이야기할 때 빠짐없이 등장한다. 여러분도 주변에 좋은 '사람'을 두고, 자신을 잘 제어하기 바란다.

10장

[Practice]
실패해도 계속 도전하는 훈련을 한다

가르치면서 배운다

앞 장에서는 주로 인간관계를 키우는 방법에 대해 이야기했다. 인간관계를 키워 자신은 물론 주변 사람이 성장해가는 환경을 만들어가는 것이 중요하기 때문이다. 각각의 주변 사람이 성장하는 것은 본래부터 중요한데, 이 말은 곧 교육이 중요하다는 의미다. 그러나 이 분야는 넘어가기로 하자. 교육에 관련된 방대한 지식을 정리하는 것은 이 책의 주제에서 벗어나기 때문이다.

1장에서, 무엇인가를 가르치는 데 한계를 느꼈던 내 이야기를 했었다. 실제로 교육 지식을 좀 더 이용하여 효과적으로 가르치는 방법론은 여전히 진화할 여지가 있다. 예를 들어 도쿄대학에서는 '도쿄대 FFP(Future Faculty Program)'라는 교육력 향상 프로그램을 마련하여 대학원생이나 박사연구원, 젊은 교사에게 제공하고 있다. 교토대학에서도 고등교육연구개발추진센터가 교수개발(Faculty Development)에 힘쓰고 있다.

앞으로 이런 '교수법'이 교육 현장에서 활용됨으로써 한층 효과적인 교육이 가능할 것이라고 믿는다. 창업가 역시 '가르치는 방법'을 배우면 부하직원 관리나 교육에 활용할 수 있다. 나도 배운 것을 실천하고 응용하면서 좀 더 효과적으로 창업가를 교육할 수 있는 방법론을 찾고자 매일 노력하고 있다. 이 책에서는 창업가가 알아야 할 '실천법'이나 '훈련법'을 소개한다.

무슨 일이든 세 번 해본다

기업가 정신은 방법을 익히는 훈련이라고 말했다. 장소 만들기도, 사람 만들기도 어떤 의미에서는 실천을 동반하는 규율 있는 방법이다. 따라서 연습이나 훈련이 필요하다. 기업가 정신도 훈련으로 키울 수 있다. 자, 뭔가를 실천하는 것부터 시작하자. 이 말만 기억해도 이 책을 읽은 의미가 있을 것이다.

그 방법 중 하나가 실제로 프로젝트를 해보는 것이라고 7장에서 말했다. 아니면 누가 시작한 프로젝트에 처음부터 참가해보는 것도 괜찮은 방법이다. 이왕이면 창업과 관련 있는 프로젝트가 좋다. 체험학습 이론을 세상에 널리 알린 미국의 교육학자, 데이비드 L. 콜브 박사는 '구체적 경험'으로 여러 가지를 배울 수 있다고 말한다. 처음에는 구체적 경험이 능력을 향상시키는 데 가장 도움이 된다.

여기서는 7장의 내용에 덧붙여, '세 번' 해본다는 전제로 뭔가를 시작하라고 조언한다. 어떤 불확실한 일에 도전할 때는 보통 한 번으로 부족하다. 매번 성공한다면 얼마나 좋을까? 하지만 성공이 보이는 일에만 도전한다면 정말 해야 하는 도전은 뒷전으로 밀릴 수도 있다.

성공한 창업가들도 여러 차례의 실패를 경험했다. 마크 저커버그는 페이스북을 만들기 전에 다른 애플리케이션을 네 번 개발했다. 빌 게이츠도 첫 회사인 트래프-오-데이터를 창업하고 폐업하는 경험을 한 뒤에 마이크로소프트를 탄생시켰다. 수백 개가 넘는 스타트업을 지켜본 와이콤비네이터의 샘 알트먼 대표도 '신생 스타트업이 성공할지 말지를 예측하는 것은 반복률(Rate of Iteration)'이라고 말한다.[1]

나 역시 동감한다. 놀라운 성과를 올린 사람들의 공통점은 프로젝트 횟수가 많은 것이다. 성공을 가르는 분수령은 내 경험상 세 번 정도다. '세 번 실천한다'고 반드시 성공하는 것은 아니지만, 세 번 정도 도전하면 자신이 온힘을 쏟을 만한 일을 발견하거나 창업경진대회 및 시장에서 이기는 법을 깨달을 수 있다.

혼고 테크개러지의 창업가 프로그램은 물론 도쿄대학의 기업가 정신 강의에서도 '세 번 실천한다'는 효과를 보였다. 단기간에 프로젝트를 세 차례 진행하는 실습을 한 결과, 활동 과정이나 아이디어의 질이 향상되었다.

실패해도 좋으니 몇 번이고 도전하는 자세, 이게 말하기는 쉬워도 행동하기는 정말 어렵다. 실패는 성공의 어머니라고 하지만, 실패의 대가는 혹독한 법이다. 실패에서 살아남으려면 회복력(스트레스 같은 외부 자극에 대한 유연성)도 필요하다. 무작정 '실패를 두려워하지 말고 도전하라'고 하는 것은 무책임하다. 하지만 실패를 반복하면서 성장하는 모습을 많이 봤기에 학습의욕이 높은 사람에게는 꼭 권하고 싶다. 게다가 무언가를 실천해보지 않으면 효과적인 학습의 기회이기도 한 '반성'도 할 수 없다.

반성의 중요성

뱁슨대학의 기업가 정신 교육 과정 중에는 '반성(Reflection)'이라는 훈련이 있다. 이것은 학습 체험을 체계화하고 지금까지 실행한 것을 통합하기 위한 방법이다. 다시 말해 자신이 훈련 및 실천해온 것들을 돌아보면서 결과뿐 아니라 그 과정에서의 의사결정이나 마음의 변화도 정리하는 것이다. 이렇게 하면 이후에 실행할 때 도움이 된다.

자신을 돌아보고 성찰할 수 있는 환경을 조성하는 일은 매우 중요하다. 사회생활을 오래하다 보면 업무에 도움 받을 일도 줄어들고, 자신의 업무를 되돌아보고 반성하는 일도 감소한다.[2] 따라서 나이가 들수록 강제적으로 반성할 기회를 가질 필요가 있다.

그 기회 중 하나가 코칭이나 멘토링이다. 5장에서 소개한 《스마트 컷》에는 멘토와 긴밀한 관계를 유지함으로써 멘토링을 효율적으로 이용하라는 내용이 나온다. 《어떻게 죽을 것인가》의 저자인 아툴 가완디는 경험이 풍부한 외과의사라도 때로는 코치의 조언이 필요하다고 말한다. 코칭을 통해 자신의 부족한 점을 발견하고 의술을 더 발전시킬 수 있기 때문이다.[3] 수십 년 동안 환자를 치료한 외과의사가 코칭을 받는다는 사실이 놀라울 수 있다. 전문가인데 왜 새삼 코칭이 필요할까, 싶을 것이다. 그러나 가완디는 '코칭을 받으니 좋았어요. 앞으로도 계속 코칭을 받고 싶어요'라고 말한다.

그는 코칭을 받은 뒤 그것을 의료 현장에 적용해보는 실험을 했다. 인도의 120개 출산센터 중 절반은 기본적인 관찰만 하고, 나머지 60개 출산센터에는 코치를 파견했다. 파견된 소수의 코치들은 400명의 간호사와 직원, 100명의 산부인과 의사와 매니저를 코칭했다. 그리고 그 출산센터에서 아이를 낳은 16만 건의 결과를 추적했다. 그 결과 관찰만 했던 그룹은 전혀 발전된 모습을 보이지 않았으나, 코치가 파견된 출산센터는 시술 순서 등이 크게 개선되었다.

가완디 같은 의사가 받은 코칭은 멘토링과는 좀 다르다. 의료 기술의 향상이 목적이기 때문이다. 타이거 우즈 같은 세계적인 골프선수도 스윙코치 등을 두고 배우듯이, 다른 분야의 전문가도 옆에 코치를 둠으로써 실력을 점검하고 발전시키는 훈련을 할 수 있다.

의료계의 발전 속도는 매우 빠르다. 그런데 많은 의사들은 환자 치료에 급급해 재훈련을 받을 시간을 확보하기 어렵다. 실제로 미국의 한 연구 결과, 나이가 많은 내과의사가 담당한 환자가 젊은 내과의사가 담당한 환자에 비해 30일 안에 사망할 확률이 높았다.[4] 다만, 많은 환자를 보는 내과의사는 연령과 환자 사망률의 관련성을 보이지 않았다. 또한 외과의사는 나이가 많을수록 환자 사망률이 낮아졌다.[5] 이것은 실행의 '양'이 성과로 이어진 사례라고 볼 수 있다.

비즈니스 세계라면 매니저가 이와 비슷한 상황에 놓여 있다. 새로운 지식을 익힐 여유가 없고 '잘 고안된 연습'을 할 시간도 좀처럼 가지지 못하는 경우가 많기 때문이다. '이렇게 지내다가 남들보다 뒤처지면 어쩌지?'라고 생각한다면, 자신의 실력이 점점 줄어들까봐 걱정하고 있다면 코칭을 받아보기 바란다.

사실 나도 이 책을 쓰는 와중에 어떤 창업가에게 코칭을 받았다. 회사 매각 후 여유가 생긴 그와 운 좋게 인연이 닿아 코칭을 받을 수 있었다. 정기적으로 이뤄지는 체계화된 코칭은 자신을 돌아볼 기회를 만들어줄 뿐 아니라, 반복되는 일상에서 억지로라도 자신을 성찰할 시간을 갖게 한다. 이것은 데이비드 콜브가 말한 체험학습의 사이클 중 '반성적 관찰'이나 '추상적 개념화'로 이어진다. 이러한 시간을 확보하는 '프로세스'를 강제적으로 만드는 것으로, 코칭이라는 일종의 훈련을 받았다고 할 수 있다.

내가 맡은 혼고 테크개러지 학생들은 자신의 프로젝트를 몇 번이고 실천한다. 그들은 자신을 돌아보는 반성의 기회를 가질 뿐 아니라 배운 내용을 기록으로 남긴다. 나아가 프로그램 도중에 과제라는 강제적인 형태로 반성하는 기회를 마련하기도 한다. 반성의 중요성을 잘 알더라도 그냥 두면 안 하는 경우가 많기 때문이다. 때로는 효과적인 훈련을 위해 강제적인 환경이 필요한 법이다.

누군가에게 부탁하는 연습을 한다

업무에 쫓겨 연습이나 실천을 할 시간이 없는 사람은 '누군가에게 부탁'하는 방법을 익혀야 한다. 누군가의 도움을 받아 어떤 일이 단숨에 호전되었던 경험을 해본 적 있을 것이다. 며칠간 조사하느라 어려움을 겪을 때 전문가에게 물어서 바로 해결했던 경험도 있을 것이다. 혼고 테크개러지에 참가한 학생들의 활동을 봐도 고민하는 기술적인 문제를 주변 사람들에게 적극적으로 묻거나, 어떤 문제든 편하게 상담할 수 있는 선배가 곁에 있으면 성장이 빨랐다.

특히 스타트업 같은 조직은 대부분의 활동을 외부 사람들에게 부탁해야 한다. 따라서 창업가에게는 누군가에게 부탁하는 능력이 필수다. 부탁하는 일은 다양하다. 우수한 인재를 끌어들이거나, 외주 및 유료 컨설팅을 맡기는 것도 일종의 부탁이다.

사실, 부탁하는 일은 쉽지가 않다. '부탁하는 일이 뭐가 어려워?' 하는 사람도 있겠지만, 내성적인 사람은 '남에게 폐를 끼친다'는 생각에 주저하는 경우가 많다. 하지만 실제로는 '타인은 자신이 생각한 것보다 훨씬 잘 협력해준다'는 연구도 있다.

다음은 미국 코넬대학의 실험이다. 연구자는 '설문지 조사', '자선활동 모금', '휴대전화 빌리기' 같은 일에 일정 수의 동의를 얻으려면 피험자가 몇 명에게 접촉해야 하는지 추정했다. 피험자가 밖으로 나가 부탁했더니 실제로 동의해주는 사람은 예상값보다 거의 두 배나 높았다고 한다. 낯선 사람은 자신이 생각한 것 이상으로 흔쾌히 협력해주었다.[6, 7]

의외로 사람들은 다른 사람의 부탁을 잘 들어준다. 또 다른 실험에 따르면, 얼굴을 직접 보면서 하는 부탁이 메일로 하는 부탁보다 34배나 성공률이 높았다.[8] 부탁할 게 있을 때는 꼭 찾아가서 얼굴을 보고 하자.

그럼, 어떻게 부탁하면 더 수월할까? 상대와 자신의 공통분모를 찾는 방법이 효과적이다. 특히 같은 대학 출신이라면 효과만점이다. 7장에서 페이스북 애플리케이션이 친구에게 메시지 알림을 보냈을 때 어떤 요인이 그 메시지를 열어보게 하는지 조사한 내용을 소개했는데, 같은 대학이라면 1,355%나 영향력이 증가한다는 결과가 나왔다.[9]

부탁도 훈련이나 실천을 통해 실력을 키울 수 있다. 자금 조달도 어떤 의미에서는 투자가에게 부탁하는 것이다. 따라서 창업가에게 부탁하는 능력은 매우 중요하다. 창업을 목표로 삼았다면 반드시 부탁 기술을 익히자. 그런데 주변 사람들에게 부탁만 하고 자기는 아무것도 안 하는 사람이 간혹 눈에 띄는데, 이런 경우는 결과물이 생기더라도 혼자 차지해서는 안 된다.

습관화로 의욕과 영감을 얻는다

사실 '의욕'이나 '영감'은 연습만으로 만들어지는 게 아니다. 보통 사람들은 의욕이나 영감이 '하늘에서 저절로 뚝 떨어지는 것'인 줄 안다. 그러나 최근 몇 년간의 연구로, 의욕은 뭔가를 했을 때 생긴다는 것을 알게 되었다. 일단 시작하면 의욕이 생긴다는 말이다. 이것은 마음에 없던 일도 일단 시작하면 계속 하게 되는 현상을 일컫는 심리학 용어인 '작업 흥분'*으로 설명할 수 있다.[10] 청소하기 싫어하는 사람도 일단 청소를 시작하면 끝까지 해내는 경우가 많다.

따라서 의욕을 불러일으키기 위해서는 업무를 정해놓고 하는 것이 좋다. 예를 들어, 어떤 사람이 논문을 많이 쓸까? 폴 실비아가 쓴 《교수처럼 써라: 효율적이고 생산적인 학술 글쓰기》를 보면, '글쓰기 시간을 정해놓고 쓰는 습관'을 가진 사람이 논문을 많이 쓸 수 있었다고 한다.[11]

《교수처럼 써라》에 소개된 실험을 좀 더 살펴보자. 연구자는 세 그

---

* 작업 흥분이란 독일의 정신의학자 에밀 크레펠린이 만든 용어로, 처음에는 의욕이 없다가도 일단 시작하고 나면 의욕이 생겨 집중력이 향상되는 현상을 말한다.

룹을 만들어 관찰을 진행했다. 먼저 A그룹은 쓰는 작업을 제한하고 긴급한 집필만 할 수 있다. B그룹은 정해진 50회분의 스케줄 안에서 쓰고 싶으면 아무 때나 집필할 수 있다. C그룹은 50회분을 강제로 집필해야 한다(집필하지 않으면 벌칙이 주어진다). A, B, C 세 그룹의 하루 집필량을 비교한 결과, 집필이 강제된 C그룹은 집필이 자유로운 B그룹보다 약 3.5배, 집필이 제한된 A그룹보다는 약 16배나 더 많았다. 여기서 눈여겨볼 점은 A그룹과 B그룹은 차이가 별로 없다는 것이다. 지금까지 우리는 '영감'을 과대평가한 것은 아닐까?

뭐든 강제로 시키면 좋은 아이디어나 발상이 떠오르지 않는다고 생각한다. 그런데 이 실험 결과는 정반대였다. 창의적인 아이디어가 떠오르는 시간은 강제된 C그룹이 가장 짧았는데, 마음이 내킬 때 글을 쓰는 B그룹보다도 약 5배나 빨랐다. 강제로 집필하게 만든 C그룹은 상당량의 논문을, 그것도 창의적인 논문을 썼다. 이런 습관이 몸에 밴 사람은 시간에 쫓기는 감각까지도 무뎌졌다고 보고된다.

《교수처럼 써라》를 통해 우리는 '일단 쓰면 좋은 글쓰기 아이디어가 떠오른다'는 결과를 얻는다. 이것은 스타트업도 마찬가지가 아닐까? 예를 들어, 사업 아이디어가 떠오르지 않을 때는 어떤 아이디어를 강제적으로 실험해보는 습관을 가지자. 진도를 계속 나가는 것이 창의성을 높인다면 실험이 거듭되는 중에 새로운 아이디어가 떠오를지도 모른다. 또한 목표 설정도 확실히 하자. 그렇게 하면 동기가 커진다고 한다.[12] 예비 창업가라면 적절한 하루치 목표를 정한 다음 차근차근 해나가는 것이 중요하다.

그러나 대다수 사람들은 비생산적인 전략, 즉 '마음이 내키면 한다

(안 내키면 하지 않는다)' 또는 '시간 날 때 한꺼번에 한다'는 전략을 취한다.[13] 반대로 말하면, 습관화하면 어떻게든 한 걸음을 내딛을 수 있다는 것이다. 그러니 여러분도 주저하지 말고 실행하자. 이것은 어떤 프로세스를 익히는 일이기도 하다. 이 내용은 다음 장에서 설명한다.

계기를 활용한다

특히 운동은 아침에 하면 습관으로 만들기 쉽다.[14] 원고 집필도 아침에 한꺼번에 하는 작가가 많다. 실제로 무라카미 하루키는 매일 새벽 4시에 일어나 다섯 시간 동안 집필한 뒤 점심을 먹었다고 한다. 미국 작가인 레이먼드 챈들러 역시 하루에 네 시간은 무조건 글을 쓰며 보냈다고 한다. 이런 규칙적인 일정표가 생산성을 높이는 한 가지 비결이라면 그 같은 프로세스를 아침에 전부 해치우는 것도 한 방법이다. 사실 이 책도 아침시간에 꾸준히 집필한 결과물이다.

왜 아침에 뭔가를 하면 몸에 배기 쉬울까? 그 이유는 습관화를 시작하는 계기가 어느 정도 명확하기 때문이다. 어떤 습관이 정착하려면 기존 습관과 묶어서 실행하는 것이 좋다.[15] 예를 들어 식사 후에 약을 먹는 습관이 있다고 하자. 식사라는 계기가 있기에 약을 먹는 행동을 잊지 않고 반복하는 것이다. 아침 습관이 몸에 배기 쉬운 이유는 아마도 잠에서 깬 뒤의 일정이 다른 시간대에 비해 단순하기 때문일 것이다. 예를 들어 아침식사를 한 다음에 또는 양치질한 다음에 무언가를 시작할 수 있다.

반면 저녁시간대는 술자리 같은 모임이 많아서 정해진 어떤 계기를 만들기 어렵다. 물론 사람마다 습관화하기 쉬운 시간대가 다를 수 있다.

20세기 서구문학을 대표하는 작가 프란츠 카프카는 매일 밤 11시부터 몇 시간 동안 집필하는 습관이 있었다고 한다. 따라서 어떤 행동을 한 다음에 반드시 이 일을 한다는 식으로 패턴을 정해 꾸준히 실천해보자. 대부분의 사람들은 실천이나 훈련을 그다지 좋아하지 않는다. 그러므로 습관적으로 실천이나 훈련을 할 수 있는 환경을 만들어야 한다. 하기 싫어도 할 수밖에 없는 환경을!

11장

[Process]
팀의 창조성을 높이는 프로세스를 설계한다

창업가의 의사결정을 지지하는 세 가지 프로세스

이제는 프로세스도 일종의 환경임을 알 것이다. 우리의 행동을 어느 정도 규정한다는 의미에서 프로세스는 환경이 될 수 있다. '좋은 프로세스'라는 환경은 우리가 목적하는 방향으로 나아갈 수 있도록 만든다.

'파괴적 혁신' 이론으로 유명한 경영학자인 클레이튼 크리스텐슨은 조직의 능력은 경영자원(Resource), 프로세스(Process), 가치 기준(Value)으로 나타난다고 한다. 여기서 '프로세스'란 자원을 사용하여 가치를 낳는 과정이다. 의사전달이나 의사결정 패턴 또는 제품 개발, 시장 조사, 예산 편성, 인재 육성이나 연봉 시스템 등도 여기에 포함된다. 이들 중에는 명문화되어 있는 것도 있고 비공식적이거나 자연발생적인 것도 있다. 조직의 능력을 높이기 위해서는 이 프로세스를 바르게 설계하지 않으면 안 된다.

나아가 크리스텐슨은 '검토해야 할 프로세스 중에서 가장 중요한 것은 제품이나 조달 등의 알기 쉬운 부가가치 프로세스가 아니라, 오히려 눈에 안 보이는 판단을 지지하는 지원 프로세스나 의사결정의 프로세스'라고 말한다.

그럼, 의사결정 프로세스를 키우려면 어떤 일을 해야 할까? 의사결정 프로세스는 제2부에서 이미 다루었으므로, 이번 장에서는 다음의 세 가지에 대해 설명한다.

- 아이디어를 낳는 프로세스
- 조직의 힘을 이끌어내는 프로세스
- 시간을 효율적으로 활용하는 프로세스

그리고 마지막으로, 프로세스를 변경하거나 실행할 때 도움이 되는 WOOP 기법을 소개한다.

처음부터 완벽한 아이디어는 없다

좋은 아이디어를 가지려면 어떻게 해야 할까? 아이디어가 하늘에서 떨어지기를 기다리는 것은 답이 아니다. 좋은 아이디어는 어느 날 갑자기 찾아오는 선물이 아니라 오랫동안 골똘하게 생각해서 나온 결과다. 형태로 보일 때까지 시간이 걸리고, 형태가 된 후에는 너무 빤해서 더 생각할 가치가 없는 것으로 판명되기도 한다. 〈토이 스토리〉를 만든 미국의 픽사 애니메이션 스튜디오는 불완전한 최초의 아이디어를 '못생긴 아기(Ugly Baby)'라고 부른다.[1] 처음부터 완벽한 아이디어가 태어나는 일은 거의 없다.

아이디어는 실천과 과정을 거쳐 서서히 좋아진다. 기가 막히게 좋은 아이디어를 가졌다고 해서 스타트업이 성공하는 것은 아님을 꼭 기억하기 바란다. 창업 후에는 수많은 난관이 기다리고 있다. 그때마다 창업가는 효과적인 아이디어를 떠올리고 문제를 해결해나가지 않으면 안 된다. 와이 콤비네이터의 샘 알트먼 대표는 '좋은 창업가란 늘 아이디어를 생산하는 사람'이라고 말한다.[2]

그렇다면 아이디어를 발견하고, 개선하는 과정은 어떠할까? 이 질문에 대한 답은 아직 찾지 못했으나, 몇 가지 힌트는 있다. 여기서는 지금 내가 시도하고 있는 '새로운 스타트업 아이디어를 낳는 과정'의 가설에 대해 살펴보자. 어디까지나 가설이므로, 앞으로 여러 형태로 바뀔 수 있다.

발산과 수렴을 반복한다

디자인 사고에서 자주 등장하는 이야기인데, 아이디어 형성은 '발산과 수렴'에 의해 이뤄진다. 여러 개의 선택지 중에서 아이디어를 선택하여 수렴하는 과정이다. 수렴 작업 중에 새로운 제약이나 과제를 발견하고, 거기서 새롭게 발산시켜가기도 한다.

핵심은 이 발산과 수렴이 반복되는 데 있다. 한 차례의 발산과 수렴으로 좋은 아이디어에 이를 수 있으면 얼마나 좋을까? 하지만 좋은 아이디어는 몇 차례의 발산과 수렴을 반복한 뒤에야 겨우 나타난다. 바꿔 말하면, 문제공간과 해결공간의 탐색을 반복하면서 아이디어는 서서히 형태를 갖춰간다.

10장에서 '반복률이 스타트업의 성공 여부를 예측하는 요소'라고 했다. 마찬가지로 아이디어의 발산과 수렴을 반복하는 양으로 성공과 실패가 결정된다. 먼저 발산하는 방법에 대해 알아보자.

아이디어 발산
성공한 창업가는 독서광이다

아이디어를 떠올릴 때는 대량으로 정보를 수집하는 것이 중요하다. 쉬운 일 같지만 실상은 그렇지 않다. 또 '인풋만 있고 아웃풋이 없다'는 비판을 종종 듣기도 하나, 대부분의 경우는 인풋이 충분치 않다. 특히 양질의 인풋이 부족한 경우가 많다.

혁신은 '새로운 결합'이라고 한다. '점과 점을 연결하라(Connect the Dots)'는 말도 유명하다. 다수의 점(= 아이디어)이 없으면 새로운 결합을 낳을 수 없다. 매일 뉴스나 신제품을 얼마나 접하는가도 중요하다. '센스는 지식과 경험에서 시작된다'는 말이 있고, 창업가가 기회를 간파하는 능력은 패턴 인식에 있다고 말한다.[3] 패턴으로 인식하기 위해서는 자료가 필요하다.

예를 들어, 한 일본인 창업가는 부모의 영향을 받아 어릴 때부터 주식을 사거나 주식 관련 뉴스를 보았다고 한다. 소설가들 역시 어렸을 때부터 책을 많이 읽었다고 한다. 물론 다른 분야에서 활약했던 사람이 처음 쓴 책이 베스트셀러가 되기도 하지만, 그런 일은 아주 드물고 대다수는 연습에 연습을 거듭한 끝에 좋은 책을 쓴다. 아이디어도 마찬가지인데, 대량으로 인풋하고 대량으로 아웃풋하는 연습을 반복해야 한다. 그것이 창업을 성공시키는 방법이라면 방법이다.

실제로 많은 경영자들은 독서 습관이 몸에 배어 있다. 책읽기의 중요성을 잘 알았던 빌 게이츠는 정기적으로 '리딩위크(Reading Week)'를 가졌으며, 온라인 결제서비스 업체인 스트라이프(Stripe)를 창업한 패트릭 콜리슨도 독서광으로 유명하다.

또한 인풋하는 시간을 의도적으로 가지는 것도 한 방법이다. 프랑스 요리로 유명한 레스토랑 엘 불리(El Bulli)는 '6개월간 영업, 6개월간 휴업'이라는 방식을 고수하고 있다. 레스토랑을 운영하지 않는 반년 동안 요리사들은 새로운 메뉴를 개발하는 데 힘쓴다. 이때 요리에 대한 지식만 인풋하기보다 급속히 변화하는 다른 지식 분야에도 손을 내밀어보면 어떨까?

예를 들어, 구텐베르크의 활판인쇄술은 어느 날 갑자기 개발된 기술이 아니다. 와인 생산자와 관계가 있었던 구텐베르크는 포도즙을 짜는 데 쓰이는 포도 압착기를 응용하여 인쇄기를 발명했고, 인쇄물을 대량생산하는 데 성공했다.

또한 DNA의 이중나선 구조를 발견한 과학자는 제임스 왓슨과 프란시스 크릭인데, 당시 영국 런던 킹스칼리지의 로잘린드 프랭클린도 DNA 구조를 분석하고 있었다. 프랭클린은 X선 회절 분석을 통해 DNA 구조를 거의 발견하는 단계에 이르렀으나, 안타깝게도 거기서 더 나아가지 못했다. 반면, 왓슨과 크릭은 생화학, 유전학, 정보이론, 수학, X선 영상이라는 여러 도구를 활용하여 이중나선 구조를 발견하는 데 성공했다.[4] 프랭클린은 한 가지 도구에 의지했으나, 왓슨과 크릭은 여러 분

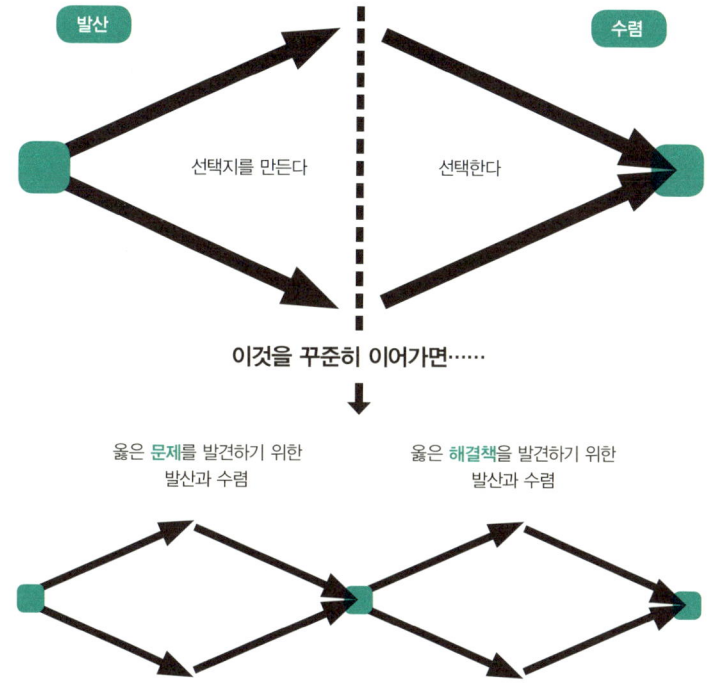

아이디어를 생각할 때의 '발산'과 '수렴'
발산과 수렴을 오가는 과정을 몇 번이고 밟는 게 중요하다.

야에서 적절한 도구를 가져왔다. 마치 구텐베르크가 발명한 활판인쇄기처럼 말이다.

효율성이라는 측면에서는 나쁠지 모르나, 홈런급 타격을 위해서는 폭넓은 인풋도 한 방법이다. 여기서도 심화와 탐색을 적절히 구분하면서 인풋에 충분한 시간을 주자.

조사 형식을 미리 만들어둔다

흥미로운 아이디어를 가진 그룹은 예전에 그런 아이디어가 있었는지 조사해보는 경향이 있다. 만일 유사한 아이디어가 있었다면 지레 포기하는데, 그러지 말기 바란다. '이번 프로젝트는 이 점이 예전 것과 다르다'고 생각하며 시도해보자. 과거와 지금 아이디어가 어느 부분이 다른지 설명할 수 있다면 좀 비슷해도 괜찮다.

물론 학술 분야에서는 이 같은 신규성을 찾는 조사가 당연한 행동이다. 그런데 프로젝트를 개발할 때는 의외로 이 조사를 빠트리는 경우가 많다. 이전에 배운 내용을 기억했다가 추후에 다른 분야에서 활용하는 일(학습전이)은 쉽게 일어나지 않는다고 말하지만, 실제 창업에서는 지금까지 축적해온 행동방식이나 학습 방법이 쓸모가 있을지도 모른다. 만일 요리를 잘하는 사람이 있다면, 그는 식재료 관리나 조리법을 찾는 노하우를 창업 관련 조사에 사용할 것이다. 다른 분야에서 배운 자신의 방식을 창업에 활용할 수 있는지, 한번 생각해보자.

또한 자기 나름의 조사 형식을 미리 준비해뒀다가 사용하면 일이 한층 수월해진다. '무엇을 쓸 것인가'뿐 아니라 '어떻게 배치(디자인)할 것인가'도 미리 결정해두면 좋다. 디자인이나 형식을 통일하면 쉽게 읽힌다. 반면 디자인이나 형식이 제각각이면 나중에 다시 읽을 때 주의를 기울여야 할 수도 있다. 물론 바로 다시 읽는 경우에는 디자인을 통일할 필요가 없다. 예를 들어 반년 전에 자신이 쓴 독후감을 지금 읽는다면 어떨까? 분명 자신이 쓴 글인데도 다른 사람이 쓴 것처럼 느껴질지도 모른다. 조사도 마찬가지여서 디자인이나 형식을 정해놓지 않으면 반년 전에 자신이 조사한 것도 이해가 안 될 수 있다. 그런 일이 생기지 않도록 디자인이나 형식을 통일시키는 것이 좋다. 그리고 그 형식을 커뮤니티에서 통일해두면 다른 동료들이 쓴 조사도 참고할 수 있다.

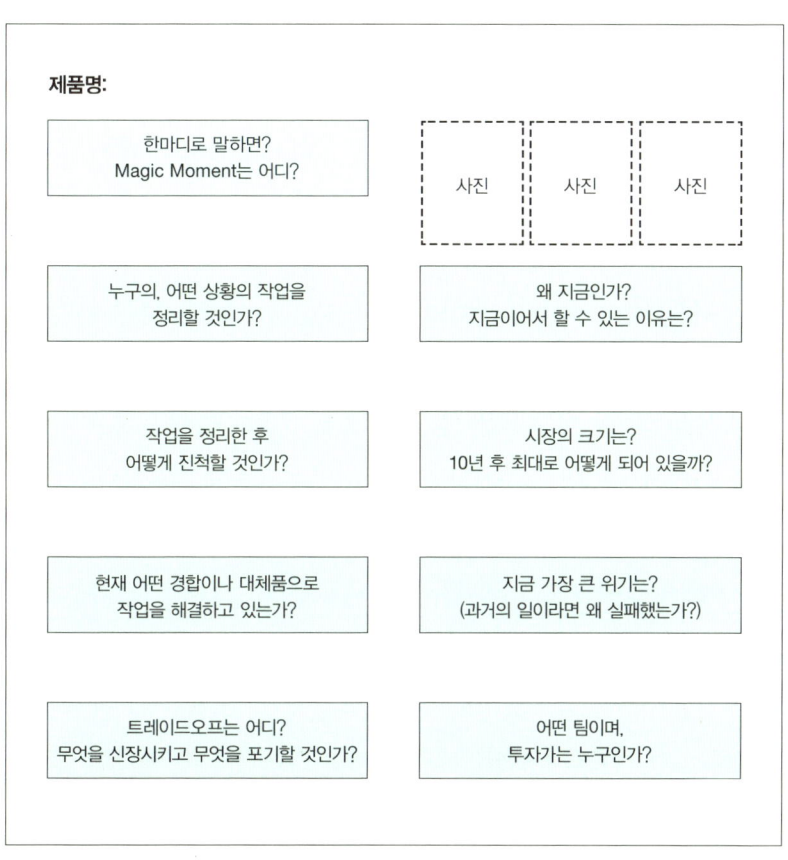

〈그림 1〉 '스타트업 아이디어'에 관한 조사 양식
조사 항목은 당시 상황이나 시대성에 따라 달라진다.

〈그림 1〉은 내가 일시적으로 사용하는 '스타트업 아이디어'에 관한 조사 형식이다. 이런 식으로 기존의 스타트업이나 제품의 특징을 정리해 놓으면 경합 가능한 스타트업의 강점과 약점이 보인다. 간단히 피칭(프레젠테이션) 자료를 만드는 셈이다. 다만, 상황에 따라 형식은 달라질 수 있으니 참고만 하자. 또 어디까지나 스타트업의 아이디어 사고에 대한 조사

라는 점에 주의하자. 다른 분야의 아이디어라면 좀 더 다른 방식이 있을 것이다.

스타트업을 조사할 때는 크런치베이스(Crunchbase)나 CB인사이트(CB Insights) 같은 시장조사기관의 웹사이트가 도움이 된다. 테크크런치(TechCrunch)나 프로덕트 헌트(Product Hunt)도 괜찮다. 대다수 사람들은 검색엔진을 활용할 생각조차 안 하는데, 일단 구글이나 덕덕고(DuckDuckGo)에 자신의 아이디어와 관련 있는 키워드를 입력해보자. 이때 과거에 실패한 아이디어는 검색엔진으로 찾을 수 없으므로 주의해야 한다. 따라서 창업가는 자신의 아이디어가 혹 예전에 실패한 것은 아닌지, 그 분야의 전문가에게 꼭 확인해봐야 한다.

덧붙여서, 소규모로 열리는 리서치 이벤트도 주목하자. 최근 보고 듣거나 이용한 제품에 대한 조사 결과를 참가자가 이야기하는 형태로, 때로는 결과만 듣기 위해 사람을 부르기도 한다. 이것도 일종의 조사다. 실제로 이런 이벤트에서 힌트를 얻어 괜찮은 아이디어를 떠올린 창업가도 있다.

물론 자료 조사만 해서는 일이 진척되지 않는다. 조사 후 대략적인 업계 지도를 그렸다면, 이제는 한 걸음 내딛을 차례다. 그럼에도 불구하고 인풋의 중요성을 새삼 강조하는 이유는 상당수 사람들은 자신이 떠올린 아이디어를 지나치게 믿기 때문이다. 아이디어가 나쁘면 작은 성공도 이루기 어렵고, 팀 모멘텀(탄력이나 힘)도 생기지 않는다. 팀이 기술과 지식을 갖추었더라도 아이디어가 형편없으면 구심력을 잃어버리며, 결속이 느슨한 팀은 붕괴되기 마련이다. 특히 지금까지 함께 무언가를 해본 적 없는 팀이라면 더욱 그렇다.

브레인스토밍을 중시한다

지금까지 인풋 방법에 대해 설명했다. 세상에 이미 존재하는 제품이나 그와 비슷한 아이디어를 내놓을 때는 긴장하기 마련이다. '이것은 아이디어라고 할 수 없어!' 하며 스스로 포기하기도 한다. '설익은 아이디어(Half-baked Idea)', 다시 말해 아이디어로서 인정받기 전의 아이디어도 소중히 여겨야 한다. 여기서는 이것을 '프리 아이디어(Pre-idea)'라고 부르자. 아직 아이디어라고 말하기 어려운, 불완전한 상태의 아이디어를 뜻한다. 약간의 정보를 가진 프리 아이디어는 새로운 아이디어의 씨앗이 될 수도 있다.

세상에 존재하는 제품이나 아이디어가 지금의 형태가 되기 전에는 무수한 프리 아이디어가 있었다. 그것들 중에서 어떤 아이디어가 다듬어져 세상에 나온 것인데, 이 과정을 생략하고는 본격적인 아이디어를 만들 수 없다. 〈그림 2〉를 보면 아이디어 입자의 크기는 제각각이다.

실리콘밸리에서 유명한 벤처캐피탈 회사인 앤드리슨 호로위츠

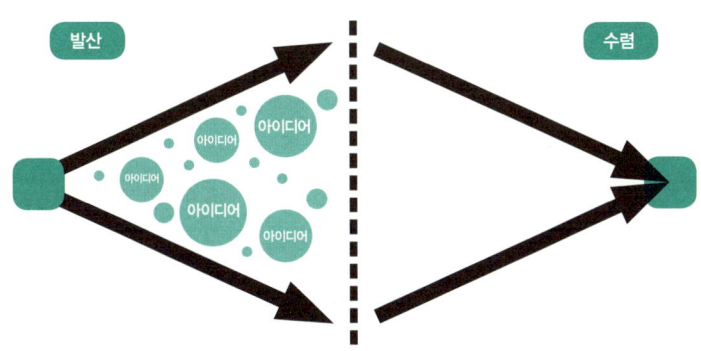

〈그림 2〉 아이디어 입자의 수와 크기
'아이디어라고 할 수 없어!'라고 생각했더라도 일단 '프리 아이디어'로 남겨두자.

(Andreessen Horowitz)에서 투자가로 활약하는 한편, 창업가로도 성공한 크리스 딕슨은 '설익은 아이디어라도 좋으니 구글 스프레드시트(Google Spreadsheet)에 아이디어를 기록하라'고 조언한다. 그 아이디어에 비즈니스 모델이 없어도 비영리 아이디어가 될지도 모른다. 그리고 그는 기록한 아이디어를 투자가나 고객 후보, 창업가 동료에게 전부 공개한 뒤 그중에서 반응이 좋은 아이디어를 심화시켰다. 다른 창업가의 눈에 띄어 스타트업의 토대가 된 적도 있었다.[5]

더불어, 아직 아이디어라고 말하기 어려운 어중간한 아이디어도 메모해두라고 조언한다. 예를 들어 과제나 해결책에 관한 정보다. 일상생활에서 느낀 과제를 메모해두거나 흥미롭다고 생각한 기술을 해결책으로서 보존해두자. 해결책에 도움이 되거나 관심 있는 기사도 상관없다.

정밀제어계측 전문업체인 일본 키엔스(Keyence)의 영업사원은 일인당 적어도 두 건의 '니즈 카드(Needs Card)'라는 형식의 보고서를 작성하여 상품개발부에 제출한다.[6] 키엔스 상품개발부는 이 니즈 카드를 통해 고객이 무엇을 원하는지 알고, 이것을 상품기획 등 신제품 개발에 적극 반영하고 있다. 매월 2,000건, 연간 2만 건 이상 모이는 니즈 카드는 어떤 의미에서 '디자인이 통일된 프리 아이디어 조사'라고 말할 수 있다.

또 어떤 연구소는 입구에 서로의 의견을 주고받는 공간을 마련했다. 눈에 잘 띄는 곳에 '최근 신경 쓰이는 과제 리스트'와 '최근 마음에 걸리는 해결책 리스트'를 적어놓았는데, 누구나 거기에 포스트잇을 붙일 수 있다. 때때로 학생들은 '재미있는 과제네', '이 문제는 이렇게 해결할 수 있지 않을까?' 하며 논쟁을 벌이기도 한다.

미국 매사추세츠공과대학의 미디어랩을 이끄는 알렉스 펜틀런드 교수는 저서 《창조적인 사람들은 어떻게 행동하는가》에서, 세 가지 단순한 패턴으로 집단이나 업무에서 올린 성과의 50%를 설명할 수 있다고 주장한다. 그 세 가지는 다음과 같다.

- 아이디어 수가 많음
- 교류밀도의 농도
- 아이디어의 다양성

여러 사람들이 단순한 아이디어를 많이 내놓고, 그것을 본 그룹원 전체는 각 아이디어에 비슷한 정도의 반응을 보여주는 것이 중요하다. 공유된 아이디어 중에서는 다수의 프리 아이디어도 포함되어 있을 것이다.

자, '이것은 아이디어라고 할 수 없어!'라고 스스로 판단하지 말고, 팀원들과 공유하거나 일단 메모로 남겨두자. '메모지를 가지고 다니는 환경을 만들자.' 이렇게 표현할 수도 있을 것이다. 나 역시 스마트폰 메인 화면에 구글킵(Google Keep)이나 원노트(OneNote), 다이널리스트(Dynalist, 문서작성 앱) 같은 메모 애플리케이션을 설치해두고서 활용하고 있다. 이렇게 기록한 내용은 팀원과 공유해야 한다. 그리고 다른 팀원이 공유해주는 내용에 모두가 반응해주는 것도 잊지 말자.

시제품을 만들면서 노하우를 쌓는다

돈이 들더라도 시제품(프로토타입, 본격적인 상품화에 앞서 성능을 검증 및 개선하기 위해 만들어보는 제품)을 직접 만들어보면 많은 것을 배울 수 있다.

실천하지 않으면 무엇이든 의미가 없으므로 아이디어 단계라도 일단 만들어보기 바란다. 이렇게 강조해도 실행하지 않는 사람이 많다. 그 이유는 뭘까?

첫째, 기술력이나 구현력이 부족하다(한마디로 자신 없다!).
둘째, 빨리 만드는 방법을 모른다.
셋째, 대충 만들어도 된다는 말이 오히려 부담스럽다.

도쿄공업대학에는 '공학설계 프로젝트'라는 수업이 있다. 학생들은 수업시간에 '대충이라도 좋으니 일단 만들어보라'는 가르침을 받는다.[7] 서툴고 엉성해도 한번 만들어보는 그룹과 그렇지 않은 그룹은 이후에 진행 정도가 현격히 다르다.

대충 만들기에는 몇 가지 장점이 있다. 첫째, 만들다가 잘못되면 바로 버릴 수 있다. 둘째, 완성품이 아니라고 미리 알렸으므로 고객의 기대감이 크지 않다. 셋째, 피드백을 얻을 수 있다. 완제품보다 자신이 직접 조립한 제품을 더 높이 평가하는 '이케아 효과(IKEA Effect)'[8]라는 편견도 어느 정도 피할 수 있다.

하지만 대충 만드는 데도 요령이 필요하다. 특히 시제품 제작에 대한 불안감이나 두려움을 없애줘야 한다. 그러려면 실력 있는 사람이 옆에서 '이런 식으로 만들어보라'며 힌트를 주는 게 효과적이다. 아니면 또래압력을 주기 위해 모두가 모인 장소에서 시제품을 서둘러 제작하라고 말한다. 마감일을 정해주는 방법은 의외로 효과가 좋다.

자, 스스로 제작 기한을 정하고 만들어보자. 이때 마감일은 한 번이 아니라 여러 번, 다시 말해 적절한 간격을 두고 작은 마감을 여러 번 설정한다. 이래도 시도할 마음이 안 생긴다면, 아예 만드는 데 필요한 도구들을 눈앞에 펼쳐놓고 도전해보자. 제작 환경이 조성되면 '한번 만들어볼까?' 하는 생각이 들지도 모른다. 창업가 역시 지원 프로그램에 참가하는 등 시제품을 강제적으로라도 제작할 수밖에 없는 환경을 조성하는 것이 창업에 도움이 된다.

또 가능한 한 시제품은 실제로 작동하도록 만들자. 그러면 추진하기가 더 쉬워진다. 화이트보드에 포스트잇을 붙이는 행동만으로 무언가가 탄생하는 것은 아니다. 한 걸음 내딛을 수 있는 아이디어는 뭔가를 직접 만들어보는 환경에서 태어난다.

조직 안에 우수한 기술자가 없거나, 아이디어는 있는데 기술력이 부족할 경우 가설검증 사이클이 제대로 작동하지 않는다. 기술력이 없다고 생각하면 대충 만드는 일도 할 수 없다. '우린 어차피 못 만들어!'라는 생각에 빠진 조직은 와해되기 십상이다. 그렇다고 외부에 맡기면 수렴 과정에서 얻을 수 있는 정보를 놓치게 된다. 이 문제를 해결하기 위해서는 스스로 배우든지, 수준을 낮춰서 만들 수 있는 것부터 제작해야 한다.

7장에서 소개한 '손 안에 든 새' 원칙을 떠올려보자. 지금 자신이 가진 수단으로 무엇인가를 만들어가는 것이 숙달한 창업가의 특징이라고 했다. 여기에 인터넷을 통해 손에 쥘 수 개발지원 툴이 더해질 수 있다. 그러면 간단한 전자상거래(EC) 사이트는 프로그래밍을 못해도 만들 수 있다. 사실, 상당수 창업 아이디어는 시제품을 만드는 데 큰 기술이 필요치 않다. 개발지원 툴만 있어도 해결되는 것들이 대부분이다. 만일 기술력이 없다고 생각한다면 그것을 보완해줄 툴을 찾아보자.

스타트업 창업가가 아닌 기업들도 '하고 싶은 일'을 다 할 수 있는 능력을 충분히 갖추고 있지 않다. 실제로 뭐든 다 할 수 있는 기업은 드물다. 그렇다고 방심해서는 안 된다. 부족한 부분을 알고, 그것을 채울 수 있도록 노력해야 한다. 거기서 성공한 창업가와 실패한 창업가의 차이가 나온다. '만들 수 없어!'라는 생각을 버리고, '일단 시도할 수 있는 시제품부터 만들어보자'라는 마음을 갖기 바란다.

아이디어 실현율이 높은 조직이 좋은 아이디어를 내기 쉽다는 조사가 있다. 아이디어를 내는 데서 그치지 않고 그 아이디어를 실현할 수 있는 환경을 갖추는 게 중요하다는 얘기다.[9] 창업가는 아이디어 실현율을 조금이라도 더 높이는 노력을 해야 한다. 그것이 창의성을 발휘하는 방법인지도 모른다.

아이디어 수렴
선정 과정이 중요하다

'좋은 아이디어가 없다'고 한탄하는 경영진이 많다. 정말 그럴까? 미국 펜실베이니아대학 와튼스쿨의 애덤 그랜트 교수는 저서 《오리지널스(Originals)》에서 2,000명 이상의 피험자가 1,000건 이상의 새로운 기획이나 제품의 아이디어를 생각한 결과를 소개하고 있다. 내용을 보면, 전체의 87%가 기발한 아이디어였다. 이 말은 '참신한 아이디어 중에서 적절한 것을 제대로 선택하지 못하는 것이 문제'라는 뜻이다. 그랜트 교수는 어떤 분야에서 독창적인 아이디어를 도입해 발전시키는 능력을 가진 사람을 '오리지널'이라고 정의하고, 이 오리지널을 방해하는 요소는 아이디어 '창출'이 아니라 아이디어 '선정'이라고 주장했다.

아이디어 발상법에 대한 이야기는 많았지만, 아이디어 선정법에 대한 목소리는 지금까지 별로 없었다. 어떻게 하면 아이디어를 잘 선정할 수 있을까? 조직과 개인으로 나누어 이야기해보자.

먼저 아이디어를 모은 뒤 어떻게 평가하는가에 따라 결과가 달라진다. 최근 기업들은 사내 경진대회를 통해 좋은 아이디어를 얻고 있다. 다만, 직원들이 아이디어를 평가하는 시스템은 사회적 수렴이 작용할 수 있다. 사회적 수렴이 생기면 평가자들은 새로운 통찰을 제시하기보다 서로의 제안에 동조하는 경향이 짙어진다.

미국의 저명한 네트워크 과학자이자 사회학자인 던컨 와츠는 '어떤 음악을 가장 많이 들을까?'라는 주제로 실험을 진행했다.[10] 첫 번째 실험의 경우, 피험자들은 이름이 알려지지 않은 인디밴드가 연주하는 48곡을 들은 뒤 각 곡의 객관적인 장점을 평가했다. 이때 피험자는 다른 사람이 어떻게 평가했는지 알 수 없었다. 두 번째 실험의 경우, 인디밴드가 연주하는 48곡을 자유롭게 들을 수 있는 여덟 개의 웹사이트를 개설한 뒤 피험자가 각 곡의 평점을 매기게 했다. 이때 피험자는 각각의 사이트에서 각 곡이 다운로드된 수치와 방문자들의 평균 평점을 볼 수 있었다.

흔히들 각 곡의 객관적인 장점과 다운로드 순위가 거의 같을 거라고 생각할 테지만, 실험 결과는 달랐다. 곡의 다운로드 순위는 '초기 방문자들의 평가'에 의해 크게 달라졌다. 평점을 공개한 경우, 처음에 그 음악을 높이 평가한 사람이 있으면 다음에 평가하는 사람도 그 영향을 받아 높은 점수를 주었다. 일부 곡은 후광 효과를 톡톡히 누렸다.

아이디어를 선정할 때도 이런 일이 벌어질 수 있다. 이 경우 문제는 정말 괜찮은 아이디어가 묻힐 수 있다는 것이다.

사회적 수렴을 회피하는 방법

'개방형 혁신이 성공하려면 동조압력의 회피가 필수적이다'라는 제목의 기사에 인용된 옥스퍼드대학의 연구논문을 살펴보자.[11]

이 논문에 따르면, 아이디어 평가 방법을 바꾸면 더 좋은 아이디어를 발견할 수 있다고 한다. 먼저 실험에 참가한 그룹 간의 관계를 한정했다. 그리고 참가자들이 아이디어 전부를 볼 수 없게 했는데, 이렇게 접근 범위를 제한함으로써 사회적 수렴을 회피하도록 만들었다. 아이디어 회의에 참가한 사람은 '집단'과 '비집단'으로 나뉘었고, 각 무리는 10~15명으로 구성되었다. 토론이 시작되면 각자 아이디어를 내놓지만 공개 방법은 무리마다 달랐다. 집단의 경우 10~15명 전원에게 아이디어를 공개한 반면, 비집단의 경우에는 양옆에 있는 사람에게만 아이디어를 공개하는 형태였다. 그런 다음 추가 아이디어를 내놓게 했다.

그 결과, 아이디어 공유가 제한적이었던 비집단의 아이디어가 창의성을 인정받았다. 관계를 억제함으로써 동조압력을 피하고, 최종적으로 더 나은 아이디어를 선택하는 기회가 되었다. 이처럼 프로세스를 조금만 바꿔도 효과적인 아이디어를 선정할 수 있다.

하나의 아이디어를 선정한 후에는 대다수 기업들이 도입한 '스테이지 게이트 프로세스(Stage-gate Process)'*를 활용하여 아이디어를 검토한

---

* 아이디어 발의부터 출시까지의 제품 개발 전 과정을 관리하는 연구개발(R&D) 프로세스를 말한다. 각 '스테이지' 사이에는 '게이트'가 있고, 다음 스테이지로 넘어가기 전에 게이트에서 현재의 연구개발 활동을 전반적으로 평가한다.

다. 대다수 기업들은 대략 5~7개의 게이트를 두고 있는데, 톰 에이건의 기사[12]에 따르면 2~3개의 게이트가 효과적이라고 한다. 그보다 많은 경우에는 수익이 40~70% 정도 낮아졌다고 한다.

또 한 방법은 6장에서 소개한 '바벨 전략'을 사용하는 것이다. 확실히 성공할 것 같은 아이디어에는 자원을 많이 배분하고, 가능성은 적지만 큰 성공이 기대되는 아이디어에는 자원을 조금 배분하는 방법이다. 이와 같이 신규 사업 포트폴리오를 구성함으로써 더 좋은 아이디어를 선정할 수 있다.

프로세스를 바꾼다

아이디어를 모으는 프로세스를 변경함으로써 더 많은 아이디어가 모일지도 모른다. 한 실험[13]에서, 정보제공 방법과 초대 방법을 그룹마다 달리하여 사내 아이디어 경진대회를 열었다. 먼저 정보제공 방법을 달리한 결과를 보자. 예전에 성과가 좋았던 아이디어 정보를 추가로 제공한 그룹은 아이디어 신규성과 참가자 수가 낮았다. 자신의 아이디어와 이전에 성공한 아이디어를 비교해보고 지레 포기했을 것으로 짐작된다. 예전 경진대회 결과를 필요 이상으로 홍보하면 이런 일이 생긴다.

다음은 초대 방법을 달리한 결과다. 한 그룹은 경진대회 관련 메일을 받겠다고 허락(옵트인)한 사람으로 구성하고, 또 한 그룹은 경진대회 대회 관련 메일을 받지 않겠다고 거절(옵트아웃)한 사람들로 구성했다. 메일 발송에 동의한 사람은 경진대회 참가 의지가 높은 반면, 그렇지 않은 사람은 경진대회 참가 의지가 낮았다. 특히 옵트아웃 그룹에서도 이탈한 사람들은 아예 작은 관심조차 없었다.

이 경우 옵트인 그룹에 속한 사람들이 더 나은 아이디어를 제안할 것이라고 생각할지 모르나, 결과는 두 그룹 간의 차이가 별로 없었다. 다시 말해 참가 의지가 낮은 사람도 좋은 아이디어를 내놓았다. 니즈 카드로 현장의 요구를 이끌어낸 키엔스의 사례에서 우리는 강한 동기를 가지지 않은 사람의 의견도 경청해야 한다는 사실을 배웠다.

아이디어를 선정하는 안목

이번에는 아이디어를 선정하는 안목에 대해 이야기해보자. 미국 펜실베이니아대학의 필립 테틀록 교수는 미래 예측에 관한 연구를 토대로 《슈퍼 예측, 그들은 어떻게 미래를 보았는가》를 썼다. 아이디어 선정과 예측은 어떤 의미에서 비슷하다. 따라서 이 책의 내용은 아이디어 선정에도 유용할 것이다. 테틀록 교수가 말하는 '예측력이 높은 사람'의 특징은 다음과 같다.

- 문제를 분해한다
- 새로운 정보를 얻어 의견을 바꾼다
- 어떤 문제든 대립하는 견해를 생각한다
- 실패했을 때는 원인을 검증한다
- 동료를 활용하기 위해 팀 관리능력을 익힌다

예를 들어, 스타트업의 아이디어를 검토한 뒤 '이 아이디어는 성공한다', '이 아이디어는 별로다' 등의 생각을 그 이유와 함께 메모해보자. 몇 년 뒤 어떤 결과가 나왔을까? 우수한 투자가는 이런 작업을 통해 자신의 안목이나 의사결정 프로세스를 개선한다. 창업가는 좋은 아이디어를 제안하는 일뿐 아니라 그 아이디어의 장단점을 판단할 수 있는 능력도 키워야 한다. 그러려면 지속적인 훈련이 필요하다. 연습하고 또 연습하다보면 될 만한 아이디어를 선택하는 안목이 생긴다.

도쿄대학에는 이런 수업이 있다. 어떤 아이디어를 낸 뒤 2주 동안 반복적으로 그 아이디어를 깊이 파고드는 수업이다. 2주에 불과해 아이디어의 가능성을 깊이 파악하기는 어렵지만, 방향 전환을 반복해 더 나은 아이디어에 다다르는 경험을 여러 차례 해본다는 장점이 있다. 아이디어 발표를 앞두고 팀은 그 아이디어가 좋은지 나쁜지를 스스로 판단하는데, 일명 'Go / No Go' 판단이다. 더불어 자신들의 'Go / No Go' 판단이 교수진과 투자가의 판단과 일치하는지도 확인한다. 이 수업을 통해 학생들은 기업가에게 필요한 자질이 무엇인지 깨우친다. 아이디어를 떠올리는 훈련도 중요하지만, 자기 나름의 방식으로 좋은 아이디어를 선정하는 안목을 키우고 '가능성 없으니 여기서 중단하자'라고 판단할 수 있는 것도 기업가에게 꼭 필요한 자질이 아닐까?

여섯 가지 'S'로 아이디어를 확인한다

아이디어 발산이 충분히 이루어진 다음에는 서서히 아이디어를 수렴해야 한다. 이것은 아이디어를 결정화하는 작업이다. 앞서 '프리 아이디어'라는 개념을 소개하며 아이디어를 제안할 때의 장벽을 낮췄는데, 수렴 단계에서는 아이디어로서 인정하는 장벽을 어느 정도 높일 필요가 있다.

2018년, 도쿄대학은 청년 기업가를 양성하는 수업인 '기업가 정신 도장(道場)'에서 '여섯 가지 S를 갖춰야 비로소 아이디어가 된다'라고 가

〈그림 3〉 아이디어를 형성하는 여섯 가지 'S'
이 여섯 가지가 갖춰져야 비로소 '유효한 아이디어'가 될 수 있다.

르쳤다. 〈그림 3〉을 보면 여섯 가지 'S'가 무엇인지 알 수 있다.

[Survey(조사)] 조사를 통해 아이디어의 상대화를 진행한다. 고객 인터뷰를 하거나 경합 제품을 조사한 뒤 이 결과를 팀원과 공유한다. 경합 제품을 조사할 경우, 구글 설문지(Google Forms)를 이용하여 디자인 양식을 통일하면 보기도 좋을뿐더러 여러 사람이 정보를 공유하기도 쉽다.

[Strategy(전략)] 《블루오션 전략》에 소개된 분석 도구인 '전략 캔버스(Strategy Canvas)'를 사용한다. 프랜시스 프레이와 앤 모리스가 쓴 《탁월한 서비스는 어떻게 만들어지는가?》에도 비슷한 그림이 있다. 이 그림은 '이번에 채용하는 아이디어에서 주력할 부분의 꺾은선 그래프'다. X축(가로축)에는 왼쪽부터 차례로 고객이 중시하는 평가축을 적고, 그 평가축에 대해 우리의 아이디어와 경합할 제품의 특징을 점수화하여 도표로

그리고 선을 긋는다.

가장 어려운 것은 고객의 평가축을 선택하는 일이다. 평가축은 고객이 가진 과제나 상황에 따라 변하기 때문에 한 제품이라도 여러 작업을 거쳐 채용되는 경우에는 다수의 전략 캔버스를 작성하기도 한다.

[Structure(구조)] 어떤 비즈니스 구조, 비즈니스 모델이 가장 적합한지 검토하는 부분이다. 비즈니스 모델도 일종의 조합이므로 과거부터 최신 여러 비즈니스 모델을 참조하면서 검토한다. 경우에 따라서는 올리버 가스만 등이 쓴《비즈니스 모델 내비게이터: 당신의 사업을 변화시킬 55가지 놀라운 비즈니스 모델》의 부록에 있는 '한눈에 보는 55개 모델'을 참조하기 바란다. 또한 관련된 모든 사람의 관계성을 그림으로 그려보자. 다만, 이런 그림은 복잡해보여서 프레젠테이션을 할 때 그대로 사용하는 것은 부적합하다.

[Stream(흐름)] 고객의 체험 흐름이나 행동이 바뀔 때까지의 흐름을 기술한다. 예를 들어 '고객 포스 캔버스(Customer Forces Canvas)'를 사용하여 고객의 사고나 행동의 흐름을 정리한다.[14]

[Story(스토리)] 사용자(User), 니즈(Needs), 통찰력(Insight), 세 가지 요소로 POV(Point of View)를 문장으로 정리한다. 이 책에서는 스탠퍼드 디자인스쿨과 도쿄공업대학 엔지니어링 디자인 프로젝트를 참고하면서 픽사 애니메이션 스튜디오의 '스토리 기본'을 가져와 사용했다.

구체적으로는 "옛날 옛날에 어느 곳에 ○○○가 살았는데, ○○○라는 상황에서 ○○○할 수 없어서 곤란했어요. 왜냐하면 ○○○였기 때문이죠. 사실 ○○○에게는 ○○○라는 진짜 과제가 있었어요. 어느 날 ○○○를 계기로 ○○○와 마주쳐서 ○○○했고, 주인공은 ○○○를 했어요. 그들은 아주아주 행복하게 살았대요"라는 정형문을 만든 다음 ○○○ 부분을 채우게 했다.

또한 4컷 만화를 그린 후 실제로 해본다. 4컷 만화는 '문맥 → 과제 → 해결 → 성과'라는 식으로 일단 구성한다. 실연해봄으로써 그릴 때는 미처 알아차리지 못했던 위화감을 깨달을 수 있다. 경우에 따라서는 마이크로소프트 수석연구원인 빌 벅스턴이 《사용자 경험 스케치》에서 언급한 사진을 사용하는 것도 좋은 방법이다.

[Sketch(스케치)] 실제로 어떤 상품을 만들지 그려본다. 도쿄공업대학 '공학설계 프로젝트' 수업에서 사용하는 EDP(컴퓨터를 사용하여 각종 정보를 처리하는 시스템) 툴키트[15] 안에 있는 프로덕트 스케치시트가 편리하다. 관련 애플리케이션을 다운받아 사용하는 방법도 있다.

내게 상담해달라며 가져오는 비즈니스 아이디어 대부분은 구조적인 검토를 거친 것이 아니다. 스타트업 창업가들이 사업 아이디어를 구체화시키는 도구로 가장 많이 사용하는 것은 '린 캔버스'와 '비즈니스 모델 캔버스(BMC)'다. 하지만 이것만으로는 사업 아이디어를 한층 심화시키는 대화를 진행하기 어렵다. 따라서 한 가지 사업 아이디어에 대해 다면적으로 검토하는 과정을 거쳐야 한다. 이를 통해 아이디어의 새로운 가능성을 깨달을 수도 있고, 포기해야 하는 이유를 찾을 수도 있다.

또한 조직 내에서 이런 과정을 거치면 논쟁을 통해 각자의 생각을 알고 서로 맞춰갈 수 있다(때로는 사업기획 도구가 오히려 논쟁거리가 될 수도 있다). 어느 정도 통일된 양식으로 사업 아이디어를 정리하면 외부인도 빠르게 이해할 수 있다.

여섯 가지 'S'를 정리해보자. 물건/일의 디자인을 검토한다. 거시적/미시적 시점으로 검토한다. 그리고 몇 가지를 조합해 고객이해/해결책을 검토한다. 특히 〈Strategy〉, 〈Structure〉, 〈Stream〉은 거시적 시점으로, 〈Story〉와 〈Sketch〉는 미시적인 시점으로 아이디어를 비판적으로 검토한다.

순서는 먼저 조사와 대략적인 전략 결정부터 한다. 그 뒤 〈Story〉나 〈Sketch〉라는 미시적인 부분에서 서서히 거시적인 방향으로 진행한다. 거시적인 부분부터 검토할 경우 실제로 상품을 만드는 단계까지 못 가는 조직이 많기 때문이다. 그럼, 모든 아이디어에 이런 장벽이 필요할까? 꼭 그렇지는 않다. 좀 더 많은 아이디어, 이른바 프리 아이디어가 많이 필요한 경우도 있다.

여섯 가지 S를 모두 썼다고 해서 사업 아이디어로 굳어지는 것은 아니다. 사업 아이디어가 될 수 있다는 가설이 생긴 것뿐이다. 실험을 통해 이 아이디어가 정말 옳은지 조사할 필요가 있다. 만일 실험 결과가 좋지 않다면 아이디어 가설을 다시 세워 검토해야 한다. 조직은 몇 번이고 이 여섯 가지 검토 사항을 작성할 필요가 있다.

이것은 어디까지나 스타트업의 아이디어를 창출하고 발전시키는 과정이다. 이 책의 전반부에서 구글의 벤처캐피털 회사인 GV가 개발한 '디자인 스프린트' 기법을 소개했다. 이것처럼 자신이나 조직에 맞는 과

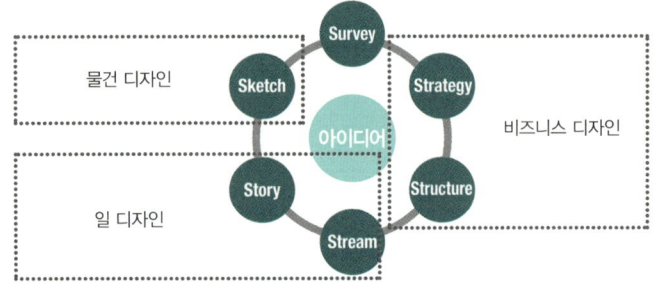

물건/일의 디자인을 검토한다

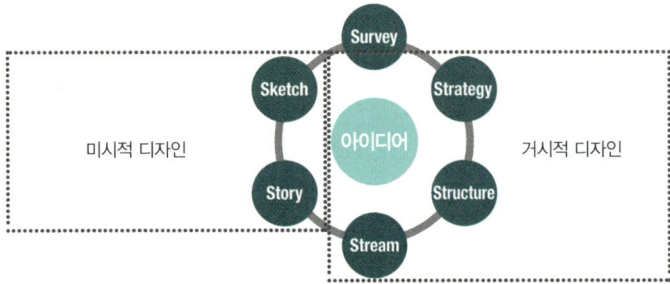

거시적/미시적 시점으로 검토한다

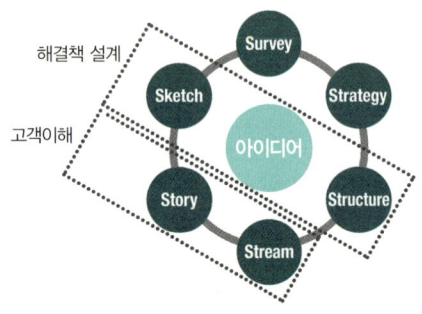

고객이해/해결책을 검토한다

아이디어를 형성하는 '여섯 가지 S'로 정리할 때 각각의 위치를 정한다.

정을 꼭 만들어가기 바란다. 실제로 SaaS(Software as a Service) 기업으로 유명한 미국 인터컴(Intercom)은 클레이튼 크리스텐슨이 말하는 '업무(정리해야 하는 일) 개념'과 애자일(Agile) 개발 방법에 쓰이는 '유저 스토리(User Story) 개념'을 확장하여 '잡 스토리(Job Stories)'라는 정리 방법론을 만들었다.[16]

스타트업 창업가는 반복적인 조사와 검토를 통해 아이디어를 개선해내가야 한다. 이 과정이 꼭 거창할 필요는 없다. 작게라도 반드시 아이디어를 검증하는 절차를 밟기 바란다.

팀의 잠재력을 끌어내는 프로세스
팀으로 논의하는 절차를 키운다

팀으로 논의할 때도 프로세스가 갖춰져 있다면 잘못되지 않을 가능성이 크다. 프로젝트 관련자들이 가진 정보를 모두 모으면 현명한 판단을 할 수 있을 거라 생각하지만, 실제로는 그렇지 않다. 정보가 다양한 환경에서도 사람들은 잘못된 답을 선택하기도 한다. 그 이유는 다수가 공유하는 정보를 중시하고 소수가 가진 정보를 가볍게 여겨서다. 이것을 '숨은 프로필(Hidden Profiles)'이라고 한다.[17]

예를 들어 여섯 명의 구성원이 모두 같은 정보를 공유하고 있으며, 그중 두 명만 다른 사람들은 모르는 정보를 가지고 있다면 어떨까? 둘이 가진 정보는 토론 테이블에 오르지 않고 오로지 모두가 아는 정보만 논의거리가 된다. 둘만 아는 정보는 영향력이 거의 없다. 일반적으로 모두가 아는 정보를 말하는 사람은 사회적으로 높은 평가를 얻는 경향이 있다. 또 자신이 알고 있는 정보를 다른 사람을 통해 들으면 '역시 나는 아는 게 많아' 하며 스스로를 높이 평가한다.

이런 식으로 모두가 알고 있는 정보만 인정하고, 중요한 정보를 공유하지 않는다면 유감스런 선택을 하게 된다. 이 현상을 소개한 캐스 R. 선스타인은 《와이저(Wiser)》에서, 집단이 야기하는 실수와 그것을 극복하는 방법에 대해 심리학이나 행동경제학의 식견에서 정리하고 있다. 집단의 실수는 다음과 같다.

- 집단에서 토론한 결과, 팀원 개인의 잘못은 반복될 뿐 아니라 증폭되어 간다.
- 집단은 폭포 효과(Cascade Effect)의 희생양이 된다. 먼저 발언 및 행동하는 사람 때문에 나중에 발언 및 행동하는 사람이 알고 있는 정보를 배우지 못한다.
- 집단은 극으로 달린다. 논쟁을 벌인 뒤의 입장은 그 이전의 경향에 따라 더욱 극단적이 된다.
- 집단의 논쟁에서는 공유정보가 우선되고, 공유되지 않은 정보는 논의에서 배제된다('숨은 프로필'). 그 결과 집단은 팀원이 알고 있는 모든 정보를 파악할 수 없다.

이런 함정에 빠지지 않기 위해 선스타인은 다음과 같은 대책을 제안한다.

- 리더는 잠자코 있고 부하가 말하게 한다. 집단의 일원에게 구체적인

역할을 주고 필요한 정보를 수집한다.
- 비판적 사고를 촉진하고, 집단의 방향성과 다른 정보를 공유하게 이끈다.
- 개인의 성공이 아닌 집단의 성공을 중시한다.
- 역할을 분담하고, 각자가 가진 독자적인 정보를 서로가 인정하는 분위기를 조성한다.
- '지금 상황에서 새로운 리더가 온다면 어떻게 할까?'라는 식으로 시점을 바꾼다.
- '악마의 변호인'을 준비하고 일부러 반대의견을 말한다.
- 제안이나 계획을 깨뜨리는 역할을 맡은 적대 팀(레드팀)을 만든다.
- 직관적 미래 예측법을 사용한다(첫 투표는 완전히 익명으로 실시하고, 두 번째 투표는 첫 투표를 네 개로 나눈 것 중에서 중간 범위(20~75%) 안에 있도록 한다. 팀원의 투표 결과가 한 곳에 수렴될 때까지 이 과정을 반복한다).

이런 과정을 회의에 도입함으로써(체크리스트 이용) 조직도 더 나은 의사결정을 할 수 있다.

모두가 평등하게 말하기 위한 '스파이더 토론'
대개의 프로젝트를 보면, 커뮤니케이션의 양과 질이 그 팀의 성공과 실패를 가르는 지표가 된다. 여기서는 어떤 커뮤니케이션 프로세스가 좋은지 알아본다.
구체적으로는 팀원의 발언량을 가시화한다. 팀원의 발언량이 비슷

한 팀이 특정 팀원이 많이 발언하는 팀에 비해 성과가 높다는 연구 결과도 있다.[18]

보통 팀의 권력자나 연장자가 더 많은 발언권을 가지는데, 이는 좋은 의사결정 방법이 아니다. 권력자나 연장자의 역할은 팀원이 평등하게 말하도록 이끌어주는 것이다. 알렉시스 위긴스가 쓴《최고의 수업(The Best Class You Never Taught)》을 보면 '스파이더 웹 토론(Spider Web Discussion)' 방법이 나온다. 자, 스파이더 웹 토론에서 쓰이는 '대화를 가시화하는 방법'을 알아보자.

먼저 〈그림 4〉처럼 참가자 전원의 이름을 쓴다. 그런 다음 첫 번째로 말한 사람 이름을 굵은 동그라미로 표시하여 강조하고, 그다음에 말하는 사람과 선을 그어 연결한다. 말하는 사람이 바뀌면 다시 다음 사람에게 선을 긋는다. 이렇게 하면 누가 자주 말하는지 눈으로 확인할 수 있다. 이때 발언 내용을 코드화(부호화)함으로써 누가 유익한 발언을 했는지도 알 수 있다.

- 코드[★] 매우 좋은 발언이나 아이디어
- 코드[Ad] 대화를 진전시킨다(Ahead)
- 코드[F] 표면적, 경박한 발언, 기분 나쁜 발언(Flip)
- 코드[I] 다른 사람의 말을 끊는다(Interrupt)
- 코드[Q] 질문(Question)

이 같은 방법을 사용하면 누가 어떤 발언을 했는지가 한눈에 보인다. 매번 이런 작업을 할 필요는 없지만, 토론할 때 지나치게 말을 많이

1. 누가 자주 말하는지 알 수 있도록
   대화를 가시화한다

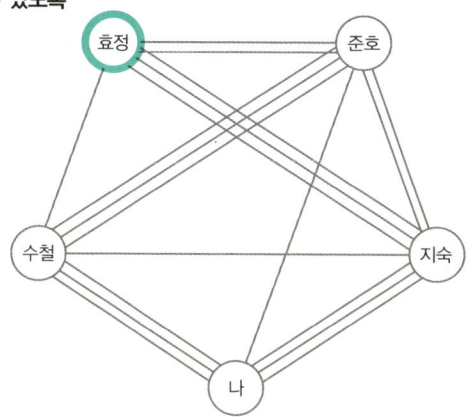

2. 발언 내용을 코드화(부호화)한다

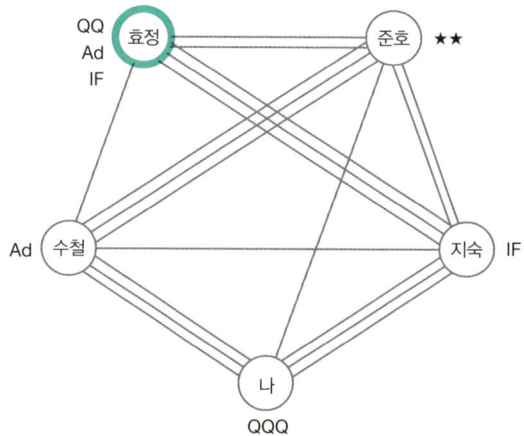

〈그림 4〉 스파이더 웹 토론을 하는 순서

이런 식으로 대화를 그림으로 그리면 토론 과정을 나중에 돌아볼 수 있다.

하는 사람이 있을 때는 시도해보기 바란다.

브레인스토밍보다 '브레인라이팅'을 사용한다

널리 알려진 커뮤니케이션 기법 중에 실제로 잘 사용하지 않는 게 있다. 그중 하나가 브레인스토밍(Brainstorming)이다.

어떤 브레인스토밍 실험[19]에서 팀과 개인의 아이디어 개수를 비교해보았다. 다섯 명이 각자 낸 아이디어는 평균 68개, 팀이 낸 아이디어는 평균 37개였다. 즉 여러 명으로 구성된 팀이 내놓은 아이디어 수가 훨씬 적었다. 또한 내용의 질 역시 개인이 내놓은 아이디어가 더 뛰어났다고 한다.[20] 그 이유는 브레인스토밍에서 불가피하게 발생하는 사회적 과정 때문인 것 같다. 보통 처음에 제시된 아이디어를 좇아가는데, 평범한 아이디어가 처음에 나왔다면 자연스레 그쪽으로 치우치게 된다. 브레인스토밍은 강점과 약점이 있음을 알고 적당히 사용하기 바란다.[21]

브레인스토밍의 경우, 한 사람이 발언하는 동안 대개 다른 사람들은 입을 닫고 있다. 그 시간은 오직 다른 사람의 아이디어를 듣거나 딴짓을 할 수 있을 뿐이다. 이런 약점을 극복하기 위해서는 브레인스토밍이 아닌 브레인라이팅(Brain Writing)을 시도하는 게 좋다. 브레인라이팅은 구성원이 많은 조직이나 기업에서 자주 활용하는 아이디어 창출 방법이다. 남들 앞에서 자신의 의견을 발표하는 게 어색한 사람도 아이디어를 적어내는 일은 할 수 있고, 다른 사람의 영향을 덜 받으면서 자신의 의견을 적극적으로 표현할 수 있다.

GV의 디자인 스프린트는 여기서 더 나아가 프레임워크를 개발했다. 먼저 '크레이지 에이트(Crazy 8s)'라는 기법을 사용해 각자가 억지로라도 단시간에 여덟 개의 아이디어를 기록하게 한다. 갑자기 아이디어를 내놓으라고 하면 대개 당황하므로 사전에 의제에 관한 마인드맵을 할 수 있는 환경을 만들어줘야 한다. 그다음은 '메모와 투표(Note & Vote)' 기법을 사용한다. 크레이지 에이트 기법을 통해 얻은 아이디어 중에서 괜찮은 것 몇 개를 골라 포스트잇에 깨끗하게 적어 벽에 붙인다. 참가자들은 포스트잇 내용을 살펴본 뒤 좋다고 생각하는 것에 동그라미 스티커를 붙이면 된다. 투표로 어떤 아이디어가 인기 있는지 파악할 수 있다. 이러면서 개인은 사회적 압박을 받지 않고 자신의 의견을 팀에 전달할 수 있다.

세계 최대 전자상거래 업체인 아마존은 파워포인트(PPT) 없는 회의로 유명하다. 창업자 제프 베조스가 서술형 보고서를 선호하기 때문이다. 아마존의 경우, 참석자들은 먼저 구조화된 보고서를 찬찬히 읽어본 뒤 논의를 시작한다. 보고서는 대략 1~6쪽 분량이다. 매년 베조스가 주주에게 보내는 편지도 이런 형식이라고 한다.

시간을 효율적으로 활용하는 프로세스
진행 중인 작업을 제한한다

우리는 자기 나름의 '일하는 방법'을 찾아야 한다. 아마 제약이 창의성을 키운다는 말을 들어봤을 것이다. 일도 마찬가지다. 맡은 업무가 많으면 멀티태스크가 되기 쉽다. 그런데 멀티태스크는 생산성이 나쁘다는 이야기도 있다.[22]

흔히들 여러 일을 동시에 진행하는 게 멀티태스크라고 생각하지만,

실제로는 여러 일을 옮겨 다니며 하는 태스크 스위칭(Task switching)이다. 업무를 바꿀 때는 나름의 비용이 든다. 더욱이 어떤 직원이 회의 중에 메일을 보내면 다른 직원도 그것을 보고 따라하게 된다. 멀티태스크 방식이 전염되는 것이다.

멀티태스크 유혹을 뿌리치기란 사실 어렵다. 눈앞에 쌓여 있는 업무를 보면 멀티태스크가 될 수밖에 없다. 이 문제를 해결하려면 지나치게 많은 업무 환경을 바꾸어야 한다.

《칸반 행동(Kanban in Action)》이라는 책에 '칸반(Kanban)' 기법이 나온다. 이것은 조직의 현재 업무량을 줄이고, 조직의 힘을 결집시켜 그 업무를 빨리 끝내는 방법이다. 효율성과 기민성을 높이기 위해 작업 흐름을 간소화시키는 것이다.

업무 대부분은 '끝이 나야' 의미가 있다. 그런데 멀티태스크를 하면 한 가지 업무를 '끝내는' 데 싱글태스크보다 더 많은 시간이 요구된다. 해결책은 현재 진행 중인 업무(WIP, Work in Progress)를 제한하는 것이다. 그러면 불필요한 멀티태스크를 막고 업무를 차례로 끝낼 수 있다. 정리하면, '현재 업무량을 제한하는 환경을 만든다'는 프로세스를 익히면 한층 생산적으로 일할 수 있다.

또한 와이 콤비네이터의 샘 알트먼 대표의 방법도 권하고 싶다. 매일 아침마다 '오늘 끝내야 할 일' 세 개를 정한 뒤 그 일만 한다. 글로벌 숙박공유 플랫폼인 에어비앤비(Airbnb)를 공동창업한 브라이언 체스키도 종이에 적은 업무를 그룹으로 묶은 뒤 '어떻게 하면 영향력을 가장 잘 발휘할까?'를 고려해 최우선 순위를 정한다.

'메모장도 한 방법'이라고 했는데, 일하는 방식이나 프로세스를 정비하면 보다 생산적으로 일할 수 있다.

중요도를 고려해 시간을 나눈다

유용한 프로세스를 구축하면 시간을 효과적으로 사용할 수 있다. 이를 위해 앞에서 설명한 '20%의 근로시간을 반드시 인풋에 사용하는 방법'을 떠올려보자. 20%라는 시간이 좀 적어보일지도 모르나, 일주일 중 하루를 통째로 인풋에 할애하는 것이니 결코 적지 않다.

만일 업무시간 중에서 20%를 할애하는 게 어렵다면 프로세스로 정해놓자. 수학자인 리처드 해밍 박사처럼 금요일 오후를 아예 '위대한 고찰의 시간'으로 정해놓는 방법도 괜찮다. 매일 오전시간을 업무에 집중하는 시간으로 정해두고 메일 확인이나 전화 통화를 안 하는 것도 일종의 프로세스다.

사람들은 눈앞에 닥친 일을 처리하느라 소중한 시간을 허투루 쓰는 경향이 있다. 업무의 우선순위를 정할 때는 보통 '긴급도'와 '중요도'라는 두 개 축을 이용한다. 하지만 이 방법을 쓰면 아주 긴급한 업무를 먼저 처리하고, 중요한 업무는 뒤로 미루게 된다. 따라서 중요도가 높은 업무에 시간을 배분하는 프로세스를 도입해야 한다.

캐스 선스타인은 '15분 시간틀'을 이용하여 참가자 스스로 준비를 철저히 하는 등 정보가 넘치는 회의로 만들었다. 벤처 투자가인 마크 안드레센은 회의 일정을 미리 잡지 말라고 조언한다. '이 날 미팅이 가능한가요?'라고 물으면 '지금 만납시다'라고 대답하라는 것이다.[23] 나도 이런 방법으로 미팅 횟수나 회의 시간을 줄였다. 반복적인 실천과 피드백을 통해 자신에게 맞는 프로세스를 찾기 바란다.

팀에 프로세스를 정착시키고 성찰한다

좋은 평가를 받은 프로세스라도 한 번의 실천만으로 효과를 볼 수는 없다. 프로세스를 정착시키는 일은 꽤 어렵다. 다이어트에 도전해서 성공하는 사람이 거의 없다는 사실을 떠올리면 정착이 얼마나 어려운지 알 것이다.

팀은 더 어렵다. 이때 제임스 프로차스카가 개발한 범이론적 모델(Transtheoretical Model, TTM)을 사용할 수 있다. 프로차스카는 인간의 문제행동에 대한 변화를 5단계로 구분했다. 즉 무관심단계에서 시작하여 관심단계, 준비단계, 실행단계, 유지단계를 거쳐 행동 변화가 일어난다고 한다.[24]

이 모델은 각 단계마다 각기 다른 지원이 필요하다. 예를 들어 처음에는 관심을 갖기 위한 정보 제공이 필요하고, 그다음은 행동으로 옮기기 위한 계기를 만들어줄 필요가 있다. 처음부터 억지로 실행지향형 프로그램에 참여시켜봤자 효과는 거의 없다. 특히 무관심단계나 관심단계에서는 행동변화를 일으키는 장점이 단점보다 적다. 무관심단계부터 실행단계로 이행하기 위해서는 행동변화의 이점이 1표준편차분만큼 증대하지 않으면 안 된다.[25] 또 무관심단계에서 실행단계로 이행하기 위해서는 행동변화의 폐해가 0.56표준편차분 정도 감소하지 않으면 안 된다.[26] 바꿔 말하면, 어떤 단계에서 다른 단계로 옮겨갈 때는 행동변화의 폐해

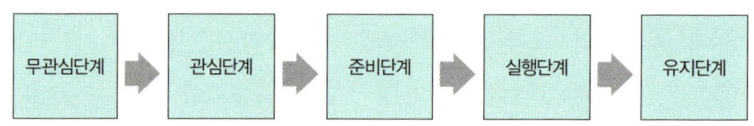

프로차스카의 범이론적 모델 - 행동변화의 5단계

가 감소하는 동시에 이점이 그 두 배만큼 증대하지 않으면 안 된다는 것이다.

사람은 쉽게 현재의 행동을 바꿀 수 없다. 스타트업이 아무리 좋은 제품을 만들어도 처음에는 팔기 어렵다. 프로세스도 마찬가지다. 새로운 프로세스일수록 실행하기가 어려우며, 하물며 정착시키는 일은 더욱 어렵다. 이 말은 자신의 회사에 좋은 프로세스를 정착시킬 수만 있다면 다른 회사가 쉽게 흉내 내지 못할 거라는 뜻이 된다. 좋은 프로세스를 가진 조직은 다른 조직이 한두 번의 실행만으로 다다를 수 없는 영역에 들어설 수 있다. 범이론적 모델의 지식을 이용하여 현재 상황에 맞는 행동변화의 장치나 조직으로서의 습관을 만들어보자.

'프로세스 부채'에 주의한다

프로세스는 서서히 개선되며, 때때로 우리는 프로세스를 돌아보고 검토해야 한다. 프로세스는 의사결정에 필요한 노력을 줄여주지만, 한편으로는 부채가 되어버리는 폐해도 있다. 상황이 변하면서 예전에는 문제가 없었던 프로세스가 제대로 기능하지 못하는 경우도 있기 때문이다. 모든 결정은 좋은 점과 나쁜 점이 있으며, 완벽한 결정이란 결코 없다. 다만, 특정 상황에서는 좋은 점이 더 나타나므로 그 결정을 받아들이는 것이다. 프로세스도 그렇다.

소프트웨어나 시스템의 개발 세계에는 '기술적 부채'나 '조직적 부채'라는 말이 있다. 프로세스 세계에도 '프로세스 부채'라고 불리는 것이 있다. 프로세스를 잘 설계하면 부채가 커지는 것을 늦출 수 있다. 말 그대로 '늦출' 뿐이고, 기능하지 않는 순간이 반드시 온다. 이 때문에 프로세스를 돌아보는 과정도 필요하다. 많은 사람의 의견을 듣거나 아이디어를 발산하면서 프로세스 변경 자체에도 '공정한 프로세스'를 도입하자.

목표를 설정하고 계획을 세우는 WOOP 기법

지금까지 설명한 내용 중에는 간단히 실천할 수 있는 것도 있었고, 어려운 것도 있었다. 마지막으로 소개하는 내용은 프로세스를 실행하기 위한 'WOOP' 기법이다. 여기서 WOOP는 Wish(소망), Outcome(결과), Obstacles(장애물), Plan(계획)의 머리글자로 만든 용어다. 이 기법은 가브리엘 외팅겐이 지은 《무한긍정의 덫》에 자세히 설명돼 있다. 간절히 바라는 소망(Wish)을 정한 후 그 결과(Outcome)를 떠올리고, 장애물(Obstacle)이 무엇인지 생각한 다음, 그것을 극복하는 계획(Plan)을 세우는 4단계를 말한다.

예를 들어 'A의 관심을 받고 싶다'는 소망이 있을 때 추구하는 결과로 '1년 안에 10킬로그램을 감량하겠다'는 목표를 설정했다고 하자. 이때 장애물은 '운동할 시간이 없다', '간식을 먹었다'이고, 이를 극복하기 위해 '매일 눈뜨자마자 3킬로미터를 달린다', '음식을 적게 먹는다'는 계획을 세운다. 이런 식으로 계획을 세운 그룹은 그렇지 않은 그룹보다 다이어트 프로그램을 계속하는 비율이 압도적으로 높았다고 한다.

또한 SMART로 불리는 목표 설정 기법도 있다. 이것은 Specific(구체적), Measurable(측정 가능한), Attainable(달성 가능한), Relevant(관련 있는), Time-bound(시간이 정해진)의 머리글자로 만든 용어다. '1년 안에 10킬로그램을 감량하겠다'는 'SMART' 기법으로 목표를 설정한 좋은 예다. 이런 내용을 떠올리며 결과를 설정해보기 바란다.

계획은 세우는 것만으로도 효과가 있다. 질 좋은 증거를 제공하는 무작위 대조군 임상시험(RCT)에 따르면, 계획을 세울 경우 선거 투표나 건강을 위한 운동, 인플루엔자(독감) 예방접종 등을 실행하려는 의사를 관철할 수 있는 확률이 높아진다고 한다.[27] WOOP 기법을 사용하여 환경을 바꾸기 위한 목표 설정과 계획 세우기를 실천해보자.

이 책에서 나는 '장소를 바꾸자'고 제안했다. 이것을 '소망'이라고 한다면 장소를 바꾸기 위해 1년 안에 무엇을 할 수 있고, 장애물은 무엇인가를 생각해보자. 또 '언젠가 창업하고 싶다'는 소망이 있다면 '관련 기업으로 이직하기 위해 반년 동안 최소 다섯 곳 이상의 면접을 본다' 등의 결과를 설정해보자. 이때 장애물은 무엇인가? 만일 조사를 하거나 면접 볼 시간이 없다는 게 장애물이라고 한다면 자신을 위한 시간을 만드는 계획을 세워보자. 이를 위해 어떤 프로세스를 만들어야 하는가? 어떻게 실행할 수 있는가? 자기 주변에 어떤 사람들이 있고, 자신이 어떤 장소에 있으면 그 계획을 실천하기 쉬운가? 이런 순서로 생각하다보면 좋은 결과에 다다를 것이다.

나아가 이 책에는 여러 가지 학습방법이 소개돼 있다. 이 책의 콘셉트맵을 그려봄으로써 더 깊이 이해할 수 있다. 그룹으로 배우는 것이 효과적이며, 환경을 바꾸기 위해서는 주위의 협력이 필요하다. 이 경우 직소 그룹을 만들어 공부하면 어떨까? 이 책에 있는 '4P'를 사용하는 것이다. 각각의 P를 담당하는 전문가가 직소 그룹의 구성원들을 가르치는 방식이다.

4P를 실천하고 싶을 때 WOOP는 어떻게 될까? 또한 25%의 주변

사람들을 바꾸려면 어떻게 해야 좋을까? 이렇게 하면 틀림없이 좋아진다는 방법은 세상에 없다. 이 책에는 자신을 바꿀 수 있는 장소나 환경을 선택하고 만들어가는 힌트가 담겨 있다. 자신이 있을 환경을 생각하고 바꿔보길 바란다.

| 마치는 글 |

　내가 운영하는 창업 프로그램을 개선하기 위해 스타트업 액셀러레이터에 대해 조사했었다. 그 과정에서 얻은 지식과 노하우 일부가 이 책에 담겨 있다. 모쪼록 스타트업 창업가들에게 이 내용이 도움이 되기를 바란다. 창업이나 신규 사업을 창출하는 환경이 조성되어, 우수한 스타트업이 많아지면 경제도 활성화되리라 믿는다.
　'기업가 정신(Entrepreneurship)'이라는 연구 분야는 아직 초창기여서 창업가들이 실천한 사례가 그리 많지 않다. 이 분야는 경영학이나 공학뿐 아니라 인지과학이나 교육학, 사회학 등의 관점에서 접근해야 한다. 여기서 더 나아가 이 책에서 거의 다루지 않은 경제학 등 폭넓은 사회 과학적인 지식이나 영역을 필요로 한다.
　나 역시 아직은 배우는 과정이다. 여러 분야의 지식을 행동으로 실천하고, 기업가 정신을 키우기 위한 프로그램을 설계하고, 개입 기법을 연구하고 있다. 이를 통해 새로운 지식이 타오르는 환경을 갖출 수 있다고 생각한다. 그 결과 우수한 창업가들이 많이 등장하고, 일하는 환경도 좋아질 것이다. 이렇게 스타트업 창업에 좋은 장소가 만들어질 수 있다.

이 책도 내가 가진 환경의 산물이다. 사회과학 지식을 액셀러레이터나 창업, 제품 개발 분야에 응용하는 시도는 친구나 지인, 그리고 학생들의 도움이 없었다면 불가능했다. 연구논문 등의 참고문헌도 알 수 없었을 테고, 실험도 하지 못했을 것이다. 내가 가진 환경에 감사하며, 이 책이 여러분의 환경을 더 좋게 만들어주길 바란다. 앞으로도 계속 많은 사람들과 함께 기업가 정신 분야를 개척해나갈 수 있기를 기대한다.

이 책은 아직 출발선에 있다. 이 책의 지식과 근거가 'FoundX'와 '혼고 테크개러지'라는 프로그램과 시설을 더 좋은 환경으로 만드는 데 일조할 것이다. 내가 만든 환경이 여러분이 있을 곳 중 한 곳이 된다면 더없이 좋을 것이다.

◆◆◆

〈들어가는 글〉에서도 조금 언급했는데, 이 책은 '약점에 대한 책'이기도 하다. 환경에 영향을 받은 자신의 약점을 인정하고, 그 환경을 어떻게 살릴지 고민하는 책이다. 자기 자신을 제어하는 일을 환경에 전적으로 맡기는 것은 위험하다. 자신의 실패를 환경 탓으로 돌리는 것도 이해가 안 된다. 환경을 제어함으로써 자신도 제어할 수 있다.

많은 조사[1, 2]에서 봤듯이, 창업가는 고독하고 정신적으로 약해지기 쉽다. 창업에 성공하더라도 정신적 문제가 생기면 아무 의미가 없다. 만일 정신적으로 문제가 있는 상태에서 실패한다면 재기할 엄두도 못 낼 것이다. 따라서 창업 전후로 창업가인 자신이 있을 곳이나 환경을 정비해둘 필요가 있다. 그런 의미에서 이 책이 여러분에게 '혼자서 너무 애쓰지 않아도 돼!'라는 메시지를 전달할 수 있으면 좋겠다.

◆◆◆

마지막으로, '환경 바꾸기'를 모든 사람이 할 수 있는 것은 아니다. 그런 여유가 있는 사람은 극히 일부다. 대부분의 사람은 금전적 또는 사회적 이유로 환경 바꾸는 일을 주저한다. 또 주어진 환경에서 쏙 빠져나오기도 어렵다. 따라서 스스로 환경을 바꿀 여력이 있는 사람들이 나서야 한다. 환경을 개선함으로써 모두가 이득을 얻고, 모두의 운이 좋아진다. 즉 한 창업가의 성공은 여러 사람들의 성공으로 이어질 수 있다.

때로는 환경이나 사회를 바꾸기보다 자기 혼자만 달라지는 것이 손쉽고 빠를 것이다. 그러나 환경 바꾸기라는 어려운 일에 힘을 쏟은 결과 '25%의 사람들'을 바꿀 수 있다면, 자기 혼자만 변하는 것보다 훨씬 가치 있을 것이다. 뭔가 큰일이 일어날지도 모른다.

미국 코넬대학 교수이자 〈뉴욕타임스〉 칼럼니스트이기도 한 경제학자 로버트 H. 프랭크는 《실력과 노력으로 성공했다는 당신에게》라는 책에서, 자신이 성공한 것은 환경이라는 행운이 있었기 때문이라고 강조한다. 그런데 사람들은 '재능이 있어서', '노력을 많이 해서' 성공했다고 생각한다. 이 말도 어느 정도는 맞지만, 대다수 성공은 그 환경을 만들어준 과거 사람들 덕분임을 기억하기 바란다. 누군가가 도로를 정비해주었기 때문에 성공한 창업가가 매일 빠르게 이동할 수 있다. 이처럼 누군가의 노력이 쌓여 창업가의 도전을 지원하고 있는 것이다. 그렇다면 성공의 결실을 우리도 나눠야 하지 않을까? 환경이 준 것은 환경에 꼭 돌려주기 바란다.

어떤 창업가와 이런 이야기를 나눈 적이 있다. 빌 게이츠는 크게 성공한 기업가이지만, 게이츠가 없었어도 누군가가 소비자 대상의 OS 비즈니스를 시작해 큰 성공을 거뒀을 것이라고 말이다. 이렇게 말하면 '도전하지 않는 사람은 성공에 이르는 티켓을 손에 쥐지 못한다'라고 이해할 게 뻔하다. 하지만 내 생각은 조금 다르다. 어쩌면 게이츠와 다른 사람이 성공했을지도 모른다. 다만, 그 타이밍에 도전한 사람이 게이츠 한 명이었기에 그는 큰 성공에 이르는 티켓을 혼자 얻었고, 돈과 명예도 독차지했다. 그 이후 이야기는 다들 잘 알 것이다. 빌 게이츠는 성공이 가져다준 돈으로 자선활동을 하고, 세계 환경을 개선하고자 지금도 분투하고 있다. 나는 빌 게이츠가 성공해서 다행이라고 생각한다. 다른 사람이 성공했다면 그런 좋은 일에 돈을 쓰지 않고 자신이 다 가졌을 수도 있기 때문이다.

'다른 누구도 아닌, 바로 당신이 성공해서 천만다행이다'라고 생각할 수 있는 그런 창업가가 늘어나길 바란다. 또 그들이 환경 개선에 관심을 더 갖도록, 환경 덕분에 성공했다는 이야기가 좀 더 강조되길 바란다. '내가 성공하면 사회는 틀림없이 더 좋아질 것이다'라고 말하는 창업가들이 점점 더 많아지기를 기대한다.

이 책은 창업가의 '환경'이라는 부분에 초점을 맞췄다. 좀 더 넓게 생각하면, 환경을 개선함으로써 사회 전체의 운이 좋아진다. 주변 사람들과 행복을 나누는 것, 어려움에 처한 사람에게 손을 내밀어주는 것도 환경을 좋게 만드는 방법이다. 이 책을 통해 나 자신과 주변 사람들을 위해 좋은 환경을 만들자는 사람들이 늘어나길 바란다.

"나는 나와 나의 환경이다. 만일 이 환경을 구하지 못하면 나도 구할 수 없다." 우리는 철학자 호세 오르테가의 말을 귀담아들어야 한다.

◆◆◆

〈들어가는 글〉에서 '스스로 환경을 만들고 환경에 의해 자신을 바꾸자'라고 했다. 그러나 대다수 사람들은 스스로 환경을 만들어낼 만큼 강하지 않다. 따라서 자신이 약하다는 사실을 인정하고, 일단 우수한 환경에 뛰어들어 자신의 환경을 바꾸는 것부터 시작해야 한다. 창업 후 일이 잘 풀리면 다음 창업가를 위해 우수한 환경을 만들어주자. 이렇게 생각하면 '스스로 환경을 만들고 환경에 의해 자신을 바꾸자'는 말은 순서가 달라져야 한다.

"환경을 변화시켜 자신을 바꾸고, 스스로 다른 사람을 위한 환경을 만들자."

여러분도 자신을 위해 또 누군가를 위해 좋은 환경을 만들어보자. 미래의 창업가들은 좋은 회사나 사회라는 환경을 조성하고, 많은 사람들에게 '있을 곳'을 제공하자.

여러분이 앞으로 만들어서 키울 환경이 많은 사람들에게 '좋은 곳'이 되기를 희망한다.

INTERVIEW

전설의 창업가, 가마다 토미 대표에게 듣는다
'혁신적 환경'을 선택하고 만드는 방법

창업을 성공시키려면 '올바른 환경을 선택하는' 것이 중요하다. 지금까지 이 가설의 토대가 되는 이론을 살펴봤다. 그렇다면 실제로 환경적 요소는 창업의 성공과 실패에 어느 정도의 영향력을 발휘할까? 그리고 창업가가 스스로 '올바른 환경'을 만들 수 있을까?

이 궁금증을 해소하기 위해 가마다 토미 대표를 만나 이야기를 들어보았다. 가마다 대표는 1990년부터 2000년대에 활약한 창업가로, 도쿄대 재학 당시 주식회사 ACCESS(액세스)를 설립해 휴대전화용 웹 브라우저에 혁명을 일으켰다. 현재는 유망 스타트업을 발굴해 사업 자금과 멘토링 등을 제공하는 액셀러레이터로 활동하고 있다.

창업에는 실패가 따른다
재기하기 쉬운 환경을 찾아라!

◇◇◇◇◇◇◇◇

우마다 이 책을 쓰기 위해 창업과 환경의 관련성에 대해 조사를 많이 했습니다. 가마다 씨는 창업가로서 활동한 뒤 지금은 투자가로서 스타트업 육성에 힘을 쏟고 계신데, 어떤 환경이면 창업을 성공시킬 확률이 커질까요?

가마다 성공적인 창업이란 무엇일까요? 아마 사람마다 답이 다르겠죠. 여기서는

가마다 토미(사진 오른쪽)
도쿄대학 대학원 이학계 연구과 정보과학 박사 과정 수료. 이학박사. 주식회사 ACCESS 공동창업자. 도쿄대 학생이었던 1984년, 소프트웨어 벤처기업인 ACCESS를 설립하여 임베디드 시스템용 TCP/IP 통신 소프트웨어와 세계 첫 휴대전화용 웹 브라우저 등을 개발했다. 웹표준화단체인 월드와이드웹 컨소시엄(W3C)에 휴대전화용 소형 HTML 사양 '콤팩트(Compact) HTML'을 제안하는 등 모바일 인터넷의 기술혁신을 이끌었다. 2011년 퇴임한 뒤 스타트업을 지원하는 '토미 K'를 설립하고 엔젤투자가로 변신했다. 더불어 2013년 구글이 인수한 샤프트(SCHAFT)의 창업을 지원하는 등 로봇, 인공지능(AI), 사물인터넷(IoT), 증강인간(AH), 우주, 게놈, 의료 분야 등의 테크놀로지 스타트업을 성장시키는 '스타트업 부스터'로 활동하고 있다. 저서로 《테크놀로지 스타트업이 미래를 만든다: 테크 창업가를 노려라》가 있다.

'시작한 사업이 궤도에 올라 일정 규모 이상의 이익을 내고 있다'는 사실을 전제로 이야기를 해보겠습니다. 그런데 성공에 대해 이야기하기 전에 실패에 대한 이야기를 먼저 해야 할 것 같습니다. 새로운 도전에는 늘 실패가 따르기 마련이니까요. 어떤 창업가든 첫 도전에서 크게 성공한 사례는 거의 없습니다. 저는 창업과 환경의 관련성을 이야기할 때 '재기하기 쉬운 환경인가?', '몇 번이고 도전할 수 있는 환경인가?' 하는 내용이 중요하다고 봅니다.

제가 도움을 주었던 창업가들 중에는 실패 후 바로 사업내용을 바꿔 다시 회사를 설립한 사람도 있었고, 일단 여행을 하거나 쉬면서 견문과 학식을 넓힌 후 다시 창업에 도전한 사람도 있었습니다. 심지어 창업의 꿈을 잠시 접고 대기업에 취업한 사람도 있었고요. 아마도 사업 아이디어를 구상하면서 재도전할 기회를 엿보았겠죠. 이처럼 재기하는 방법은 사람마다 조금씩 달랐습니다.

예를 들어, 모바일게임 개발사인 크라브(KLab)의 사나다 테츠야 대표는 전신인 사이버드(CYBIRD)를 공동창업하기 전에 1년간(1997년) 인터넷 비즈니스를 배울 목적으로 우리 회사(ACCESS)에서 영업 업무를 했습니다. 학창시절에 창업을 했던 사나다 대표는 연속 창업가로, 다른 회사에서 일해 본 경험이 전혀 없었죠. 창업에 실패하고 우리 회사에 들어올 때 그는 '다음 창업을 위해 공부하는 것이 입사 목적'이라고 당당히 말했습니다.

이렇듯 실패 후 다시 시작하는 유형은 다양합니다. 그리고 어떤 유형이든 중요한 것은 사람과 정보입니다. 어떤 사람을 만나고 어떤 정보를 얻느냐가 재기에 영향을 미칩니다. 주위에 재기를 응원하는 사람이 있으면 더 힘이 되겠죠?

이노베이션을 꿈꾸는 사람은 일하는 동안 '세상을 바꾸려면 이것밖에 없다!'는 심정으로 온힘을 쏟아 붓습니다. 열정 자체는 나쁘지 않아요. 오히려 창업가의 바람직한 자세라 할 수 있죠. 문제는 그러다가 실패하는 겁니다. 마음의 상처가 클 테니까요. 그때 누군가가 옆에서 "좋은 시도였어", "다음에는 더 잘할 수 있을 거야"라고 말해준다면 큰 힘이 됩니다.

우마다 새로 시작할 수 있도록 응원해주는 멘토 같은 존재인가요?

가마다 예. 도전을 격려하면서 실패의 원인을 함께 분석하고 다시 시작할 계기를 만들어주는 사람이랄까요? 환경이라는 측면에서도 '실패를 딛고 재기'할 수 있도록 북돋아줄 인맥이 있다면 좋지 않을까요?

장소도 마찬가지입니다. 최근 일본에서도 예비 창업가들끼리 아이디어를 겨루는 창업경진대회가 자주 열립니다. 여기서 1등, 2등을 차지하면 창업자금이나 컨설팅 등을 지원받을 수 있죠. 극소수의 입상자를 제외한 대다수 참가자들에게는 별다른 혜택이 없습니다. 만일 대회 낙선자들을 위한 커뮤니티가 있으면 어떨까요? 사업 아이디어에 대해 서로 의견도 나눌 수 있어 좋을 것 같습니다.

우마다 흥미로운 제안인데요.

가마다 심사위원 자격으로 창업경진대회에 참가하면서 이런 생각을 해봤습니다. 몇몇 입상자를 지원해주는 것도 좋지만, 탈락한 사람들에게 도움을 주는 것도 가치 있는 일이라고요. 실제로 창업 아이디어는 그저 그랬지만 팀 구성은 아주 좋았던 경우도 있었습니다. 그런 창업가들이 시야를 넓혀 새로운 사업 주제를 발견하고, 또 팀을 재정비하여 다른 사업에 도전할 수 있도록 지원하는 곳이 있다면 유망한 스타트업이 좀 더 많아질 것입니다.

있는 장소를 바꾸기만 해도 미래가 달라진다

우마다 가마다 씨가 지원해준 창업가 중에도 그런 장소에서 돌파구를 마련한 사례가 있나요?

가마다 실패를 딛고 재기한 사례는 아니나, 2018년에 투자했던 네이처 아키텍처(Nature Architects)의 오시마 타이스케 대표가 떠오르네요. 그는 도전하기 쉬운 환경에 있었기에 크게 변화한 창업가 중 한 명입니다.

오시마 대표는 도쿄대학에서 '기계적 메타물질(Mechanical Metamaterials)'이라 불리는 구조물의 강도에 관해 연구했고, 일본의 독립 행정법인 정보처리추진기구(IPA)가 슈퍼크리에이터로 인정할 만큼 능력 있는 사람이었습니다. 하지만 그 역시 앞으로 무슨 일을 할지 고민이 많았다고 합니다. 그는 도쿄대학 산학협창추진본부가 매년 2~3월에 실시하는 '봄철 창업가 프로그램(Spring Founders Program)'에 지원했습니다(여름에는 'Summer Founders Program' 운영). 우마다 씨는 창업가 프로그램 운영자시죠?

우마다 네. 가마다 씨는 이 프로그램 멘토시고요.

가마다 멘토로서 오시마 대표를 처음 만나 연구에 대해 이야기를 나누었는데, 그 내용이 꽤 흥미로웠습니다. 그래서 제가 사외이사로 있는 엘리펀테크 주식회사와 연결시켜주었죠. 그 뒤 오시마 대표는 2017년 5월, CAMs(Computer Aide Metamaterials)라는 종래의 공업용 부재로는 실현하지 못했던 기능을 개발·제공하는 스타트업을 설립했습니다.

이 사례에서 핵심은 오시마 대표가 봄철 창업가 프로그램에 참가할 당시

엔 창업할 의사가 없었다는 점입니다. 자신이 있는 장소를 바꿈으로써 상담할 상대나 동료를 발견하고 창업에 이른 것입니다.

우마다 환경을 바꿔서 새로운 인맥을 얻고, 인생이 달라진 사례군요.

가마다 봄철 창업가 프로그램 기간은 2개월 남짓이니까, 그야말로 단기간에 인생이 달라진 거죠. 자신의 연구가 사회에 보탬이 되었으면 좋겠다는 오시마 대표의 평소 바람이 창업으로 이끈 요인이 되었을 겁니다. 대학 연구실에 몸담고 있는 학생이나 박사연구원들 중에는 오시마 대표처럼 고민하는 사람이 많은 것 같습니다. 그들은 회사를 만들거나 사장이 되는 방법을 모르는 것이죠. 관련 지식도 없고요.

우마다 그런 고민도 인맥이나 자신이 속하는 장소를 스스로 선택함으로써 해소할 수 있나요?

가마다 그럼요. '이런 일을 하면 좋다'는 것을 이해하면 창업뿐 아니라 새로운 도전도 쉽게 할 수 있습니다.

비전 없이 헤매던 20대를 탈출할 수 있었던 이유

우마다 창업에서 빠뜨릴 수 없는 비전과 환경의 관계성에 대해서도 듣고 싶습니다. 창업을 지원하면서 매일 느끼는 것은 창업가는 사업을 운영하는 과정에서 점차 시야가 넓어진다는 사실입니다. 바꿔 말하면, 창업 준비기에는 비전 자체가 없었는데 사업이 성장하면서 뚜렷한 목표가 생기는 것은 왜

학창 시절에 창업한 가마다 대표는 처리해야 할 과제가 많아서 힘들었다고 말한다.

일까요?

가마다 창업만 그런 것은 아닙니다. 시간이 지나면서 주변 '풍경'이 달라지기 때문이죠. 회사를 막 시작한 무렵에는 멀리 내다볼 수가 없습니다. 그러나 회사를 계속 운영하다보면 눈에 안 보이던 풍경도 보이고, 문제의식도 명확해집니다. 만일 그렇지 않다면 창업가로서 성장하지 못하고 있다는 이야기겠죠.

우마다 '풍경'이란 구체적으로 무엇을 말하는 건가요?

가마다 업계 동향이나 고객 니즈, 직원 관리, 조직 운영 같은 것이죠. 사업을 어느 방향으로 성장시킬 것인가? 직원 관리나 조직 운영을 어떻게 할 것인가? 이런 내용은 직접 경험해보지 않으면 알 수 없는 부분이 많습니다.

우마다 가마다 씨는 어떠셨나요? ACCESS를 설립했을 당시 도쿄대 학생이셨죠? 지금까지 말씀하신 이야기로 추측해보면 창업 초기에는 구체적인 운영 계획이 없으셨던 것 같은데, 맞나요? '소프트웨어 개발로 세계를 바꾸고 싶다'는 일념으로 사업을 시작했지만 어떤 사업을 주축으로 할지, 어떻게 조직 운영을 해나갈지에 대해서는 명확하게 생각해보지 않으셨죠?

가마다 하하, 들켰네요. 지금은 잘난 듯이 말하지만 창업하고 10년 동안은 맨땅에 헤딩하는 심정이었죠. 제 20대 시절은 헤매다가 끝났습니다.

우마다 당시 가장 힘들었던 점은 무엇인가요?

가마다 제가 ACCESS를 설립한 1980년대는 소프트웨어 산업 분야에서 마이크로소프트 같은 신흥기업이 엄청난 기세로 성장하는 시대였죠. 마음은 빌 게이츠처럼 회사를 크게 키우고 싶었으나 방법을 몰랐습니다. '소프트웨어로 세계를 바꿀 수 있다!'는 믿음만 있었죠. 구체적으로 어떤 사업을 해야 파괴적 혁신(Disruptive Innovation, 단순하고 저렴한 제품이나 서비스로 시장 밑바닥을 공략한 다음 시장 전체를 빠르게 장악하는 방식의 혁신을 일컫는다)을 이룰 수 있는지 도무지 갈피가 안 잡혔습니다. 여하튼 제 20대는 소프트웨어 기업으로 자리를 잡을 수 있는 사업 아이디어를 찾으며 시행착오를 거듭하는 시기였습니다. 당시 통신 소프트웨어나 임베디드 시스템용 소프트웨어 개발 등 이런저런 사업에 손을 댔었죠.

그 상황에서 벗어나 스타트업이라는 이름에 걸맞은 사업을 제대로 할 수 있게 된 것은 30대에 들어섰을 때입니다. 1990년대 후반부터 일본에 휴대전화가 보급되고 NTT도코모의 아이모드(i-mode)를 비롯한 휴대전화용 서비스가 급성장했습니다. 그 시장을 목표로 삼아 휴대전화용 브라우저나 메일 소프트웨어를 개발해 회사의 존재감을 드러낼 수 있었습니다.

우마다 갈팡질팡 헤매던 20대와 스타트업다운 일을 할 수 있었던 30대는 구체적으로 무엇이 달랐나요?

가마다 타이밍이 좋았죠. 운 좋게도 우리 회사가 모바일 인터넷 사업에 주목한 뒤 관련 시장이 커졌거든요. 지금은 액셀러레이터로서 여러 스타트업을 눈여겨보고 있는데, 기업이 크게 성장할 수 있는가는 결국 '타이밍'이 좌우한다고 봅니다.

우마다 미국 실리콘밸리에 위치한 인큐베이터 기업인 아이디어랩(Idealab)을 설립한 빌 그로스 대표도 〈테드(TED) 2015〉 강연에서 그렇게 말했죠. '스타트업이 성공할 수 있는 가장 중요한 요인은 비즈니스모델도, 자금 조달도 아닌 타이밍!'이라고 말이죠.

가마다 어떤 '산'이 높아질 것인가? 즉 앞으로 어떤 분야가 성장할 것인가? 이런 시장예측 정보는 빗나갈 때가 많습니다. 제 경험상 타이밍이 너무 일러도 실패하기 쉽습니다. 물론 너무 늦어도 안 되겠지만요. 1995년 무렵, '앞으로는 인터넷에 접속할 수 있는 대중용 단말기가 유행할 것이다!'라고 판단하여 인터넷 텔레비전을 제품화했지만 결과는 실패! 체면만 크게 구겼죠. 사업의 성공과 환경 사이의 연관성을 따졌을 때 산업이 번성하기 전, 다시 말해 '산자락'에 자리를 잡는 것이 매우 중요합니다. '이 산은 높아진다!'는 걸 알아차렸을 때는 진입하기 힘든 경우가 많습니다. 한 발 늦은 까닭에 다른 회사와 싸워 이기기도 힘들고요. 돌이켜보면 저의 20대는 앞으로 어느 산이 높아질지 계속 찾으면서 도전과 실패를 반복하는 시기였습니다. 그 과정에서 회사의 '토대'가 마련되었고, 높은 산을 만들 수 있는 타이밍에 이전부터 주시하고 있던 모바일 인터넷 분야가 크게 번성하기 시작했습니다. 그 흐름을 타고 우리 회사는 급속도로 성장했고요. 그러자 눈에 보이는 풍경도 달라지고, '모든 기기를 인터넷에 연결한다'는 비전도 생기더군요.

10년 전이라면 무모하고, 10년 후라면 뒤늦은 분야가 매력적이다

우마다 타이밍이 왔을 때 '산자락에 있는' 것이 중요하다는 말씀이죠?

가마다 예, 맞습니다. 노리고 친 홈런은 아니지만, 운 좋게 터진 홈런도 아닙니다. 헛스윙을 하면서도 계속 방망이를 휘두르다보면 '좋은 공이 왔다'는 느낌이 들 때가 있죠. 끊임없이 훈련한 덕분에 홈런을 칠 기회를 잡은 거 아닐까요?

우마다 가마다 씨는 그 '높아질 것 같은 산자락'을 어떻게 알았습니까?

가마다 그걸 알면 지금 저는 투자가로서 크게 성공했을 겁니다. 앞에서도 말했지만, 어느 산이 높아질 것인지는 예측하기 매우 어렵습니다. 직접 올라가보지 않으면 모르는 것이죠. 개인적으로는 '10년 전이라면 무모하고 10년 후라면 뒤늦은' 스타트업 분야에 매력을 느낍니다. 예를 들어 우주개발이나 생활과학, 사물인터넷(IoT), 로봇기술, 인공지능(AI) 같은 분야라 할 수 있죠. 이런 분야에서 다른 사람들보다 앞서 경험을 쌓으면 훗날 큰 기회를 잡을 수 있을 겁니다. 최근 역사를 돌아보면 전자상거래 산업의 여명기에 창업한 아마존이나 라쿠텐, 스마트폰의 여명기를 만든 애플처럼 '산업 초기'에 자리를 잘 잡은 기업은 훗날 큰 성공을 거두는 경향이 있습니다.

그래서 저는 젊은 창업가에게 '만일 발전가능성이 큰 분야에 자리를 잡았다면 주저하지 말고 계속 도전하라'고 조언합니다. 그 분야가 번성할지 아닐지는 아무도 모릅니다. 그러나 다소나마 흥미와 견식이 있고, 그 분야가 산업으로서 성장해갈 수 있다면 크게 성공한 기업 중 하나가 될 가능성이 있을 테니까요.

동료를 모을 때는 '역할'보다 '상승효과'를 의식한다

우마다 그런 분야에서 창업하면 처음에는 결과가 나오지 않아 정신적으로 힘들지 않을까요? 그런 상황에서 가마다 씨처럼 계속 버티는 사람과 도중에 포기하는 사람은 무엇이 다른 걸까요?

가마다 동료가 중요합니다. 스타트업을 함께 창업한 사람이든, 다른 회사 사람이든 상관없습니다. 주변에 같은 분야에서 노력하는 동세대 창업가가 있는 것만으로도 힘이 될 테니까요. '함께 힘내자'고 생각하면 왠지 든든하지 않을까요? 이런 동료의 존재는 매우 중요합니다.

우마다 가마다 씨가 쓴 《테크놀로지 스타트업이 미래를 만든다》에는 '창업에서 중요한 10가지 단계'가 있습니다. 거기에서 두 번째 단계가 '동료를 모은다'는

가마다 대표는 함께 창업할 동료를 찾을 때는 어떤 특징을 가진 '커뮤니티'에 참가하는 것이 효과적이라고 조언한다. 그리고 서로의 단점을 보완해줄 동료를 선택해야 한다고 말한다.

거였죠?

가마다 네. 좋은 동료가 곁에 있으면 창업의 절반은 성공한 것이나 진배없습니다. '무엇을 하는가'보다 '누구와 하는가'가 더 중요합니다.

우마다 제가 이 책에서 강조하고 싶은 것도 창업에서 '사람(People)'의 중요성, 결국 동료나 인맥의 중요성입니다. 가마다 씨가 생각하는 좋은 동료란 어떤 사람입니까?

가마다 서로 존경할 수 있는 사람, '함께 일하면 자신의 능력이 향상된다'고 느껴지는 사람과 팀을 꾸리면 매우 좋겠지요. 창업가가 자주 하는 실수는 '역할'만 고려해 동료를 모으는 것입니다. 최근에도 '프로그래밍 실력이 부족하니까' 하며 공동창업자로 프로그래머를 선택하는 경우를 봤습니다. 또는 '비즈니스 경험이 적다'는 이유로 사업개발 경험이 풍부한 사람을 초빙하는 일도 흔합니다. 물론 이런 조합이 나쁘다는 건 아닙니다. 다만, 회사가 성장하면서 공동창업자의 역할에도 변화가 생깁니다. 따라서 공동창업자는 역할만 보고 선택해서는 안 됩니다. 서로의 단점을 보완해주는 한편, 서로 격려해주는 동료를 선택해야 합니다.

우마다 나이도 고려해야 할까요? 앞에서 '같은 분야에서 노력하는 동세대 창업가'가 주변에 있으면 좋다고 말씀하셨는데, 나이 차가 좀 있어도 서로에게 자극이 될 수 있는 관계를 형성하지 않을까요?

가마다 그렇죠. 사람의 호기심은 나이와는 상관없습니다. 나이는 그저 숫자에 불과할 뿐이죠. 그렇지만 세대가 너무 다르면 가치관도 다를 수 있습니다. 나이가 비슷한 사람들끼리 모이는 이유가 다 있죠. 대학 동급생이나 옛 친구, 대학 졸업 후 만난 회사 동기는 함께 보낸 물리적 시간이 깁니다. 단순히 알고 지내는 사이에서 가까운 친구라고 불리는 관계로 발전하는 데는 대략 200시간이 필요하다고 합니다.

우마다 미국 캔자스대학의 제프리 홀 교수가 2018년 발표한 〈친구를 만드는 데 걸리는 시간은?〉이라는 논문에 나오는 내용이죠? 그는 연구를 통해 그냥 아는 사람이라도 200시간 넘게 관계를 이어가면 친한 친구가 될 수 있다는 사실을 밝혀냈습니다.

가마다 창업 직후에는 잘 아는 사람끼리 팀을 만들 확률이 높다는 것은 그 연구 결과에서도 알 수 있습니다. 도쿄대학에서 출발한 스타트업 중에도 있죠.

예를 들어 모바일 뉴스 앱을 개발한 '구노시(Gunosy)'는 대학원 연구실 동급생이었던 세 사람이 공동으로 창업했습니다. 엘리펀테크도 게임을 함께 하던 친구들이 만든 회사죠. 게임에 열중하면 밤을 지새우는 일이 많겠죠? 게임하는 모습에서 각자의 성격도 드러날 테고요. 그러면서 동료의식이 강해졌을 겁니다. 그것이 공동창업이라는 결실로 나타났다고 봅니다.

가볍게 들러 이야기 나눌 수 있는, '홈' 같은 커뮤니티의 중요성

우마다 동료 찾기에 대해 좀 더 이야기해보죠. 창업할 때 특정 업계의 공부 동아리나 창업가·기술자 커뮤니티에서 동료를 찾는 사람도 적지 않습니다. 이 같은 행동에 가치가 있을까요?

가마다 있고말고요. '200시간 이론'을 생각하면, 한두 번 만나서는 믿을 만한 동료인지 알기 어렵습니다. 만일 동아리나 커뮤니티에 정기적으로 참석하면 좋은 동료를 찾을 기회가 더 많이 생기겠죠? 앞에서 예로 든 네이처 아키텍처의 오시마 대표도 이 패턴에 가깝습니다.

게다가 몇 개의 커뮤니티에 참가하면 인풋이 증가하여 다른 아이디어를 얻기 쉽다는 이점도 있습니다. 인맥은 갑자기 만들어지는 것이 아니라서 다양한 커뮤니티에 참여하는 것이 여러모로 좋습니다. 그러다보면 어떤 일을 시작할 때 '아, 그 사람 생각이 나와 비슷하네' 하면서 동료를 쉽게 찾을 수 있을지도 모르고요.

우마다 최근 몇 년 동안 일하는 방식도 혁신적으로 변화했죠. 그런 점에서 여러 커뮤니티에 참여하는 게 좋을 수도 있겠네요. 창업가도 그렇다는 얘기죠?

가마다 그렇습니다. 중요한 사실은 '홈'이라고 불릴 만한 커뮤니티를 발견하는 겁니다. 가볍게 들를 수 있고, 무슨 일이든 상담할 수 있는 동료가 있는 집합소 같은 환경이랄까요.

우마다 불현듯 들르는 장소를 만든다는 의미에서 도쿄대학 주변에 있는 스타트업들을 한자리에 모아본 적도 있습니다. 일명 '혼고 스타트업 회식'을요. 대략 30번쯤 모였었는데, 지금은 사정상 안 합니다. 이 모임은 일부러 밤 10시에 시작했습니다. 스타트업 종사자들이 대개 바빠서 그 시간에 모인 것도 있지만, 늦은 시간에 시작하면 혼고 주변에 사는 사람들 말고는 참가하기 어렵다는 이유도 있었습니다.

가마다 일부러 밤늦은 시간에 시작함으로써 '근처에 사는 사람들의 교류'를 활성화했다는 거군요. 재미있는 발상이네요. 처지가 비슷한 사람들이 모이는 오프라인 커뮤니티가 있으면 도움이 될 테죠. 잡담하면서 아이디어를 발전시키거나 사업 구상을 하고, 사업 궤도를 수정할 수도 있고요. 경우에 따라서는 소속이 다른 사람들이 뜻을 모아 새로운 무언가를 시작할 수도 있겠죠. 욕심을 좀 부리면, 자신과 다른 배경을 가진 사람들이 모이면 최고일 겁니다. 다양성은 이노베이션을 낳는 원동력이니까요.

우마다 도쿄대학에서도 예술대생과 함께 듣는 강의를 시도한 적이 있습니다. 강의실에서 우연히 알게 된 학생들이 나중에 팀을 꾸려 무언가를 시작한 경우도 있었고요. 이질적인 사람들을 연결해주는 환경을 조성하면 어떤 새로운 아이디어가 떠오를 수 있지 않을까요?

가마다 다양성의 중요성을 보여주는 사례는 많습니다. 예를 들어 남자들만 있는 팀보다 여자가 포함된 팀의 개발 실적이 더 뛰어납니다. 게다가 사람들은 어떤 환경이든 3개월쯤 되면 질리는 경향이 있습니다. 따라서 의외의 만남이 있는 커뮤니티가 좋습니다.

필요할 때 도움을 받을 수 있는 환경이 이상적이다

우마다 이 책에서는 창업할 때 환경이 왜 중요한지, 그리고 더 나은 환경을 만들기 위해서는 무엇을 어떻게 하면 좋은지 알아보려고 합니다. 가마다 씨 생각은 어떤가요? 창업 전후에 무엇을 해야 일하기 좋은 환경을 스스로 만들 수 있을까요?

가마다: 창업 전이나 새로운 서비스를 구상하는 시기에는 여러 가지를 폭넓게 '탐색'하는 것이 좋습니다. 좋은 아이디어를 낳기 위해서도, 좋은 동료와 만나기 위해서도 탐색하기 쉬운 장소에 있어야겠죠. 또 자기 스스로 그런 환경을 만드는 것이 중요합니다.

예를 들어 개방형 이노베이션에 힘을 쏟는 대기업은 다른 회사 직원들도 참여할 수 있는 공유공간을 만듭니다. 2014년 소니는 본사 1층에 간단한 시제품을 만들 수 있는 'SAP 크리에이티브 라운지'를 마련했습니다. SAP란 'Sony Seed Acceleration Program'의 약자로, 일종의 신사업 육성 프로그램이라 할 수 있죠. 이 역시 탐색을 촉구하는 장치에 속합니다.

특히 창업한 직후에는 해야 할 일을 정한 다음 속도감 있게 움직이지 않으면 안 됩니다. 이때 개발 및 사업 만들기에 '집중'하여 일하는 환경을 만드는 것이 중요합니다. 최근에는 스타트업 정보를 다루는 미디어가 많아져서 '이 회사가 ○○억 엔의 자금조달에 성공했다', '저 회사가 ○○경진대회에서 우승했다'는 뉴스가 매일 뜹니다. 이런 기사를 보면 '우리도 뭔가 기사거리를 만들어보자' 하며 조바심을 내는데, 미디어 노출보다는 개발 및 사업 만들기에 집중하는 것이 무엇보다 중요합니다. 홍보도 타이밍이 중요하고, 어중간해서는 효과를 내지 못하기 때문입니다.

우마다 일에 '집중할 수 있는 환경'을 만들라는 말씀이죠?

가마다 네. 그리고 창업 전보다 후가 더 어렵습니다. 스타트업을 창업하고 보면 처리해야 할 과제가 많음을 실감할 겁니다. 예를 들어 개발 중인 새로운 기능에 대하여 '법률적인 문제는 없을까?'라든가 '스톡옵션은 어떻게 제공할까?' 같은 고민이 생깁니다. 조직 운영과 관련해서도 머릿속이 복잡해지죠. 직원이 10명 이하일 때와 30명 이상일 때는 완전히 다르니까요. 과욕 같지만, 집중해 일하면서도 필요할 때 즉시 도움을 받을 수 있는 환경이 이상적입니다.

우마다 욕심내고 싶은 환경이네요.

가마다 스타트업 멘토를 하면서 느낀 점이 있습니다. 상대가 필요성을 느끼지 못할 때는 아무리 좋은 조언을 해줘도 전혀 영향력을 미칠 수 없다는 겁니다. 창업가 입장에서는 어떤 문제가 생겼을 때 즉시 조언을 받을 수 있는 환경이 최고겠죠. '다음 주에 만나서 이야기하자.' 이 말은 한시가 급한 창업가에게는 별 위안이 안 됩니다. 지금 당장이 아니면 늦기 때문입니다.

우마다 요즘 같으면 슬랙(Slack)이나 스카이프(Skype), 페이스북 메신저를 사용해 바로바로 상담할 수 있습니다. '필요할 때 조언을 받을 수 있는 환경'이란 그런 도구를 사용하여 상담할 인맥을 가지고 있느냐로 결정되는 것 같네요.

가마다 어떤 과제를 해결하는 데 정답이 있다면 채팅이나 온라인 미팅만으로도 충분하겠죠. 그러나 직접 만나 이야기하지 않으면 뉘앙스가 잘 전달되지 않는 경우도 꽤 많습니다.

우마다 그렇다면 커뮤니케이션이 잘되는 환경은 어떻게 조성해야 할까요?

가마다 갓 창업했을 때는 액셀러레이터가 제공하는 셰어오피스에 입주하거나 스타트업이 모여 있는 건물에 사무실을 마련하는 게 좋겠죠. 멘토나 다른 창업가들이 주변에 있어 상담하기 쉬운 장소를 선택하는 게 좋습니다.

미국 실리콘밸리에는 '페이 잇 포워드(Pay it Forward)'라고 하여, '자신이 어려울 때 받은 도움을 다른 창업가에게 갚자'는 문화가 정착돼 있습니다. 일본의 스타트업계에도 비슷한 문화가 있어서 선배 창업가에게 부탁하면 비교적 쉽게 상담을 받을 수 있죠.

'집중'과 '커뮤니케이션'이 잘되는 환경을 조성한다

가마다 ACCESS 초창기에 제 자리 주변은 신규 기술이나 사업을 논하는 공간 같았습니다. 제가 늘 밤늦도록 사무실에 있다는 것을 아는 직원들은 어떤 아이디어가 떠오르면 제 사무실을 찾아왔죠. 개중에는 정말 괜찮은 아이디

'매일 맛이 다른 아이스크림'을 제공했던 드롭박스 사례는 복리후생 이외의 의미도 가지고 있다.

어도 있었고요. 그럼, 저는 '한번 프로토타입(시제품)을 만들어볼까요?'라든가 '○○도 불러서 같이 이야기해볼까요?' 하면서 회사에 도움이 되는 방향으로 커뮤니케이션을 이끌었습니다.

우마다 그곳에 가마다 씨가 있었기에 그런 일들이 가능했을지도 모릅니다.

가마다 그 시간을 제가 가장 즐겼던 것 같아요. 만일 '기획서 가져와'라는 분위기였다면 직원들이 긴장해서 커뮤니케이션이 제대로 이뤄지지 않았을 거예요. 그곳에서 우리는 편안하고 자유롭게 아이디어에 대해 이야기를 나누었습니다. 그 결과 직원들 사이에서 '참신한 아이디어가 떠오르면 거기로

가자'는 분위기가 형성되었을지도 모르고요. 나중에는 제가 없어도 직원들끼리 모여 아이디어를 나눌 수 있는 장소가 되었답니다.

우마다 그런 장소나 분위기를 의도적으로 만들려면 어떻게 해야 할까요?

가마다 글쎄요, 여러 요소 중에서 딱 하나만 짚어 말하기는 어렵네요. ACCESS 사례처럼 '사람'을 중심으로 장소가 만들어질 때도 있고, 그것이 오히려 부정적인 영향을 미칠 때도 있으니까요.

우마다 부정적인 영향을 미칠 수도 있다고요?

가마다 크고 작은 커뮤니티를 살펴보면 대개 캐릭터가 강한 어떤 한 사람을 중심으로 뭉치기 마련입니다. 스타트업 중에도 카리스마 넘치는 사장의 지휘로 급성장하는 경우가 꽤 있고요. 그런데 사람에게는 성향이라는 게 있죠. 보통 비슷한 성향끼리 모이고요. 만일 성향이 다른 사람이 있다고 가정했을 때, 커뮤니티가 과연 그를 받아줄 수 있을까요? 이런 식이라면 아무나 들어가지 못하는 커뮤니티가 되어버립니다. 따라서 고민 상담과 조언이 자유롭게 이루어지는, 그야말로 활짝 열려 있는 장소를 만들 생각이라면 그 중심에 여러 사람이 있는 게 좋습니다.

우마다 커뮤니케이션 장소도 여럿이 운영하면 좋다는 뜻이죠?

가마다 그렇습니다. 활발하게 활동하는 사람이 여럿 있다면 좀 더 생기 넘치는 커뮤니티가 될 테죠. 물론 현실적으로 다들 바빠서 시간을 많이 낼 수는 없겠지만요. 창업가는 '나도 회사의 보탬이 되고 싶다'는 직원들을 양성하는 데 힘써야 합니다.

우마다 커뮤니케이션을 활성화시키는 방법으로 인센티브 제공은 어떨까요? 다른 사람한테서 들은 이야기인데, 한때 드롭박스의 샌프란시스코 사무실은 직원들에게 '매일 다른 맛의 아이스크림'을 제공했다고 합니다. 또한 사무실을 프리 어드레스(Free Address)로 꾸며 직원들이 비어 있는 자리에 마음대로 앉아서 업무를 보도록 했습니다. 헤드폰을 쓴 채 일해도 뭐라 하지 않는 분위기, 게다가 넓은 휴게실에는 무료로 제공되는 음료와 과자가 있었습니다. 매일 맛이 다른 아이스크림이 나오니, 직원들은 자연스레 '오늘은 무슨 맛일까?' 하며 대화를 나누었겠죠? 이 아이디어 덕분에 다른 부서 직원들과도 쉽게 소통할 수 있었을 겁니다.

가마다 '집중'과 '커뮤니케이션'을 잘 보여주는 사례네요. 업무시간에는 집중해서 일하고, 휴식시간에는 서로 자유롭게 의견을 나눌 수 있는 환경입니다. '개발은 잘되고 있나요?' '오늘 사용자로부터 이런 문의를 받았어요.' 이렇게 정보 교환이 가능한 환경에서는 어느 누가 애써 활약하지 않아도 자연스럽게 커뮤니케이션이 이뤄질 것입니다.

창업 의지를 꺾지 않는 환경을 만든다

우마다 창업을 꿈꾸는 개인을 둘러싼 환경에 대해서도 듣고 싶습니다. 창업에 관심 있는 사람이라면 자신의 주변 환경을 어떻게 만드는 게 좋을까요? 가마다 씨가 권하는 방법이 있으면 알려주세요.

가마다 만일 몇 년 안에 창업할 계획을 갖고 있다면 관련 스타트업 회사에 취업하는 방법을 권합니다. 스타트업 특유의 속도감을 피부로 느껴보면 머릿속에 그려지는 이미지가 있을 테니까요. 젊었을 때는 대기업에서 경험을 쌓는 것도 나쁘지 않습니다. 인맥을 넓히고 업계 고유의 비즈니스 방식을 익히는 데 도움이 될 테니까요.

창업가 중에는 먼저 컨설팅 회사에 들어가서 비즈니스 기본을 배우고, 사업 아이템을 찾아 독립하는 경우도 있습니다.

어디가 됐든 중요한 것은 입사 목적입니다. 명확한 목적을 가지고 일한다면 어떤 선택이든 좋습니다. 다만, 인간의 의지는 생각보다 약해서 어느 날 문득 정신을 차려보니 10년이 훌쩍 지나버린 경우도 있습니다. 따라서 주변 분위기에 휩쓸리지 않는 환경이 중요합니다.

우마다 휩쓸리지 않는 환경을 만들기 위해서는 무엇을 하면 좋을까요?

가마다 예를 들어, 아는 창업가에게 부탁하여 정기적으로 멘토링을 받는 방법이 있습니다. 이때 자신과 마찬가지로 취업해본 경험이 있는 창업가를 선택하는 게 도움이 됩니다. '창업할 생각은 있는데, 아직 몰두할 사업 아이템을 못 찾았어요'라고 하면 '나도 그랬는데…' 하며 자기 이야기를 진솔하게 들려줄 수 있는 창업가 말입니다.

또한 의도적으로 회사 밖의 사람들과 교류할 기회를 만드는 것도 좋습니다. 어떤 커뮤니티에 참가하는 것도 괜찮고요. 이를테면 '도쿄대학 FoundX' 같은 장소에서 이루어지는 커뮤니티는 창업 의지를 굳히는 데 도움이 될 겁니다.

우마다 저도 개인적으로 마음에 드는 도쿄대 졸업생에게 '이런 사업을 구상하고 있는데, 한번 들어볼래요?' 하며 말을 건넨 적도 있습니다. 커리어 중 80%는 우발적으로 결정된다는 '계획된 우연 이론'에 따라 우리는 우연히 찾아온 기회를 좋은 쪽으로 발전시켜나가야 합니다. 창업에 적합한 환경을 만드는 것도 이와 비슷하지 않겠어요?

가마다 그렇습니다. 성공한 사람은 거절하지 않습니다. 무엇이든 일단 해봅니다. 그만두는 건 언제든 할 수 있기에 작은 가능성에도 일단 도전해보죠. 흔히들 매력적인 사업 아이템을 찾거나 좋은 동료를 만나는 등 우연한 일이 창업의 성공과 실패를 좌우한다고 하죠. 그러나 그 우연한 일이 생길 확률은 행동으로 얼마든지 바꿀 수 있습니다.

최근에는 직원들이 부업이나 겸업 활동을 할 수 있게 허락해주는 기업도 생겨났습니다. 이런 혁신적인 방식 덕분에 직원들의 시야가 한층 넓어졌죠. 부업으로 스타트업에서 일하는 것도 창업 환경을 스스로 만드는 행동이 아닐까 싶네요.

스타트업 창업 환경이 달라지고 있다

우마다 그렇게 얻은 기회를 잘 살려 창업에 도전하는 사람이 점점 더 많아지면 좋겠습니다.

가마다 요즘 창업 사례를 보면, 10년 전에 비해 '보통 사람'이 창업하는 경우가 많습니다. 긍정적인 방향으로 환경이 갖춰지고 있다고 생각합니다. 우리 주변을 보더라도 도쿄대 졸업생들이 창업하는 숫자가 확실히 늘어나지 않았나요?

우마다 제가 도쿄대 산학협창추진본부에서 활동하기 시작한 게 2016년입니다. 최근 들어 도쿄대 출신자의 창업 수가 일본 대학 중에서 최고라는 기사를 봤는데, 예전과 지금은 무엇이 달라진 것일까요?

가마다 예전에는 도쿄대를 우수한 성적으로 졸업한 뒤 대기업이나 관공서에 취직하는 게 일반적이었죠. 창업은 저처럼 좀 남다른 사람이나 하는 거였고요. 도쿄대 재학 중에 '온더엣지'를 창업하여 유명해진, 라이브도어 전 대표 호리에 다카후미도 당시 학교 안에서는 '괴짜'로 통했을 겁니다. 그런데 최근에는 상황이 완전히 달라져 대기업에 들어가 평범하게 출세할 것 같은 사람들이 스타트업 창업에 관심을 보이고 있습니다. 창업이 주요 선택지가 되어가고 있음을 최근 5, 6년 동안 실감하는 중이죠.

우마다 최근 5, 6년 동안 도대체 무슨 일이 있었던 거죠? 클라우드 서비스가 진화하고 저비용으로 웹비즈니스를 할 수 있게 된 점, 그리고 창업자금 조달이 쉬워졌다는 점은 알겠어요. 이것 말고 또 무엇이 영향을 주었을까요?

가마다 주변에 스타트업 창업가가 많아지면서 젊은 사람들이 자극을 받아 창업에 도전하게 되었어요. 선배로부터 후배로 이어지는 창업 사이클이 작동하기 시작한 거죠. 도쿄대가 배출한 '유글레나'나 '구노시' 같은 스타트업이 도쿄증시에 상장한 것도 기폭제가 되었을 겁니다.

또한 로봇 회사 샤프트(Schaft), 초소형 위성을 개발하는 액셀스페이스, 딥러닝 기술을 활용한 서비스를 제공하는 프리퍼드 네트웍스(Preferred Networks, PFN)의 등장도 창업가들을 부추기는 데 한몫했을 겁니다. 1990년부터 2000년대에는 스타트업이 진입하기 어렵다고 여겼던 분야에서도 주목받는 기업이 속속 나타났으니까요. 자기 주변에 있던 선배나 친구들이 창업 후 성과를 올리면 '나도 할 수 있어!'라는 생각이 들지 않을까요? 창업 현장의 생생함을 피부로 느낄 테니까요. 저는 1980년대에 창업했는데, 당시만 해도 이런 스타트업의 시대가 올 거라고는 전혀 생각하지 못했습니다.

우마다 예전과 비교했을 때 '보통 사람'이 창업에 뛰어드는 경우가 많다고 하셨는데, 그들과 지금까지의 창업가 사이에 어떤 점이 다른가요?

가마다 정보기술(IT) 분야의 스타트업만 보면, 1990년부터 2000년대의 인터넷 창업가들에게는 기존 주류 산업에 저항하는 문화 같은 게 있었습니다. 대항문화 또는 반문화라고도 하죠. 당시에는 '인터넷이 기존 산업을 파괴한다!'는 분위기가 강했거든요.

우마다 '구체제 대 신체제' 같은 느낌이었죠. 벤처 기업가는 예리한 사람이라는 이미지도 있었고요.

가마다 그러나 요즘 창업가들한테서는 그런 분위기를 느낄 수 없습니다. 이유로 몇 가지를 꼽을 수 있는데, 그중 하나는 '정보기술이 사실과 융합하여 세계를 바꾸는 수단'이 되었다는 점입니다. 기술을 구사하여 새로운 현실적인 산업을 만들어간다고나 할까요? 지금 이 시대는 인터넷 비즈니스의 여명기였던 1990~2000년대보다는 소니와 혼다가 대두했던 시대와 비슷합니다.

'인터넷에 갇힌 세계'에서 '사실적인 세계'로 바뀌어가는 시기에는 스타트업이 기존 대기업과 손잡는 것도 하나의 선택지일 수 있습니다. 요즘 기업들은 방대한 데이터를 모아야 하고, 상품을 양산할 때는 품질을 보증할 수 있는 지혜도 필요합니다. 물류 및 유통 시스템 운용을 개선하는 데도 전문

가마다 대표(사진 오른쪽)와의 인터뷰는 도쿄 오테마치에 위치한 '인스파이어드닷랩(Inspired.Lab)'에서 이뤄졌다.

가가 많이 있어야겠죠. 기존 대기업과 손잡고 데이터를 수집하는 기반을 만들거나, 공장을 빌려 양산 체제를 구축하는 움직임이 중요해졌습니다. 특히 세계화가 전개되는 국면에서는 말할 나위도 없지요.

우마다 구체제와 대립하지 않는 세대라고 해야 하나요? 요즘 창업가들은 대항문화와는 상관없을 것 같네요.

가마다 이 문제는 어느 쪽이 옳고, 어느 쪽이 그르다는 이야기가 아닙니다. 하지만 인터넷 비즈니스가 스타트업만으로 완결되었던 시대와 다른 분위기를 가진 창업가가 많아지고 있는 건 분명합니다. 가령 대기업과 함께 일하면 기존 산업의 규범을 따라야 할 경우가 생길 겁니다. 때로는 불편한 정장을 입어야 할 때도 있을 테니까요. 나이가 젊어도 그런 분별력은 가지고 있어, 어떤 의미에서는 성숙한 창업가가 증가한 이유도 여기에 있다고 생각합니다. 이전이라면 대기업 분위기에 어울리지 않는 사람들이 창업을 선택했는데, 지금은 대기업에 취직해도 능력을 충분히 발휘할 수 있는 사람들이 창업전선에 뛰어드는 것 같습니다.

최근에는 대기업이 먼저 스타트업에 손을 내미는 경우가 많습니다. '어떤 사업을 할 수 있는지 함께 생각해보자'식으로 말이죠. 그러나 사고방식이나 속도감에서 차이가 너무 크면 협업은 성공하기 어렵습니다. 서로의 상황을 제대로 이해하는 자세가 무엇보다 중요한 이유입니다. 대기업은 스타트업의 강점을 이해해야 하고, 스타트업도 대기업과 어떤 식으로 관계를 형성해야 하는지 공부하지 않으면 안 됩니다.

우마다 그런 의미에서 협업하는 기업과의 관계를 비롯해 주위 환경을 잘 활용하는 창업가가 성공의 깃발을 먼저 휘날릴 수 있을 것 같습니다.

가마다 동감합니다. 지금 우리 사회는 큰 전환기를 맞았습니다. 이런 상황에서는 이노베이션을 일으키는 스타트업에 대한 기대가 클 수밖에 없죠. 창업가를 둘러싼 환경은 여러 면에서 개선되고 있으니, 그것을 최대한 이용하여 도전하는 사람이 증가하길 바랍니다.

우마다 예비 창업자들에게 도움이 될 만한 이야기를 많이 해주셔서 감사합니다.

| 참고자료 |

▶ 들어가는 글

1. 大前流「自分を変革する」3つの方法(プレジデントオンライン / 2016.1.20)
2. Drew Houston's Commencement address(MIT News / 2013.6.7)
3. Supporting Entrepreneurs at the Local Level: The Effect of Accelerators and Mentors on Early-Stage Firms(The World Bank / Kathy Xin Qian, Victor Mulas, Mattathias Aron Lerner / 2018.9.6)
4. Accelerating the Flow of Funds into Early-Stage Ventures(GALI / Peter W. Roberts, Genevieve Edens, Saurabh Lall / 2018.5)
5. リーダーは背後から指揮をとり、「集合天才」を活用せよ(DIAMONDハーバード・ビジネス・レビュー / 2013.7.1)

▶ 1장

1. Interventions for enhance medication adherence(US National Library of Medicine National – Institutes of Health / Nieuwlaat R / 2014)
2. School-based programmes for preventing smoking(Cochrane Database of Systematic Reviews / R. E. Thomas, J. McLellan, R. Perera / 2013.4.30)

3. 健康行動学 その理論, 研究, 実践の最新動向(メディカルサイエンスインターナショナル / 木原雅子, 加治正行, 木原正博(共訳) / 2018.7.23)

4. Associations of Cognitive Function Scores with Carbon Dioxide, Ventilation, and Volatile Organic Compound Exposures in Office Workers: A Controlled Exposure Study of Green and Conventional Office Environments(DASH / Joseph G Allen, Piers MacNaughton, Usha Satish, Suresh Santanam, Jose Vallarino, John D Spengler / 2016)

5. ワーク・ルールズ!—君の生き方とリーダーシップを変える(東洋経済新報社 / ラズロ・ボック / 2015.7.31)

6. 実践 行動経済学(Nudge)(日経BP社 / Richard H. Thaler, Cass R. Sunstein / 2009.7.9)

7. The impact of the 'open' workspace on human collaboration(Royal Society Publishing / Ethan S. Bernstein and Stephen Turban / 2018.7.2)

8. The effect of background music and background noise on the task performance of introverts and extraverts(Psychology of Music, Vol 35 / Gianna Cassidy, Raymond A.R. MacDonald / 2007.7.1)

9. The impact of background music on adult listeners: A meta-analysis(Psychology of Music, Vol 39 / Juliane Kämpfe, Peter Sedlmeier, Frank Renkewitz / 2010.11.8)

10. Background music stints creativity: Evidence from compound remote associate tasks(Cognitive Psychology / Emma Threadgold, John E. Marsh, Neil McLatchie, Linden J. Ball / 2019.2.2)

11. What are the effects of a scientific approach to entrepreneurial experimentation?(Innovation Growth Lab / Alfonso Gambardella, Arnaldo Camuffo, Alessandro Cordova, Chiara Spina / 2018.1.24)

12. Observing Acceleration: Uncovering the Effects of Accelerators on Impact-Oriented Entrepreneurs(Palgrave Macmillan / Peter W. Roberts / 2018.12.20)

13. What the Startup Numbers Say about the Impact of Accelerators(Medium / Patrick Riley / 2017.1.19)

14. Observing Acceleration: Uncovering the Effects of Accelerators on Impact-Oriented Entrepreneurs(Palgrave Macmillan / Peter W. Roberts / 2018.12.20)

15. Supporting Entrepreneurs at the Local Level: the Effect of Accelerators and Mentors on Early-Stage Firms(The World Bank / Kathy Xin Qian, Victor Mulas, Mattathias Aron Lerner / 2018.9.6)

16. Career benefits associated with mentoring for protégeé: a meta-analysis.(National Center for Biotechnology Information / Tammy D Allen, Lillian T Eby, Mark L

Poteet, Elizabeth Lentz, Lizzette Lima / 2004.2)

17. Deworming to increase school attendance(MIT J-PAL)

18. Backup of Hattie's Ranking list of 256 Influences And Effect Sizes Related To Student Achievement(Visible Learning / 2018)

19. Experimental evidence for tipping points in social convention(Science, Vol 360 / Damon Centola, Joshua Becker, Devon Brackbill, Andrea Baronchelli / 2018.6.8)

20. The Small Firm Effect and the Entrepreneurial Spawning of Scientists and Engineers(The Institute for Operations Research and the Management Sciences / Daniel W. Elfenbein, Barton H. Hamilton, Todd R. Zenger / 2010.2.12)

21. 新規開業企業はどのような母体企業から生まれやすいのか―母体企業の属性と従業員の開業および開業後のパフォーマンスとの関係を探る―(日本政策金融公庫論集 第28号 / 村上義昭 / 2015.8)

22. Does Career Risk Deter Potential Entrepreneurs?(National Bureau of Economic Research / Joshua D. Gottlieb, Richard R. Townsend, Ting Xu / 2016.7)

23. Can Unemployment Insurance Spur Entrepreneurial Activity?(NBER Working Paper No. 20717 / David Sraer, David Thesmar, Antoinette Schoar, Johan Hombert / 2014.11)

24. Food Stamp Entrepreneurs: How Public Assistance Enables Business Bootstrapping(Harvard Business School Working Knowledge / Carmen Nobel / 2014.9.2)

25. Welfare Makes America More Entrepreneurial(The Atlantic / Walter Frick / 2015.3.26)

26. 「효과적인 팀이란 무엇인가」를 知る(Google re:Work)

▶ 2장

1. The Influence of Ceiling Height: The Effect of Priming on the Type of Processing That People Use(Journal of Consumer Research, Vol 34 / Joan Meyers-Levy, Rui Zhu / 2007.6.1)

2. The #1 Office Perk? Natural Light(Harvard Business Review / Jeanne C. Meister / 2018.9.3)

3. Benefits of indoor plants on attention capacity in an office setting(Journal of Environmental Psychology, Vol 31 / Ruth K. Raanaas, Katinka Horgen Evensen,

Debra Rich, Gunn Sjøstrøm, Grete Patil / 2011.3)

4. イノベーション・オーガナイザー: ジョブズのような組織をつくる(DIAMONDハーバード・ビジネス・レビュー / Tom Agan / 2014.8.20)

5. The effect of a noise abatement program on reading ability(Journal of Environmental Psychology, Vol 1 / Arline L. Bronzaft / 1981.9)

6. Backup of Hattie's Ranking list of 256 Influences And Effect Sizes Related To Student Achievement(Visible Learning / 2018)

   Visible Learningplus 250+ Influences on Student Achievement(2017)

7. How many hours does it take to make a friend?(Journal of Social and Personal Relationships / Jeffrey A. Hall / 2018.3.15)

8. Commuting and wellbeing(UWE Bristol / Kiron Chatterjee / 2017.8)

9. Reclaim Your Commute(Harvard Business Review / Francesca Gino, Bradley Staats, Jon M. Jachimowicz, Julia Lee, Jochen I. Menges / 2017.5~6)

10. A Sociological Perspective on Strategic Organization(SAGE Journals / Martin Ruef / 2003.5.1)

11. The Creative Vision: A Longitudinal Study of Problem Finding in Art(Wiley / Jacob Warren Getzels, Mihály Csíkszentmihályi / 1976)

▶ 3장

1. どうしてあの人はクリエイティブなのか?―創造性と革新性のある未来を手に入れるための本(ビー・エヌ・エヌ新社 / デビット・バーカス / 2014.10.21)

2. Chasing Stars: The Myth of Talent and the Portability of Performance(Princeton University Press / Boris Groysberg / 2012.3.25)

3. The Increasing Dominance of Teams in Production of Knowledge(Science | AAAS / Stefan Wuchty, Benjamin F. Jones, Brian Uzzi / 2007.5.18)

4. How scientists really reason: Scientific reasoning in real-world laboratories(The Nature of Insight / Kevin Dunbar / 1995)

5. Age and High-Growth Entrepreneurship(Kellogg School of Management Northwestern University / Benjamin F. Jones, J. Daniel Kim, Javier Miranda / 2018.3.23)

6. How Old Are Successful Tech Entrepreneurs?(Kellogg Insight / 2018.5.15)

7. Land of the "Super Founders"— A Data-Driven Approach to Uncover the Secrets of Billion Dollar Startups(Medium / Ali Tamaseb / 2018.12.6)

▶ 4장

1. Teaching Entrepreneurship: A Practice-Based Approach(Edward Elgar Pub / Heidi M. Neck, Patricia G. Greene, Candida G. Brush / 2014.8.29)
2. Self Efficacy: The Exercise of Control(Worth Pub / Albert Bandura / 1997.2.15)
3. Becoming a Manager: How New Managers Master the Challenges of Leadership(Harvard Business Review Press / Linda A. Hill / 2003.5.1)

▶ 5장

1. 決断の本質 プロセス志向の意思決定マネジメント(ウォートン経営戦略シリーズ)(英治出版 / Michael A. Roberto / 2006.7.24)
2. The validity of employment interviews: A comprehensive review and meta-analysis(Journal of Applied Psychology, Vol 79 / Michael A. McDaniel, Deborah L. Whetzel, Frank L. Schmidt, Steven D. Maurer / 1994.8)
3. Why are structured interviews so rarely used in personnel selection?(Journal of Applied Psychology, Vol 87 / Karen van der Zee, Arnold B. Bakker, Paulien Bakker / 2002.3)
4. 研究にどう取り組むべきか(himazu archive 2.0 / 2008.8.16)
5. Habits in everyday life: Thought, Emotion, and Action(Journal of Personality and Social Psychology, Vol 83 / Wendy Wood, Jeffrey M Quinn, Deborah A Kashy / 2002.12)

▶ 6장

1. Number of alternatives and efficiency in different types of top-management decisions(ScienceDirect / Hans Georg Gemünden, Jürgen Hauschildt / 1985)
2. Opportunity Cost Neglect(Journal of Consumer Research, Vol 36 / Shane Frederick, Nathan Novemsky, Jing Wang, Ravi Dhar, Stephen Nowlis / 2009.12.1)

3. Exploration and Exploitation in Organizational Learning(James G. March / 1991)
4. Something Old, Something New: A Longitudinal Study of Search Behavior and New Product Introduction(The Academy of Management Journal, Vol 45 / Riitta Katila and Gautam Ahuja / 2002.12)
5. To Get More Creative, Become Less Productive(Harvard Business Review / Art Markman / 2015.11.30)
6. Social Relationships and Mortality Risk: A Meta-analytic Review(PLOS Medicine / Julianne Holt-Lunstad, Timothy B. Smith, J. Bradley Layton / 2010.7.27)
7. Atlassian's 20% Time: A Year in Review(Atlassian Product News / John Rotenstein / 2009.2.19)
8. Innovation Week – 20% time in a box(Atlassian Product News / Jens Schumacher / 2012.9.10)

▶ 7장

1. Accelerating the Flow of Funds into Early-Stage Ventures(GALI / Peter W. Roberts, Genevieve Edens, Saurabh Lall / 2018.5)
2. Alphabet and attraction: An unobtrusive measure of the effect of propinquity in a field setting(Journal of Personality and Social Psychology, Vol 30(5) / Mady W. Segal / 1974)
3. 健康行動学 その理論, 研究, 実践の最新動向(メディカルサイエンスインターーナショナル / 木原雅子, 加治正行, 木原正博(共訳) / 2018.7.23)
4. Understanding the Links Between Social Support and Physical Health: A Life-Span Perspective With Emphasis on the Separability of Perceived and Received Support(SAGE Journals / Bert N. Uchino / 2009.5.1)
5. Measuring perceived and received social support(A Guide for Health and Social Scientists / Thomas A. Wills, Ori Shinar / 2000)
6. Perceived partner responsiveness moderates the association between received emotional support and all-cause mortality(Health Psychology, Vol 32(2) / Emre Selcuk, Anthony D. Ong / 2013)
7. The Small Firm Effect and the Entrepreneurial Spawning of Scientists and Engineers(Management Science, Vol 56 / Daniel W. Elfenbein, Barton H. Hamilton, Todd R. Zenger / 2010.4)

8. 新規開業企業はどのような母体企業から生まれやすいのか−母体企業の属性と従業員の開業および開業後のパフォーマンスとの関係を探る−(日本政策金融公庫論集 第28号 / 村上義昭 / 2015.8)

9. コミュニティ・オブ・プラクティス—ナレッジ社会の新たな知識形態の実践(翔泳社 / Etienne Wenger, Richard McDermott, Willian M. Snyder / 2002.12.18)

10. Two courses of expertise(A series of books in psychology, Child development and education in Japan / Giyoo Hatano, Kayoko Inagaki / 1986)

11. 心理学論の新しいかたち［心理学の新しいかたち1］(誠信書房 / 下山晴彦(編著) / 2005.5.10)

12. Tie Strength, Embeddedness, and Social Influence: A Large-Scale Networked Experiment(Special Issue on Business Analytics, Vol 60 / Sinan Aral, Dylan Walker / 2014.6)

13. The Power of Alumni Networks − Success of Startup Companies Correlates with Online Social Network Structure of its Founders(MIT Sloan Research Paper No. 4766-10 / Stefan Nann, Jonas S. Krauss, Michael Schober, Peter A. Gloor, Kai Fischbach, Hauke Führes / 2010.1.13)

14. 「弱いつながり」の誤解と本質 − 社会ネットワーク研究の世界: 前編(Business Network Lab / 前嶋直樹 / 2018.6.6)

15. Structural Holes: The Social Structure of Competition(Harvard University Press / Ronald S. Burt / 1995.8.11)

16. Structural Holes and Good Ideas(American Journal of Sociology, Vol 110 / Ronald S. Burt / 2004.9)

17. Choosing the right friends − predicting success of startup entrepreneurs and innovators through their online social network structure(International Journal of Organisational Design and Engineering, Vol 3(1) / Peter A. Gloor, Pierre Dorsaz, Hauke Fuehres, Manfred Vogel / 2013.1)

18. The Diversity-Bandwidth Trade-off 1(American Journal of Sociology, Vol 117(1) / Sinan Aral, Marshall Van Alstyne / 2011.7)

19. "A Friend of a Friend" Is No Longer the Best Way to Find a Job(Harvard Business Review / Ilana Gershon / 2017.6.2)

20. Bridge Decay(Social Networks, Vol 24(4) / Ronald S. Burt / 2002.10)

21. ［つながりに効く，ネットワーク研究小話］Vol. 1 「切れやすいつながりの見つけ方」(mimi / 前嶋直樹 / 2018.7.24)

22. The Spread of Behavior in an Online Social Network Experiment(Science, Vol 329

/ Damon Centola / 2010.9.3)

23. How Behavior Spreads: The Science of Complex Contagions(Princeton University Press / Damon Centola / 2018.6.12)
24. Social Capital in the Creation of Human Capital(American Journal of Sociology, Vol 94 / James Samuel Coleman / 1988)
25. The Search-Transfer Problem: The Role of Weak Ties in Sharing Knowledge across Organization Subunits(Administrative Science Quarterly, Vol 44(1) / Morten T. Hansen / 1999.3)
26. The Diversity-Bandwidth Trade-off 1(American Journal of Sociology, Vol 117 / Sinan Aral, Marshall Van Alstyne / 2011.7)
27. The Future of Weak Ties(American Journal of Sociology, Vol 121(6) / Sinan Aral / 2016.5)
28. Do People Mix at Mixers? Structure, Homophily, and the "Life of the Party"(Administrative Science Quarterly, Vol 52 / Paul Ingram, Michael W. Morris / 2007.12.1)
29. WORK DESIGN: 行動経済学でジェンダー格差を克服する(NTT出版 / Iris Bohnet / 2018.7.5)
30. Keys to Understanding Your Social Capital(Journal of Microfinance | ESR Review, Vol 10 / Brian Uzzi / 2008)
31. 規範遵守行動を導く2つの評判: 居住地の流動性と個人の関係構築力に応じた評判の効果(社会心理学研究 33巻1号 / 岩谷舟真, 村本由紀子 / 2017)
32. Falling in love costs you friends(BBC News / Jonathan Amos / 2010.9.15)
33. "This is Water" / David Foster Wallace / 2005
34. Experiential Learning Theory: Previous Research and New Directions(ResearchGate / David A. Kolb, Richard E. Boyatzis, Charalampos Mainemelis / 1999.1)
35. 経験学習の理論的系譜と研究動向(日本労働研究雑誌, No. 639 / 中原淳 / 2013.10)
36. 経営学習論: 人材育成を科学する(東京大学出版会 / 中原淳 / 2012.9.1),
37. 職場における経験学習尺度の開発の試み(日本教育工学会研究報告集 2011(4) / 木村充, 舘野泰一, 関根雅泰, 中原淳 / 2011.10.29)
38. エフェクチュエーション(碩学舎 / Saras Sarasvathy / 2015.9.30)
39. エフェクチュアル・アントレプレナーシップ(ナカニシヤ出版 / スチュアート・リード, サラス・サラスバシー, ニック・デュー, ロバート・ウィルトバンク, アンヴァレリー・オールソン / 2018.8.31)

40. Research: Cloud Computing Is Helping Smaller, Newer Firms Compete(Harvard Business Review / Nicholas Bloom, Nicola Pierri / 2018.8.31)

41. 20歳になったSalesforceから学ぶ、スタートアップ成功の心得(TechCrunch Japan / Ron Miller / 2019.3.12)

42. Sam Altman on Choosing Projects, Creating Value, and Finding Purpose(Y Combinator Podcast #100 / 2018.11.8)

43. Sweden's surprising rule for time off(BBC - Capital / Maddy Savage / 2019.2.6)

44. Why does Sweden produce so many startups?(World Economic Forum / John McKenna / 2017.10.12)

45. ザッカーバーグ：Facebookの始まりは「趣味」か「プロジェクト」、会社ではなかった(Tech Crunch Japan / Colleen Taylor / 2012.10.22)

46. Land of the "Super Founders"— A Data-Driven Approach to Uncover the Secrets of Billion Dollar Startups(Medium / Ali Tamaseb / 2018.12.6)

47. Supporting Entrepreneurs at the Local Level: The Effect of Accelerators and Mentors on Early-Stage Firms(The World Bank / Kathy Xin Qian, Victor Mulas, Mattathias Aron Lerner / 2018.9.6)

48. Observing Acceleration: Uncovering the Effects of Accelerators on Impact-Oriented Entrepreneurs(Palgrave Macmillan / Peter W. Roberts / 2018.12.20)

49. What's Working in Startup Acceleration(GALI / Peter W. Roberts, Saurabh Lall, Ross Baird, Emily Eastman, Abigayle Davidson, Amanda Jacobson / 2016.3)

50. When Does Advice Impact Startup Performance?(SSRN / Aaron Chatterji, Solene Delecourt, Sharique Hasan, Rembrand Koning / 2017.5.9)

51. Assessing the impact of incubators and accelerators(Nesta / Jonathan Bone, Christopher Burnett / 2018.5.23)

52. Do graduated university incubator firms benefit from their relationship with university incubators?(Journal of Technology Transfer, Vol 41 / Vernet Lasrado, Stephen Sivo, Cameron Ford, Thomas O'Neal, Ivan Garibay / 2016)

53. How Do Accelerators Impact the Performance of High-Technology Ventures?(SSRN / Sandy Yu / 2015.5.3)

54. Black Swan Farming(Paul Graham / 2012.9)

55. Born to Choose: The Origins and Value of the Need for Control(Trends in Cognitive Sciences, Vol 14(10) / Lauren A. Leotti, Sheena S. Iyengar, Kevin N. Ochsner / 2010.10)

▶ 8장

1. Quantifying reputation and success in art(Science, Vol 362 / Samuel P. Fraiberger, Roberta Sinatra, Magnus Resch, Christoph Riedl, Albert-László Barabási / 2018.11.16)
2. A Field Experiment on Search Costs and the Formation of Scientific Collaborations(Review of Economics and Statistics, Vol 99 / Kevin J. Boudreau, Tom Brady, Ina Ganguli, Patrick Gaulé / 2017.10)
3. Eating Together at the Firehouse: How Workplace Commensality Relates to the Performance of Firefighters(Human Performance, Vol 28 / Kevin M. Kniffin, Brian Wansink, Carol M. Devine, Jeffery Sobal / 2015.8)
4. Productivity Through Coffee Breaks: Changing Social Networks by Changing Break Structure(SSRN / Benjamin N. Waber, Daniel Olguin Olguin, Taemie Kim, Alex Pentland / 2010.1)
5. 'People Analytics' Through SuperCharged ID Badges(MIT Sloan Management Review / Benjamin N. Waber, interviewed by Gerald C. Kane / 2015.4.7)
6. Give Your Ideas Some Legs: The Positive Effect of Walking on Creative Thinking(Journal of Experimental Psychology: Learning, Memory, and Cognition, Vol 40 / Marily Oppezzo, Daniel L. Schwartz / 2014.4.21)

▶ 9장

1. Collaboration and Creativity: The Small World Problem (American Journal of Sociology, Vol 111 / Brian Uzzi, Jarrett Spiro / 2005.9)
2. 「強いつながり」と「結束」の強み—社会ネットワーク研究の世界: 中編(Business Network Lab / 前嶋直樹 / 2018.6.8)
3. Atypical Combinations and Scientific Impact(Science, Vol 342 / Brian Uzzi, Satyam Mukherjee, Michael Stringer, Ben Jones / 2013.10.25)
4. Unraveling the effects of cultural diversity in teams: A meta-analysis of research on multicultural work groups(Journal of International Business Studies, Vol 41 / Günter K. Stahl, Martha L. Maznevski, Andreas Voigt, Karsten Jonsen / 2010.5)
5. チームの創造性とイノベーションに寄与する9つの視座(DIAMOND ハーバード・ビジネス・レビュー / Roger Schwarz / 2016.3.7)
6. Task conflict and team creativity: a question of how much and when.(Journal of Applied Psychology, Vol 95 / Farh Jiing-Lih, Lee Cynthia, Farh Crystal I. C /

2010.11）

7. Managers Can't Be Great Coaches All by Themselves（Harvard Business Review / 2018.5.1）

8. The New Science of Building Great Teams（Harvard Business Review / Alex "Sandy" Pentland / 2012.4）

9. The Strength of Weak Ties: A Network Theory Revisited（Sociological Theory, Vol 1 / Mark Granovetter / 1983）

10. あなたはなぜ「友だち」が必要なのか（原書房 / Carlin Flora / 2013.12.20）

11. The 36 Questions That Lead to Love（The New York Times / Daniel Jones / 2015.1.9）

12. The Experimental Generation of Interpersonal Closeness: A Procedure and Some Preliminary Findings（Personality and Social Psychology Bulletin, Vol 23 / Arthur Aron, Edward Melinat, Elaine N. Aron, Robert Darrin Vallone, Renee J. Bator / 1997.4.1）

13. Networks in contexts: How meeting opportunities affect personal relationships（Utrecht University Repository / Gerrit Willem Mollenhorst / 2009）

14. なぜ3人いると噂が広まるのか　日経プレミアシリーズ（日本経済新聞出版社 / 増田直紀 / 2012.3.8）

15. Expert roles and information exchange during discussion: The importance of knowing who knows what（Journal of Experimental Social Psychology, Vol 31 / Garold Stasser, Dennis D. Stewart, Gwen M. Wittenbaum / 1995.5）

16. Influence of transactive memory on perceived performance, job satisfaction and identification in anaesthesia teams（British Journal of Anaesthesia, Vol 100 / E. Michinov, E. Olivier-Chiron, E. Rusch, B. Chiron / 2008.3）

17. Transactive Memory in Organizational Groups: The Effects of Content, Consensus, Specialization, and Accuracy on Group Performance（Journal of Applied Psychology, Vol 88 / John R. Austin / 2003.10）

18. Knowledge and Performance in Knowledge-Worker Teams: A Longitudinal Study of Transactive Memory Systems（Management Science, Vol 50 / Kyle Lewis / 2004.11）

19. Transactive Memory: A Contemporary Analysis of the Group Mind（Springer Series in Social Psychology, Springer / Daniel M. Wegner / 1987）

20. Data shows mentors are vital to small business success（Kabbage, Inc.）

21. Mentors Are The Secret Weapons Of Successful Startups(TechCrunch / Rhett Morris / 2015.3.22)
22. What's Working in Startup Acceleration(GALI / Peter W. Roberts, Saurabh Lall, Ross Baird, Emily Eastman, Abigayle Davidson, Amanda Jacobson / 2016.3)
23. Does Mentoring Matter? A Multidisciplinary Meta-Analysis Comparing Mentored and Non-Mentored Individuals(Journal of Vocational Behavior, Vol 72 / Lillian T. Eby, Tammy D. Allen, Sarah C. Evans, Thomas Ng, David DuBois / 2008.4)
24. The Effectiveness of Mentoring Programs in Corporate Settings: A Meta-Analytical Review of the Literature(Journal of Vocational Behavior, Vol 68 / Christina M. Underhill / 2006.4)
25. Which Entrepreneurs Are Coachable and Why?(American Economic Review, Vol 107 / Kevin A. Bryan, András Tilcsik, Brooklynn Zhu / 2017.5)
26. The Power of Alumni Networks - Success of Startup Companies Correlates with Online Social Network Structure of its Founders(MIT Sloan Research Paper No. 4766-10 / Stefan Nann, Jonas S. Krauss, Michael Schober, Peter A. Gloor, Kai Fischbach, Hauke Führes / 2010.1.13)
27. Social Networks, Reputation and Commitment: Evidence from a Savings Monitors Experiment(NBER Working Papers No. 21169 / Emily Breza, Arun G. Chandrasekhar / 2015.5)
28. Exercise of Human Agency Through Collective Efficacy(Current Directions in Psychological Science, Vol 9 / Albert Bandura / 2000.6.1)
29. Collective Efficacy Beliefs: Theoretical Developments, Empirical Evidence, and Future Directions(Educational Researcher, Vol 33 / Roger D. Goddard, Wayne K. Hoy, Anita Woolfolk Hoy / 2004.4.1)
30. Startup Playbook(Sam Altman / 2015)

▶ 10장

1. The number one predictor of success for a very young startup: rate of iteration(Twitter @sama / Sam Altman / 2018.10.2)
2. 経営学習論: 人材育成を科学する(東京大学出版会 / 中原淳 / 2012.9.1)
3. Want to get great at something? Get a Coach(TED 2017 / Atul Gawande)
4. Physician age and outcomes in elderly patients in hospital in the US: observational

study(The BMJ, Vol 357 / Yusuke Tsugawa, Joseph P. Newhouse, Alan M. Zaslavsky, Daniel M. Blumenthal, Anupam B. Jena / 2017.5.16)

5. Age and sex of surgeons and mortality of older surgical patients: observational study(The BMJ, Vol 361 / Yusuke Tsugawa, Anupam B. Jena, E. John Orav, Daniel M. Blumenthal, Thomas C. Tsai, Winta T. Mehtsun, Ashish K. Jha / 2018.4.25)

6. If you need help, just ask: Underestimating compliance with direct requests for help(Journal of Personality and Social Psychology, Vol 95 / Francis J. Flynn, Vanessa K. B. Lake / 2008.7)

7. (Mis)Understanding Our Influence Over Others: A Review of the Underestimation-of-Compliance Effect(Current Directions in Psychological Science, Vol 25 / Vanessa K. Bohns / 2016.4.6)

8. Ask in Person: You're Less Persuasive Than You Think Over Email(Journal of Experimental Social Psychology, Vol 69 / M. Mahdi Roghanizad, Vanessa K. Bohns / 2017.3)

9. Tie Strength, Embeddedness, and Social Influence: A Large-Scale Networked Experiment(Special Issue on Business Analytics, Vol 60 / Sinan Aral, Dylan Walker / 2014.6)

10. のうだま１ やる気の秘密(幻冬舎 / 上大岡トメ，池谷裕二 / 2016.8.5)

11. Procrastination, busyness and bingeing(Behaviour Research and Therapy, Vol 27 / Robert Boice / 1989)

12. ワーク・モティベーション(NTT出版 / Gary Latham / 2009.6.25)

13. The Psychology of Writing(Oxford Univ Pr / Ronald Thomas Kellogg / 1999.8.5)

14. When 完璧なタイミングを科学する(講談社 / Daniel H. Pink / 2018.9.6)

15. 習慣の力 The Power of Habit(講談社 / Charles Duhigg / 2016.2.19)

▶ 11장

1. ピクサー流 創造するちから―小さな可能性から，大きな価値を生み出す方法(ダイヤモンド社 / Ed Catmull, Amy Wallace / 2014.10.2)

2. Startup Investor School(YouTube Y Combinator Ⓒhannel / 2018.3.5)

3. Opportunity Recognition as Pattern Recognition: How Entrepreneurs "Connect the Dots" to Identify New Business Opportunities(Academy of Management Perspectives, Vol 20 / Robert A. Baron / 2006.2.1)

4. イノベーションのアイデアを生み出す七つの法則(日経BP社 / Steven Johnson / 2013.8.8)

5. Developing new startup ideas(cdixon blog / Chris Dixon / 2010.3.4)

6. ビジネスケース『キーエンス〜驚異的な業績を生み続ける経営哲学』——一橋ビジネスレビュー e新書No.7(東洋経済新報社 / 一橋大学イノベーション研究センター / 2014.4.21)

7. とにかく雑に作れ(東京工業大学エンジニアリングデザインプロジェクト / 角征典 / 2017.2.19)

8. The IKEA Effect: When Labor Leads to Love(Journal of Consumer Psychology, Vol 22 / Michael I. Norton, Daniel Mochon, Dan Ariely / 2012.7)

9. 350万人の調査データが示す、イノベーションを科学的に起こす方法(DIAMONDハーバード・ビジネス・レビュー / ディラン・マイナー、ポール・ブルック、ジョシュ・バーノフ / 2017.11.15)

10. Experimental Study of Inequality and Unpredictability in an Artificial Cultural Market(Science, Vol 311 / Duncan J. Watts, Matthew J. Salganik, Peter Sheridan Dodds / 2006.2.10)

11. オープン・イノベーションの成功には、同調圧力の回避が不可欠である(DIAMONDハーバード・ビジネス・レビュー / アンドリュー・スティーブン、ピーター・パル・ズブセク、ジェイコブ・ゴールデンバーグ / 2015.11.2) ※"Lower Connectivity is Better: The Effects of Network Structure on Redundancy of Ideas and Customer Innovativeness in Interdependent Ideation Tasks"

12. イノベーション・オーガナイザー：ジョブズのような組織をつくる(DIAMONDハーバード・ビジネス・レビュー / トム・エイガン / 2014.8.20)

13. Corporate Nudging and Employee Idea Development(Academy of Management Proceedings, Vol 2016 / Coen Rigtering, Utz Weitzel / 2017.11.30)

14. The Customer Forces Canvas [Updated](Medium / Ash Maurya / 2017.10.20)

15. 東京工業大学エンジニアリングデザインプロジェクト EDP Toolkit

16. Replacing The User Story With The Job Story(Medium / Alan Klement / 2013.11.12)

17. Hidden Profiles: A Brief History(Psychological Inquiry, Vol 14 / Garold Stasser, William Titus / 2003)

18. The New Science of Building Great Teams(Harvard Business Review April 2012 / Alex "Sandy" Pentland / 2012.4)

19. Citation(Journal of Personality and Social Psychology, Vol 53 / Michael Diehl,

Wolfgang Stroebe / 1987）

20. Productivity Loss in Brainstorming Groups: A Meta-Analytic Integration（Basic and Applied Social Psychology, Vol 12 / Brian Mullen, Craig Johnson, Eduardo Salas / 2010.6.7）

21. Brainstorming and Beyond: A User-Centered Design Method（Morgan Kaufmann / Chauncey Wilson / 2013.2.6）

22. Cognitive control in media multitaskers（PNAS / Eyal Ophir, Clifford Nass, Anthony D. Wagner / 2009.9.15）

23. Pmarca Guide to Personal Productivity（blog.pmarca.com / Marc Andreessen / 2007.6.4）

24. 健康行動学 その理論, 研究, 実践の最新動向（メディカルサイエンスインターナショナル / 木原雅子(翻訳), 加治正行(翻訳), 木原正博(翻訳) / 2018.7.23）

25. Stages of change and decisional balance for 12 problem behaviors（Health Psychol, Vol 13 / J. O. Prochaska, W. F. Velicer, J. S. Rossi, M. G. Goldstein, B. H. Marcus, W. Rakowski, C. Fiore, L. L. Harlow, C. A. Redding, D. Rosenbloom, et al. / 1994.1）

26. Meta-analytic Examination of the Strong and Weak Principles Across 48 Health Behaviors（Preventive Medicine, Vol 46 / Kara L. Hall, Joseph S. Rossi / 2008.4）

27. WORK DESIGN: 行動経済学でジェンダー格差を克服する（NTT出版 / Iris Bohnet / 2018.7.5）

▶ 마치는 글

1. Entrepreneurship Comes With Stress, But Also Optimism（Gallup / Dan Witters, Sangeeta Agrawal, Alyssa Brown / 2012. 12. 7）

2. The prevalence and co-occurrence of psychiatric conditions among entrepreneurs and their families（Small Business Economics / Michael A. Freeman, Paige J. Staudenmaier, Mackenzie R. Zisser, Lisa Abdilova Andresen / 2018.5.11）